實戰智慧館 531

巴菲特的長勝價值

洞悉最偉大投資人的金錢頭腦，以及勝券在握的 7 個哲學

The Warren Buffett Way

30th Anniversary Edition

By
Robert G. Hagstrom

羅伯特・海格斯壯（Robert G. Hagstrom）著

林麗雪　譯

專文導讀

從金錢頭腦帶來的傲人績效！

周文偉（華倫老師）／財經作家

綜觀波克夏（Berkshire Hathaway Inc.）A股（BRK．A）與標準普爾五百指數（S&P 500）的績效，自一九六五年到二〇二二年止，波克夏的總收益來到三七八七四倍，標普五百指數則只拿到二四七倍的投資報酬率；若以年化報酬率來說，波克夏在這五十七年當中，平均每年有一九．八％的增長，而標準普爾五百指數僅有九．九％的年成長。

穩定且持續，這是巴菲特（Warren Buffett）最厲害的地方，這絕非市場上曇花一現的「股神第二」、「女股神」、「少年股神」等人所能比擬。

巴菲特在投資界的奇蹟仍在持續中。三十年前，羅伯特．海格斯壯（Robert G. Hagstrom）出版了第一本詳盡介紹巴菲特的投資理念與波克夏的投資故事的書籍——《巴菲特勝券在握》（*The Warren Buffett Way*）。三十年過去，波克夏的股價和市值又增長了更多，然而這麼多年下來，巴菲特有哪些「改變」與「不變」呢？

不變的是，巴菲特永遠從經營者的角度去思考一間公司的價值，他並不是一個「股票選擇者」，他可稱為一個「公司的經營者」，在不斷變化的世界中，永遠經得起時間的考驗。改變的是，過去巴菲特認為日新月異變化的科技公司並不符合長期投資價值，卻對蘋果公司投入巨額資金……

這些改變與不變都在海格斯壯的新書，《巴菲特的長勝價值》中詳細闡述。除此之外，經過了三十年，海格斯壯還體認到一件比「如何選股」更關鍵的事情，那就是巴菲特所謂的「金錢頭腦」。要成為成功的投資人，心理學和哲學同樣重要。在這本新作當中，作者將他的畢生研究，《巴菲特勝券在握》、《巴菲特核心投資法》（*The Warren Buffett Portfolio: Mastering The Power of The Focus Investment Strategy*），以及《巴菲特：終極金錢頭腦》（*Warren Buffett: Inside the Ultimate Money Mind*，中文書名為暫譯）的精華融合貫通成為一本書。除了介紹近年來波克夏的持股之外，更對巴菲特的性格和心理素質做了深入的解析。

巴菲特有一個對於投資的妙喻：「如果你的智商一百六，可以賣掉其中的三十，因為你並不需要。」單純的高智商是無法讓普通人變成厲害的投資人的。巴菲特之所以被稱為股神，海格斯壯特別用三種角色來形容巴菲特——運動員、教師、藝術家。

二〇〇四年巴黎奧運剛落幕，能站在奧運五環競技場上的選手，都是全世界最優秀的運動員；如果又能站在頒獎台上，那更是經過長久訓練累積的結果。巴菲特從小就喜歡看棒球比賽，他知道投資就像比賽一樣——他喜歡競爭，但他也明白「耐心」和「堅毅的個性」才是站上頒獎台的不二法門。棒球比賽要到九局才能定勝負，一個賽季要比一百多場的例行賽才能論輸贏，這就如同馬拉松選手要如何配速一樣，暫時領先並不代表最後的勝利。因此，巴菲特並不在意短期的收益，他在乎的是長遠的績效，即便有人短線大賺，他也無動於衷，他永遠堅持自己長遠的規劃，這也讓他能在二〇〇〇年網路科技泡沫和二〇二一年元宇宙泡沫中全身而退。

巴菲特也如藝術家，他將波克夏比喻為一張畫布，他喜歡在畫布上繪出不同色彩，創作出不同場景，就好像在做好「資產配置」與「投資組合」一樣。他的辦公室（就是他的房間）有一個牛與熊的微型雕塑、有一張奧馬哈《太陽報》（*The Sun*）贏得普立茲獎（Pulitzer Prize）的獎狀，還有家族照片和沙發。他本來沒有電腦，後來買一台電腦是因為可以在網路和別人打橋牌，他貫徹價值投資之父葛拉漢（Ben Graham）所言，「股票應被視為事業一部分所有權」，他喜歡與優秀企業家共識，就如同我們持有股票一樣，不管是持有一張還是兩張……讓公司經營團隊幫我們工作。

巴菲特更是一名教師，他每年都在波克夏的股東大會親自回答所有股東的提問，他喜歡分享，在這所「波克夏大學」裡面，大家都能學習到股神的智慧。巴菲特曾說他對經營公司沒什麼興趣，但是他對自己的朋友、房子、懷念的食物、持有的股票，有著難以言喻的依戀，巴菲特就是喜歡擁有他們。他說：「我們偏好買進，我們整個投資生涯就是緊抱股票不放。」他不喜歡金錢，但喜歡看著錢長大的過程。巴菲特的一生不僅僅是在投資，除了投資之外，他還有更宏偉的人生計畫——眾所周知，巴菲特的慈善事業是無與倫比的。他承諾將九九％的資產捐給慈善組織和基金會，單就二〇二三年，巴菲特就捐贈了四十六億美元的波克夏股票，自二〇〇六年以來，巴菲特已經捐贈了超過五百億美元的波克夏股票。

有些投資人常常會感嘆「忙到連看盤的時間都沒有」，他們以為一定要每天看盤才算是「投資股票」。其實沒有時間看盤才是幸運的，因為只要找到好股票，不輕易受股價波動和經濟動向影響，才是最好的投資方法。

巴菲特能累積這麼多財富的祕訣是「時間」，很重要的一點是，巴菲特已經連續投資了八十幾年，唯有讓資產年復一年地成長下去，才會發揮複利效果。這就好像你種一棵果樹一樣，短期間看不出成果，但是十年就可以看到變化，二、三十年就可以豐收。閱讀完本書，讓我們更接近股神，相信在投資路上，必能勝券在握！

推薦文

長遠價值，從買進好公司開始

林修禾／BOS巴菲特線上學院創辦人、投資理財教育家

投資這兩個字，在我們生活中扮演非常重要的角色。如果沒有投資，你的存款將被物價通膨吃掉。而好的投資能使我們的財富增長，並有機會實現提前退休的生活。

但市面上充斥著似是而非的資訊，無論是美國華爾街分析師的報告、網路上各種投資的晒單，或是各式各樣的投資廣告等，像是充滿誘惑的毒糖果，吸引你的眼球與關注，這時人性最貪婪的一面，在股市的世界裡一覽無遺。

如果你想在投資上穩定的獲利，並不是追求多酷炫的策略，而是回歸最基本的道理：投資一家好的公司。許多人把股市當成合法的賭場，把股票當成是一場「數字」遊戲，而不是一家「公司」。

巴菲特的啟蒙老師，葛拉漢認為：「最明智的投資，就是把自己當成公司的老闆。」你投資麥當勞股票，此時你就是麥當勞的股東，同時也是麥當勞合夥人。就像你今天剛創業，你不會跟你的創業夥伴說：「我想把我上星期投入的資金賣給別人。」而投資股市也是一樣

的道理，我們要明白，併購一家公司與買一股股票，本質上沒有差異，都是投資一家企業。當你明白這個道理，投資就會開始變得明朗。而這個思考公司的方法，就叫「價值投資」。

想像一下，我們如果要借錢給一個人，首先要確保這個人是我們「認識的」，也必須要滿足「誠實誠信」，這個道理大家都懂。但換作投資，一般人只喜歡追逐不是自己知識圈的熱門股票，也不會關心公司管理層的誠信與想法，甚至不了解公司的財務面是否健全——這些都是巴菲特認為的投資重點。我認為如果投資要成功，首先可以用公司合夥人的角度思考要不要投資，用更好、更全面的方式研究公司，這樣才是真正的投資。

我本身是一位有二十年經歷的巴菲特粉絲（我稱自己為巴粉），不僅收集到巴菲特簽名，也會去參加波克夏海瑟威的股東會（當然，我也是這家公司的股東），甚至推廣價值投資的教育。因為價值投資，讓我的生活變得很不一樣。我認為只要好好運用巴菲特的投資哲學，每個人都可以獲得生活上、財富上的成功，而這已有很多的證明了。

本書作者羅伯特·海格斯壯，是當今持續研究股神巴菲特四十年的超級專家。這是一本能讓你更接近巴菲特的投資思維的書。成為一位獨立思考的投資人，你會了解巴菲特打敗大盤的底層邏輯為何，裡頭也集結了許多價值投資大師的智慧，可說是投資系列的床頭書，值得深入細細品味。

推薦文

最偉大投資人的智慧，從何而來？

愛瑞克／TMBA共同創辦人、《內在成就》系列作者

我在一九九七年開始踏入國際金融市場，進行人生第一筆投資，巴菲特就是我第一位師法的對象，海格斯壯第一版的《巴菲特勝券在握》即是啟蒙書之一。沒想到多年之後，我有機會為此書新版作序，備感榮幸。當我重新拜讀這本大作，許多智慧語錄迅速直衝腦門，原來，巴菲特的理念經過時間淬鍊，早已深植我內心，超過四分之一個世紀，依舊如此雋永而清新！

書中提到：「巴菲特是大蕭條的產物。」令我深深共鳴。巴菲特十一歲就去父親工作的經紀公司學習看盤，並且第一次買進股票。儘管他父親曾任國會議員，卻因為美國經濟大蕭條，在一九四二年財務狀況一落千丈，不僅工作沒了，儲蓄也沒了。那一年巴菲特十二歲，這段經歷雖然短暫，卻激發了巴菲特心中想要賺錢的熊熊烈火。我則是在大學畢業之際，父親破產、住家被拍賣時，燃起我對投資理財的決心。

巴菲特的父親是一位正直而充滿熱情的人，當客戶的投資結果很糟糕時，他經常感到不

安，並且用自己的帳戶回購，也告誡巴菲特在內的三個孩子：「不僅對上帝有責任，也對社群有責任。你不需要承擔全部的責任，但也不許放下你的那份責任。」我想，這也是巴菲特曾經榮登世界首富，卻承諾將百分之九十九財富捐給慈善公益機構的主因。一個父親能給孩子最好的禮物，是他的性格。巴菲特獲得了這份禮物，全世界因此而受惠。

至於在投資領域影響巴菲特最大的人，除了早期的啟蒙恩師葛拉漢，中後期就是查理·蒙格（Charlie Munger）！二〇二三年，蒙格以九十九歲高齡辭世，巴菲特曾表示：「沒有蒙格，就沒有今天的波克夏。」「蒙格打破了我撿菸屁股的投資習慣……忘掉你對以好價格購買合理公司所知道的事；相反的，現在要以合理價格購買好公司。」他們兩人相識的過程，以及蒙格如何影響巴菲特，您可以在此書中看到完整而生動的論述。

此書含金量破表，是我讀過和巴菲特有關的書籍中，將其投資哲學分析得最深入的一本。另外也要提醒，此書並非舊作改版而已，還多加了不少新內容進去，讓我讀來滿是驚喜。無論您過去是否讀過巴菲特的書，這都是必要的一本！

巴菲特的長勝價值

The Warren Buffett Way

30th Anniversary Edition

第一版序

巴菲特的關鍵投資決策

彼得．林區／富達管理暨研究公司副董事長、美國知名投資家

一九八九年，年初的某個工作日晚上，我家裡的電話響了。當時十一歲的次女安妮搶先去接電話，她告訴我是巴菲特（Warren Buffett）打來的。我接過電話時心裡想，這一定是場惡作劇。然後電話那頭的人開始說話了：「我是住在奧馬哈的巴菲特（好像以為我會把他和其他的巴菲特搞混），我剛看完你的書，我很喜歡，而且我想在波克夏（Berkshire Hathaway）年報上引用書中的一句話。我一直想寫書，但一直沒有時間去做。」他說話速度很快，充滿熱情，十五秒或二十秒內一定講了大概四十個字，還夾雜著爽朗的笑聲。我立刻同意了他的請求，我想我們聊了五到十分鐘。我記得他最後說：「如果你來奧馬哈卻不來看我，你在內布拉斯加州就會聲名掃地。」

我當然不想在內布拉斯加州聲名掃地，大約六個月後，我接受了他的提議。巴菲特帶著我參觀辦公室的每一個地方（並沒有花很長的時間，因為整個辦公區域不到半個網球場大），我也和全部的十一名員工打了招呼。在那裡，看不到一部電腦或股票行情顯示器。

大約一個小時後，我們去了當地一家餐廳，在巴菲特的帶領下，吃了一頓美味的牛排，喝了三十年來的第一杯櫻桃可樂。我們聊到小時候的工作、棒球、橋牌，也交換我們以前投資過的公司資訊。巴菲特和我討論，並回答了波克夏（他從不稱他的公司為波克夏）持有的每一支股票的問題及其操作方式。

為什麼巴菲特是史上最厲害的投資人？作為個人、股東、經營者，以及一家公司所有人的巴菲特，又是什麼樣的人？波克夏年報有何特別之處，為什麼他要花那麼多心血？我們又能從中學到什麼？為了回答這些問題，我直接和巴菲特交談，並重讀最近的五份年報，以及他當主席時最初寫的年報（一九七一與一九七二的年報，各只有兩頁文字）。另外，我還與九位在過去四年到三十多年以來，與巴菲特密切互動的人士進行討論。他們分別和巴菲特有著不同的關係，也擁有各自的觀點，這些人是傑克・波恩（Jack Byrne）、羅伯特・丹漢（Robert Denham）、唐・奇奧（Don Keough）、凱洛・露米斯（Carol Loomis）、查理・蒙格（Charlie Munger）、湯姆・墨菲（Tom Murphy）、卡爾・雷查德（Carl Reichardt）、法蘭克・魯尼（Frank Rooney）以及賽斯・修菲爾德（Seth Schofield）。

關於巴菲特的個人特質，大家的回應相當一致。首先，巴菲特相當知足，他熱愛他所做的每一件事、喜歡與人相處，並閱讀大量的年報和季報，以及很多報紙與期刊。作為投資人，他有紀律、耐心、彈性、勇氣、信心與決心。他總是在找風險被消除或減到最低的投資機會。此外，他就像是莊家，相當了解機率。我認為這種能力來自於他對簡單的數學運算有一股天生的熱愛，和對橋牌遊戲的熱衷，以及他在承保、接受保險與再保的高風險方面已經累積了長期的經驗。他很願意為為血本無歸的機率很低，而上漲的報酬極為豐厚的機會承擔風險。他會列出自己的失敗與錯誤，但不會為此道歉。他喜歡開自己的玩笑，也喜歡如實地讚美同仁。

巴菲特是一個優秀的商業學習者、很棒的聽眾，也能快速而精準地掌握一家公司或一個複雜議題的關鍵要素。他可以在短短兩分鐘之內決定不投資某一個案子，也可以在只做了幾天的研究之後就決定進行重大的採購案。他總是隨時做好準備，就像他在某次年報中所說的：「諾亞不是在下雨的時候才開始建造方舟的。」

身為一位經營者，他幾乎從不打電話給公司部門主管或執行長，反而很高興他們在白天或晚上的任何時間，打電話向他報告或諮詢意見。在投資某支股票或購買某家公司之後，他就變成啦啦隊長或參謀，他曾用棒球管理作類比：「在波克夏，我們不會告訴打擊率四成以上的球員如何揮棒。」

有兩個例子可以說明巴菲特願意學習與適應環境，就是公開演講與使用電腦。一九五〇年代，巴菲特花了一百美元去上卡內基課程，「不是為了在公開演講時膝蓋不會發抖，而是為了在膝蓋發抖時還能公開演講」。在參與波克夏年度股東大會的二千多人面前，巴菲特和蒙格雙雙坐在舞台上，沒有筆記，以一種連威爾・羅傑斯（Will Rogers）、班・葛拉漢（Ben Graham）、金・索羅門（King Solomon）、菲爾・費雪（Phil Fisher）、大衛・賴特曼（David Letterman）與比利・克里斯托（Billy Crystal）都會滿意的方式，對大家演說與回答問題。為了能夠打更多橋牌，一九九四年初，巴菲特學會操作電腦，這樣他就能加入網路，和來自全國各地的人一起玩橋牌。也許在不久的將來，他將開始使用現在電腦上提供的數百種公司資料檢索和資訊服務，來進行投資研究。

巴菲特強調投資成功的關鍵因素是，先判斷一家公司的內在價值，並且支付合理或便宜的交易價格。他不會在乎一般股票市場最近以來或未來的表現。他在一九八八年與一九八九年購買了十億美元可口可樂的股票，這些股票在之前六年上漲了五倍，而在過去六十年來則上漲了五百倍。靠著可口可樂的股票，他在三年內把手中的錢變成四倍，而且還計畫在未來的五年、十年、二十年，都要靠它繼續賺錢。一九七六年，當政府員工保險公司（The Government Employees Insurance Company，簡稱GEICO，本書稱「蓋可」）的股票從六十一美元跌到二美元，一般人都認為還會繼續跌到一文不值時，巴菲特反而買進了非常多的部位。

一般投資人要怎麼應用巴菲特的投資方法？巴菲特從來不投資他不理解的公司，或在他「能力範圍」（cincle of compeience）之外的公司。其實，所有投資人只要用心一段時間，都可以建立或強化自己的能力範圍，也許是在工作上實際參與的行業，或是自己樂於研究的產業。投資人不一定要在一生中的每次決定都做出正確決策，就像巴菲特說的，在他四十年的投資生涯中，為他創造出如此不凡投資成就的，其實只有十二個重要的投資決策。

如果投資人在做投資研究時，能更謹慎、更徹底，集中在幾個公司的持股，其實大可降低風險。波克夏公司有超過七五％的股票持股集中在五支股票上。本書一再強調一個原則：買暫時遇到問題的優秀公司，或在股市下跌而創造出便宜價格機會時買進出色的特許經營事業。所以，不必再預測股票市場的走勢、經濟景氣、利率或選舉了，也不要再浪費錢付給以做這件事維生的人。研究公司的現況與財務狀況，評估公司的未來展望，並在一切對你有利的時機，果決一點下手買進。很多人的投資方式就像打撲克牌打到通宵，但從沒好好看清手中的牌。

在蓋可下跌到二美元，或當許多專家都認為富國銀行（Wells Fargo）或通用動力（General Dynamics）遭遇嚴重問題時，很少投資人擁有如巴菲特的知識與膽識，敢買進這些公司的股票。但巴菲特也買了經營良好、獲利穩健的公司，而且是該行業中的領導企業，例如首都／美國廣播（Capital Cities/ABC）公司、吉列（Gillette）公司、《華盛頓郵報》（*Washington Post*）、聯合出版社（Affiliated Publications）、房地美（Freddie Mac），以及可口可樂（Coca-Cola）——這家公司已經為波克夏產生六十億美元的獲利，或一百億美元股東權益中的六〇％。

除了他自己的股東，巴菲特也利用波克夏年報幫助一般大眾成為更好的投資人。巴菲特的父母雙方家裡都有報紙編輯的背景，而他的姑姑艾麗絲（Alice）則是在公立學校教了三十多年的老師。巴菲特自己也喜歡一般的商業教學與寫作，特別是投資方面。二十一歲時，他志願在奧馬哈市的內布拉斯加州大學教書。一九五五年到紐約工作時，他則在斯卡斯代爾高中（Scansdale High Sehool）教授有關股票市場的課程。一九六〇年代晚期到一九七〇年代的十年期間，他在克萊頓大學（Creighton University）免費講課。一九七七年，他服務於由小艾爾．桑默（Al Sommer, Jr）所領導的一個委員會，針對企業資訊揭露一事，為美國證券交易委員會提供建言。在他參與這個委員會之後，在一九七七年底與一九七八年初寫的一九七七年波克夏年報，內容有了大幅改變，在形式上，更接近他在一九五六年到一九六九年寫的合夥公司報告。

從一九八〇年代初期開始，波克夏年報告知股東有關公司持股與新投資案的表現，也會更新保險與再保業的經營狀況，並從一九八二年起列出波克夏想要併購的公司標準。年報都會提供很多例子、比喻、故事與隱喻，並包含投資股票時該做與不該做的注意事項。

巴菲特為波克夏公司的未來績效，設定了很高的標準，從長期來看，他希望公司的內在價值每年都能成長一五％。其實從一九五六年到一九九三年之間，除了他自己，沒有人能做到這麼出色的表現。他自己也認為，由於公司規模變大很多，這會是一個很難維持的標準，但機會總是有的，波克夏有很多現金可以投資，而且每年的現金都在增加。他的信心在一九九三年六月的年報第六十頁最後的文字中顯露無遺：「波克夏從一九六七年以來，還沒配發過現金股息。」

巴菲特曾說過，他一直很想寫一本有關投資的書。希望這件事有一天可以實現。不過，在那之前，他的年報內容充滿著類似十九世紀作家，例如愛倫坡（Edgar Allan Poe）、薩克萊（William Makepeace Thackeray）與狄更斯（Charles Dickens）等人寫的連載小說文體。一九七七年到一九九三年的波克夏年報，就像巴菲特會寫的書的十七個章節。同時，我們也有了海格斯壯寫的這本書。海格斯壯描述了巴菲特的職業生涯，也舉出實例說明巴菲特的投資技巧與方法如何演變，以及在這個過程中幾個影響他的重要人物。本書也詳細說明了造就巴菲特無以倫比的投資績效中的幾個關鍵投資決策。最後，無論貧富，本書包含了每一個人都能理解的方法，以及可以不斷創造財富的投資思考方式與哲學思想。

一九九四年十月

第二版序

歷久彌新的巴菲特投資原則

比爾・米勒／李格梅森資本管理公司前執行長

一九九四年，海格斯壯的《巴菲特勝券在握》（*The Warren Buffett Way*）一上市就轟動一時，到二〇〇四年，全美的銷售已超過一百二十萬本。從該書的暢銷程度就能證明，本書的分析正確、建議實用。

凡是有關巴菲特的主題，牽涉到的數字往往非常驚人。大部分的投資人是以數百或數千美元的資金規模在思考，巴菲特的世界卻動輒以數百萬或數十億美元在計算。這不表示我們無法從他的經驗中學習。正好相反，如果我們注意他做了什麼、做出什麼成果，並領悟其背後的思考方式，我們就能仿效他的決策模式。

這就是海格斯壯的書所帶來的深遠貢獻。他多年來近距離地研究了巴菲特的行動、發言與決策，再加以分析，找出共同的思路，並根據這些共同思路，整理出十二個原則。這是引領巴菲特歷經所有環境與市場動盪的投資哲學與永恆原則，也能夠以同樣的方式，為所有投資人帶來啟發。

海格斯壯寫的書，價值歷久不衰，因為聚焦清楚，雖然寫的是投資技巧，但基本上談的是投資原則，而原則是不會改變的。我幾乎可以聽到巴菲特帶著睿智的笑容說：「這就是它們被稱為原則的原因。」

過去十年，這個事實已經獲得清楚的印證。在這十年，股票市場趨勢改變了好幾次。我們看到了毫無道理的泡沫，讓很多人賺了大錢，然後又跌到讓大家痛苦哀號的空頭市場，最後在二〇〇三年春天才開始觸底反彈。

但在這段期間，巴菲特從未改變他的投資方式，持續遵循本書提到的原則：

- 把買股票想成買進整家公司的一部分。
- 建構一個集中、低周轉率的投資組合。
- 只投資自己理解與能夠分析的公司。
- 在公司的購買價格與長期價值之間，保留一個安全邊際。

波克夏的投資人當然也在這種穩健的投資方式下賺到錢。自景氣在二〇〇三年復甦開始，波克夏每一股的股價漲到二萬美元，漲幅超過三〇％，遠遠超過同期股市大盤的表現。

價值投資思維從葛拉漢開始奠定根基，經由巴菲特與他同時期的投資人身體力行，再傳給下一代的追隨者如海格斯壯。巴菲特是葛拉漢最有名的學生，他也經常建議投資人要研讀葛拉漢的《智慧型股票投資人》（*The Intelligent Investor*）。我也常常給別人同樣的建議。而且我相信，海格斯壯的書和那本經典著作都有一個關鍵特質：這些建議不會讓你致富，但絕不可能讓你變窮。如果能理解並聰明應用，本書的技術與原則能讓你成為更好的投資人。

二〇〇四年十月

第三版序

打敗市場的華倫・巴菲特

霍華・馬克斯／橡樹資本管理公司董事長暨共同創辦人

到底要怎麼解釋巴菲特如此超凡的投資成就？這是我最常被問到的，也是我在這裡想探討的問題。

一九六〇年代末，我在芝加哥大學攻讀商學碩士課程時，接觸到幾年前發展的一個新的財務理論。在所謂的「芝加哥學派」（Chicago School）中，有一個最重要的理論就是「效率市場假說」（efficient market hypothesis）。根據這個假說，由於無數聰明、積極、客觀與消息靈通的投資人的共同努力，各種資訊會立刻反應在市場價格上，因此資產提供的是一種風險調整後不多也不少的收益。價格不會太高，但也不會太低，這讓人有機會撿便宜，也因此沒有任何投資人可以不斷找到賺錢的機會。基於這個假說，芝加哥學派產生了一句眾所周知的名言：「一般人無法打敗市場。」

效率市場假說為這個結論提供了知識基礎，同時也有很多實證資料顯示，投資人雖然想方設法、無所不用其極，但大部分的投資人仍然無法打敗市場。一般人無法超越大盤，似乎是很明顯的事實。

但這並不是說，沒有人可以打敗市場。三不五時，有些人的確可以做到。市場效率的力量還不至於強大到讓個別投資人的報酬率無法超越整體市場的表現。它只是認為，沒有人可以做到很有效率的投資或能持續不斷打敗市場，所以，效率市場假說依然正確。但凡事都有例外，那些高報酬被描述成只是隨機的表現，也是短暫的。我長大後，曾聽過有一句話是這樣說的：「如果在一個房間裡，放進夠多的黑猩猩與打字機，最後一定會有一隻猩猩可以寫出《聖經》。」即如果隨機真的算數，那麼任何事偶爾都一定會發生。不過，也像我母親說的：「例外的事，正好證明這個原則的正確性。」任何通則都不可能百分之百正確，而因為例外太罕見，正好證明了通則基本上是正確的。畢竟，不管業餘或專業人士，每一天都有無數的投資人在證明，一般人確實無法打敗市場。

直到巴菲特的出現。

巴菲特和幾個傳奇投資人，其中包括班・葛拉漢、彼得・林區（Peter Lynch）、史丹・卓肯米勒（Stan Druckenmiller）、喬治・索羅斯（George Soros）與朱利安・羅伯遜（Julian Robertson），他們的投資績效紀錄都顛覆了芝加哥學派的假說。簡單的說，他們打敗大盤的幅度夠大、時間夠長、金額也夠驚人，以至於效率市場假說的支持者被迫淪為守方立場。他們的績效紀錄顯示，藉由技巧，而不是機會，這些「例外」的投資人絕對可以打敗大盤。

尤其是巴菲特的績效，更是難以反駁的事實。在他的辦公室牆上，有一則由他自己打字的宣言，上面寫著，他在一九五六年以十萬五千美元成立巴菲特合夥（Buffett Partnership）

公司。從那之後，他吸引了更多資金，也賺到很多報酬，波克夏現在的總投資額達到一千四百三十億美元，公司淨值是二千零二十億美元。他已經打敗指數很多年。在這過程中，他也成為美國第二富有的人。這個成就並不是靠炒作房地產，也不是靠某個獨特的投資技術，那些都是《富比士》（*Forbes*）雜誌上很多富豪用的方法，巴菲特就是對開放給所有人的投資市場抱持著認真的態度，並且用心熟練他的技巧而已。

巴菲特的驚人成就到底原因何在？我認為有幾個關鍵：

第一，他超級聰明。有一個描述巴菲特的妙喻是：「如果你的智商一六〇，可以賣掉其中的三十。因為你並不需要。」就像美國暢銷作家麥爾坎·葛拉威爾（Malcolm Gladwell）在《異數》（*Outliers*）中指出的，成就豐功偉業不需要天才，只要夠聰明就好。此外，智商更高也不會增加成功機會。事實上，很多聰明人在真實世界中，反而無法走出自己的路，或找到邁向成功和快樂的途徑。單純的高智商還是無法讓普通人變成厲害的投資人，如果可以，那麼美國最富有的人就應該是大學教授了。除了智商之外，還要有點商業頭腦，有點「機靈」或「街頭智慧」，這些都很重要。

我私下猜測，巴菲特的智商可能超過一三〇，只是他一點也不會刻意展現這些「不重要」的額外智商。他對問題總是直指核心，並提出有根據的推論，而且，即使事情一開始的發展與他的預期不一樣，他也能保持耐心、平心靜氣、堅守自己的推論，這就是他今天何以成為股神的關鍵要素。簡單來說，他非常、非常重視分析。

他的速度也令人咋舌，他做出一個推論的時間，不需要花幾個星期或幾個月。他也不需要應用分析師的架構，才能推算數字。他認為根本不需要知道與考慮每一個數據，只要掌握到重要數據就可以了。而他非常清楚那些是什麼數字。

第二，他堅守一個整體哲學觀。很多投資人認為，他們已經夠聰明到對每一件事都很專精，或至少他們表現出那個樣子。甚至，他們也相信，世界不斷在變化，所以你必須不拘一格，並改變方法來適應，以便跟上最新的變化。這個想法的問題在於，沒有人真的知道每一件事，所以很難持續吸收新知，學習到新把戲，而且這樣的心態還會阻礙一個人發展出專門知識與實用捷徑。

相反的，巴菲特知道他有哪些不懂的領域，並堅守在他了解的領域，讓別人去應付剩下來的部分。這一點非常重要，就像美國小說家馬克．吐溫（Mark Twain）說的：「給你帶來麻煩的往往不是你不知道的事，而是你很確信但和你以為的不一樣的事。」巴菲特只投資他了解與感到自在的產業，他著重在相對平凡的領域，並避開高科技公司。在他的想法與知識範圍之外的東西，他一概不碰。最重要的是，別人因為投資他跳過的公司而賺大錢，而他只能看著別人日進斗金時，他還是可以活得很自在（大部分的人沒辦法做到這一點）。

第三，他的心理狀態夠彈性。堅守一個整體哲學觀很重要，但並不表示改變就不好。面對劇烈變化的大環境，適應也是很值得做的事，甚至會產生出更好的想法。關鍵在於知道何時要改變、何時要堅持。

巴菲特在投資初期採用他偉大的老師，葛拉漢的方法。這個方法叫做「深度價值法」（deep value），也就是買被別人放棄的股票，特別是可以用低於公司淨現金的價錢買的股票，有時候也被稱為「撿菸屁股」。不過，一段時間之後，他受到合夥人蒙格的敦促，改成投資由傑出人士領導、有「護城河」保護與定價能力，且股價合理（不一定是別人放棄不要）的優質公司。

長期以來，巴菲特都會特別避開資本密集的公司，但他後來也能克服這種偏見，利用二〇〇八年金融危機後的時機，以及看好未來鐵路運輸業的展望，以合理價格買了伯靈頓北方聖塔菲鐵路公司（Burlington Northern Santa Fe railway）。

一套哲學應該用來提供指引，而不是讓自己變得僵化，就像投資中的其他事情一樣，這是一個不易應對的兩難。但巴菲特很有彈性，他既不會跟著流行而改變，也不會讓想法一成不變。

第四，他不會情緒化。很多阻礙投資成功的因素與人類的情緒有關，效率市場假說失靈的主要原因，就出在很少投資人能採取客觀行動。當行情走高時，大部分的人會變得很貪婪、信心滿滿，而且情緒亢奮，因此他們會因為買到賺錢股票而沾沾自喜，並加碼買進，而不是選擇獲利了結。當行情走低時，他們會情緒低落，內心充滿恐懼，然後就會以便宜價格賣掉資產，根本提不起勇氣再買進。也許最糟糕的，是他們行動的準則：別人怎麼做，他們就怎麼做。因為羨慕別人成功，而願意承受更大的風險，畢竟別人就是這樣做。光是羨慕，就足以讓人跟隨群眾，甚至投資自己根本一無所知的資產。

很明顯的是，巴菲特對這一切的情緒作用免疫。增值時，他不會過度欣喜；貶值時，他也不會垂頭喪氣。對他來說，成功由他自己定義，而不是大眾或媒體。他不在乎別人是否認為他是對的，或他的決策是否讓他馬上看起來是對的（二〇〇〇年初，因為他沒投資科技業，被認為已經「過了人生顛峰期」，結果熱門的科技投資風潮成了一場泡沫，他仍然不改初心）。他只在乎自己（與蒙格）的想法……以及股東是否賺錢。

第五，他會逆向操作，而且會打破成規。一般投資人認為，就是應該跟著大家做；但最厲害的投資人卻與大眾相反，會在關鍵時刻採取不一樣的行動。但是，只做和其他人相反的事還不夠，你還必須了解別人在做什麼、為什麼這樣做是錯的，然後知道應該怎麼做才對。有膽識和別人相反（也就是採用並堅持美國投資家大衛．史雲生〔David Swensen〕所謂的「令人不安的特殊狀態」），而且在市場轉向並證明你是對的之前，必須願意忍受自己看起來似乎錯得非常離譜的樣子。這最後一點簡直讓人覺得度日如年，就像有一句老話說的：「做得太早與做錯，是無法區別的。」要做到這一切，顯然並不容易。

顯然，巴菲特非常有能力做到逆向操作。事實上，他對逆向操作很著迷。他有一次寫信告訴我，他發現高收益債券的市價有時候像鮮花，有時候像雜草，「當市價像雜草時，我會更喜歡」。逆向操作者喜歡買別人不要的東西。巴菲特就是這樣做的，而且沒人像他一樣。

第六，反週期操作。投資行為包含了對未來的預測，但很多厲害的投資人會接受一個事實，他們其實無法預測總體經濟的未來，包括經濟發展、利率與市場波動。如果我們無法戰勝大部分的人都想跟上的事，該怎麼做？我個人認為，反週期操作會有很大的幫助。

當經濟情況好轉、公司獲利增加、資產價格上揚，承擔風險也得到報酬時，一般人在情緒上很容易想做更多投資，但買進升值的資產並不會帶來優渥的投資成果。事實上，經濟情況與公司狀況不佳時，才能買到最物美價廉的東西，因為在這種情況下，資產價格更容易被低估。不過，這也同樣不容易做到。

巴菲特再再於此證明他的非凡能力，事實上，在普遍不樂觀的經濟週期底部投資，應該是他的偏好。在二〇〇八年金融危機重創時期，他各花了五十億美元投資高盛（Goldman Sachs）與奇異公司（General Electric）的一〇％特別股，而二〇〇九年，他以三百四十億美元買了伯靈頓北方聖塔菲鐵路公司，這還只是兩個象徵性的例子。從今天回頭看，眾人可以很清楚這三筆投資背後的智慧，但在金融體系猛烈崩壞之際，有多少人可以做出這麼大膽的行動？

第七，長期聚焦且不受波動影響。我在這一行已經超過四十五年，我發現投資人的投資週期已經越來越短。原因可能是媒體越來越關注投資成果（這是一九六〇年代不曾有過的事），這也影響了投資機構與他們的客戶；另外也可能受到對沖基金年度獲利的影響，因為這些對沖基金每年都能收到獎勵費用。當其他人被荒謬的偏見影響到自己的想法與做法時，我們可以因避免同樣的行為而獲利。因此，當大多數投資人過度關注季度與年度投資成果時，就會為長期思考型的投資人創造獲利機會。

巴菲特有兩句名言：「持有期限，就是永遠。」「我寧願要一年內上下起伏的一五％獲利，也不要平穩的一二％。」這讓他能長期堅持好的投資想法，並把所得投入再賺到複利，讓獲利持續累積，也不會被扣到稅，而不是每一年變更投資組合，還要根據短期利率繳稅。這不僅讓他不至於在波動期間離開市場，更能讓他收到波動之利。事實上，與其堅持流動性與出場的能力，巴菲特很顯然非常樂於做永遠不出脫的投資。

第八，他敢在最好的投資點子上下大注。長期以來，在所謂的審慎投資管理中，分散投資一直是最重要的一環。簡單來說，它可以降低個別投資大幅損失的可能性（也不會因為在賠錢部位持有太多而被告）。雖然這樣做能減輕賠錢項目的痛苦，但高度分散投資的同時也會降低潛在獲利。

和很多事一樣，巴菲特對分散投資也持相反意見：「我們採取的投資策略，絕對不會跟隨一般的分散投資教條。很多投資權威可能會因此認為，這個策略一定比傳統投資人使用的策略更危險。我們並不同意。我們認為，如果集中政策能夠提高投資人對一家公司的思考強度，以及他在購買該公司之前對其經濟特徵所必須感受到的舒適程度，那麼集中政策很可能會降低風險。」

巴菲特非常明白，絕妙的投資點子很少出現，所以他不輕易出手；而且，只要讓他看到一個絕佳的投資機會，他就敢下大注。因此，他會非常忠於他所信任的公司與人；他不會因為別人買，就跟著抱股；他也不會擔心，沒有他背書的股票竟然表現得很好；他更拒絕分散投資到他較少研究的公司，或只是為了減低做錯投資的衝擊，就去進行他所謂的「多慘化」（de-worstification）投資。如果你有機會大賺一筆，這一切顯然都是很重要的元素。但在投資組合管理的相關論述中，這些做法都是例外，都不是投資組合管理的原則。

第九，他願意維持不行動的狀態。有太多投資人表現得好像隨時都有很棒的投資要做。也許他們認為，必須給別人一種印象，認為他們實在夠聰明，才能一直找到聰明的投資項目。但絕妙的投資機會，絕對是罕見的例外。這表示——你不會每天都遇到好的投資機會。

巴菲特很願意長期不採取行動，在發現對的投資出現之前，他絕不出手。他拿最偉大的棒球打擊手泰德．威廉斯（Ted Williams）比喻：他靜靜站在本壘板上，球棒高舉在肩上，一直等到完美打擊點出現，才會出手。巴菲特一向堅持，只有看到吸引人的機會，才會進場投資。畢竟，誰敢說好的投資案源都很穩定，或任何時候都是一樣好的投資時機？

最後，他不擔心會丟工作。很少投資人可以採取所有他們認為是正確的行動。很多人受限於能力，而買進不具流動性、有爭議性或不適宜的資產，並賣掉「每個人」都認為會繼續增值的資產，然後把投資組合集中在幾個他們認為最好的想法上。為什麼？因為他們害怕做錯的後果。

為他人理財的「經紀人」會擔心，大膽行動會害他們被公司開除，或客戶會跑掉。因此只能採取適當的行動，只做被認為謹慎而不具爭議性的事。這就是英國經濟學家凱因斯（John Maynard Keynes）觀察到的行為傾向：「世俗智慧告訴我們，以傳統的方式失敗比以非常規的方式成功，更能贏得聲譽。」但這種做法會帶來重大的難題：如果你不願意大膽做一旦失敗會讓你難堪的事，也一定不可能做如果順利會讓你脫胎換骨的事。偉大的投資人會在明智的推論之後，採取相應的行動，簡單來說，他們敢於成為偉大的人。

很明顯的，巴菲特不必擔心有一天會被老闆解雇。他的地位就和他的資金一樣，幾乎是一種固定不變的狀態。在市場崩盤期間，沒有一個客戶可以把資本拿回來，還要求用便宜的價格賣掉資產。在任何偉大投資人的成功經驗中，這件簡單的事基本上發揮過重要的作用，而且我也深信，巴菲特把形勢導向這個方式，並把原本是對沖基金的結構轉化為波克夏的公司形態，並非出於巧合。

當然，巴菲特還有很多傑出投資人的共同特質。他專注、自律、目標明確；他也認真努力；他的計算與邏輯能力很強；他還會透過閱讀，以及從他所敬重的人士身上，孜孜不倦地收集資訊；另外，他做投資是因為他喜歡解決投資所代表的複雜智力問題，而不是為了得到名聲或賺錢。我認為，賺錢只是他的努力的副產品，而不是他的主要目標。

理論上，很多人可以做到巴菲特過去將近六十年所做的事。因為以上提到的特質雖然很少見，但並不獨一無二。而且每一種特質都很合理，誰會認為以上特質的相反特質，才是對的呢？只是，很少人能夠在行動中做到這一切。正是這一切的組合，以及讓一個特別的人變得特別的某些無形的「東西」，讓巴菲特可以採取他自己的「巴菲特之道」[1]，而達到如此不凡的成就。

二〇一三年七月

自序

此時此刻，你為什麼還需要價值投資？

我在四十年前第一次遇見巴菲特。但不是當面，而是透過閱讀一九八三年波克夏年報中的董事長信函單元。我正在援助大西洋（aid-Atlantic）證券經紀商接受股票經紀人的培訓。我的部分研究包括分析波克夏的年報。和許多人一樣，巴菲特清晰的寫作給我留下了深刻的印象。最重要的是，他認為擁有股票等同於擁有公司的明智想法，簡直讓我大為震撼。作為大學文科專業的學生，我沒有學過會計或金融，所以試著只用資產負債表和損益報中的幾行數字來理解股票，並不是一件容易的事。

但是，當巴菲特把我介紹給內布拉斯加州家具市場（Nebraska Furniture Mart）的羅斯．布盧姆金（Rose Blumkin）、《布法羅晚報》（*Buffalo Evening News*）的斯坦．利普西（Stan Lipsey）、時思糖果店（See's Candy Shops）的查克．哈金斯（Chuck Huggins）和蓋可的傑克．伯恩（Jack Byrne）時，我立刻被巴菲特令人信服的論點打動，他認為思考股票最明智的方法就是從商人（businessperson）的角度看待股票。在購買一張股票時，我實際上是成為一家公司的所有人。現在一切都說得通了。在很短的時間裡，巴菲特揭露了投資的內在本質。資產負債表和損益表仍然存在，但這些數字骨架突然長出了肌肉、皮膚和意義。簡單來說，普通股已經活起來了。我沒有只看到數字，而是開始思考那些經營生意、販賣產品和服務的公司和人，而這些產品和服務最後產生了銷售和收益，這些數字反過來又填滿了一張表格。

當我得到投資經紀人的資格並投入這個行業時，我非常明確地知道我要做什麼。我會把客戶的錢投資到好公司上。換句話說，我打算聽從巴菲特的建議，成為一個「挑公司的人」，而不是「挑股票的人」。最重要的是，我將要全心投入持續研究巴菲特的投資策略。我寫信給美國證券交易委員會，要求提供波克夏過去所有的年報和波克夏持有的上市公司年報。多年來，我收集有關巴菲特和波克夏的所有報紙和雜誌文章。我就像是一個狂熱追蹤棒球運動員的孩子。

多年後，巴菲特表示：「我們做的事並未超過任何人的能力範圍。不一定要做什麼了不起的事，才能得到了不起的結果。」現在，我相信無論是誰讀到這句話，都會把這句話歸因為巴菲特身為中西部人的謙卑心態。巴菲特不是吹噓，但也沒有誤導。我確信，如果他不認為這句話是真的，他就不會講這種話。而如果這句話就像我認為的那樣，是千真萬確的，就意味著，我們可能會發現一張路徑圖，或更好的是，一張描繪巴菲特對一般投資和選擇特定股票的看法的藏寶圖。這就是我寫下《巴菲特勝券在握》的動機。

我在寫這本書時面臨的主要挑戰是證明巴菲特的說法，即我做的事並未超過任何人的能力範圍。有些批評者認為，儘管巴菲特很成功，但他的個人習性意味著他的投資方法不能被廣泛採用。我不同意。巴菲特的確有不尋常的特徵——這是他成功的根源——但是只要理解他的方法，就可以適用於個人和機構。這本書的目標就是要幫助投資人採用使巴菲特成功的策略。

為此，我從波克夏年報中董事長信函單元、無數雜誌和報紙、電視採訪，當然還有年度股東大會的會議紀錄中，挑選出巴菲特寫得最好的內容。簡直可以說是翻天覆地、鉅細靡遺。從中，我了解了巴菲特如何從**商業**角度、**管理**行為、**財務**回報，以及最後如何對股票進行**估值**，來審查一家公司。這些被我歸納為《巴菲特勝券在握》的十二項投資法則。這些核心原則能詳細說明與釐清巴菲特的投資策略四部曲：

一、將股票當作一家公司來分析
二、每次購買都要設定安全邊際
三、管理一個低周轉率、集中的投資組合
四、保護自己不受市場投機和情緒力量的影響

《巴菲特勝券在握》的核心是一種簡單的方法。沒有電腦程式要學，也沒有六公分厚的投資手冊要去破解。無論你在財務上是否能購買一家公司一〇％的股份或一百股股票，這本書都可以幫助你實現可以獲利的投資報酬率。

但仍有懷疑論者。多年來，我們受到的主要反擊是，閱讀一本關於巴菲特的書並不能保證就能夠獲得與巴菲特相同的投資報酬率。首先，我從未暗示過，透過閱讀這本書，個人可以獲得與巴菲特相同的結果。其次，我很困惑為什麼有人會這麼想。在我看來，如果你買了一本關於如何像老虎伍茲（Tiger Woods）一樣打高爾夫的書，你不應該指望在高爾夫球場上你就能和老虎伍茲旗鼓相當。你讀這本書是因為，你相信書中有一些提醒會對你的投資有所幫助。本書也是如此。如果透過閱讀這本書，讓你學到一些有助於改善投資結果的教導，那這本書就算成功了。

巴菲特投資方法的核心是買進並持有，這個投資策略在直覺上非常吸引人。購買並持有幾年，從而獲得與公司經濟狀況相同的回報，這個概念簡單又明瞭。投資人可以輕易理解這種機制。但巴菲特的吸引力是雙倍的——第一，他被視為是買進和長抱派的代表人物；第二，透過這樣做，他也成為全世界最偉大的投資人。

自從我寫《巴菲特勝券在握》以來的三十年裡，股市的雜音一直在增加。就在你以為不可能再更響亮的時候，它卻變成了震耳欲聾的尖叫聲。電視評論家、金融作家、分析師和市場策略師互相針鋒相對，都在爭奪投資人的注意力。對於知道所有東西的價格卻不知其價值的人來說，股票市場似乎已經成為一種憤世嫉俗的遊戲。

儘管資訊鋪天蓋地，投資人仍然難以賺取利潤。有些人甚至很難繼續下去。股價會因小事而飆升，但暴跌也一樣快速。那些為孩子的教育基金，甚或自己的退休基金而投資的人，經常感到困惑。股票市場似乎沒有規律或理由，只有愚蠢。

但是，巴菲特的智慧和建議遠遠超越市場的瘋狂。在一個似乎有利於投機者而不是投資人的環境中，巴菲特的建議一次又一次地被證明是數百萬茫然投資人的安全避難所。

長期投資曾經是一種謹慎的行動方案。而現在你告訴別人你是一個長期投資人時，別人往往會認為你是個老派而不合時宜的人，竟然在一個潮流來來去去的時代裡，緊抱著一個古怪的想法。我們被告知，世界正在前進。如果你不持續地買進與賣出，你一定是落伍了。

在股市中，公司導向（business-driven）的投資人有時會覺得，自己像是一個試圖融入一個方形坑洞的圓塊。但我們接受了巴菲特的教導，學會了如何思慮周延地衡量我們的進展，而不必依賴市場的短期價格來告訴我們是否做得很好。問題不在於公司導向的投資人是否能在充滿挑戰的股市中順利操作，而在於我們是否獲得了正確的心態——研究從終極投資人那裡吸取的教訓。

目錄

第 1 章

全世界最偉大的投資人

複利是世界的第八大奇蹟。
懂複利的人，就可以賺到錢。
不懂複利的人，就只能付錢。
——愛因斯坦

投資人有了解世界的內在需求，特別是對個人財務狀況有直接影響的領域。當意外的狀況發生時，我們會去尋找答案。

一九七三年的情況就是這樣，當時股價開始出現殘酷的下跌，而且第二年更糟。到一九七四年底，整個股市下跌了令人感到痛苦的五〇％。投資人感到震驚，想知道他們的投資組合與退休儲蓄會發生什麼狀況。他們也不斷自問：我本來應該採取什麼不同的做法？

碰巧的是，幾所頂尖大學的學者思考股市已經有一段時間了。他們各自獨立工作，發展並完善了關於市場行為的幾個想法，特別是風險和報酬的核心概念。

有一個根源於心理學的想法開始承認，當涉及到金錢時，大多數的人都會情緒化。具體來說，大多數的投資人都有「厭惡虧損」的想法，這些金融學者將此等同於價格波動。當股市價格開始瘋狂波動時，如果投資人沒有保持冷靜的情緒韌性，幾乎肯定會驚慌失措，並做出錯誤決定。因此，理想的投資策略必須反映他們在風險／報酬尺度上的具體位置，這個位置也度量出他們容忍價格波動的能力。

另一個與風險承受能力密切相關的概念是「分散」。核心思想是，如果股票的投資組合分散在不同公司和行業之間，就更能應付波動性。因此，如果經濟體的任何一個特定領域受到某種災難的打擊，廣泛而分散的投資組合就具有內在的保護作用，可以減少價格損失。

多年來，這兩個一般理論——風險等於價格、分散抑制價格波動——都被辯論、修正、擴充、發表、加注腳，以及再次辯論過。最後，透過一種隱蔽的進化過程，這些獨立的想法凝聚成一個整體概念，被稱為現代投資組合理論（Modern Portfolio Theory）。但這個理論一直靜悄悄地躺在學術界，直到一九七三至一九七四年間，股市發生戲劇性的拋售現象。那些巨額的損失讓投資人和他們的顧問想要尋找答案。

就在那時，現代投資組合理論在象牙塔中被「發現」，並被引進市場。突然間，在當時似乎如此，每個人都把目光轉向了現代投資組合理論，認為這是對投資人最合理的方法。

現代投資組合理論只有一個問題，它的名字叫華倫・巴菲特。

巴菲特沒有將風險視同於價格波動。他不管理廣泛而分散的普通股投資組合，而是管理集中、低周轉率的投資組合。儘管如此，他近七十年的投資績效已經讓許多人稱他為全世界最偉大的投資人——或在某些情況下，是五個標準差事件，這是一個非常罕見的統計現象，幾乎從未發生過。[2]

巴菲特在奧馬哈出生與成長，畢業於內布拉斯加大學，之後跑到哥倫比亞大學，向葛拉漢和大衛・陶德（David Dodd）一起學習，他們兩位合著了價值投資的開創性書籍《有價證券分析》（*Security Analysis*）。

葛拉漢也是《智慧型股票投資人》的作者，巴菲特稱這本書為有史以來最重要的投資書籍。他經常宣揚，這本書永遠改變了他對於投資股市的想法。

從哥倫比亞大學畢業後，巴菲特曾經在他的導師的公司，葛拉漢紐曼公司（Graham-Newman Corporation）工作過一段時間，然後於一九五六年返回奧馬哈，並創辦了自己的投資公司，即巴菲特有限合夥公司（Buffett Limited Partnership，本書也簡稱「巴菲特合夥公司」）。他為自己設定了一個雄心勃勃的目標：平均每年要打敗道瓊工業平均指數（Dow

Jones Industrial Average）十個百分點。在接下來的十三年裡（一九五七年到一九六九年），該公司的平均年報酬率為三一％，比道瓊指數九％的平均年報酬率高出二十二個百分點。更令人驚訝的是，巴菲特在這十三年裡，每一年都打敗了道瓊工業指數。在那段期間，沒有一年是表現不好的。

一九六二年，巴菲特合夥公司開始購買麻薩諸塞州一家紡織廠，波克夏海瑟威的股份。到了一九六五年，巴菲特實際上已經控制了該公司。當巴菲特合夥公司於一九六九年底停止營運時，他告訴他的合夥人，他將把個人投資從合夥公司轉移到波克夏海瑟威公司的股票。這就是今天波克夏公司的開始：一個同時擁有私營公司和公開上市股票的集團。在巴菲特掌舵的前十年（一九六五至一九七四年），包括一九七三年到一九七四年災難性的熊市，對波克夏投資的每一美元，價值都翻了三倍。同一段時期，投資在標準普爾五百指數（Standard & Poor's 500）的一美元，即使股息再投資，最後報酬也只有十三美分。而這時候，巴菲特才初試啼聲而已。

沒有哪一個專業投資人管理資金的時間比巴菲特更久。[3]考慮到巴菲特合夥公司和波克夏公司之間的重疊，巴菲特管理投資組合的時間已經有六十六年了。將波克夏（一九六五年至二〇二二年）的績效分開來看，波克夏五十八年的總體收益為三七八七四六四％，而標準普爾五百指數包括股息在內，報酬率為二四七〇八％。巴菲特的年綜合收益為一九．八％，而標準普爾五百指數為九．九％。換句話說，到二〇二二年底為止，在一九六五年用一美元投資於標準普爾五百指數，那一美元的價值已經漲為二百四十八美元；而投資於波克夏的價值則漲為三萬七千八百七十五美元。

理解模式

人類的心智會渴望模式，因為模式暗示了秩序，秩序使我們能夠理解世界。[4] 投資人也沒有不同。投資人也是尋求模式的動物。可惜的是，大多數的投資人都在錯誤的地方尋找模式。他們相信，有一些可靠的模式可以預測短期的價格變化。但他們錯了。沒有任何模型可以持續預測股市的漲跌方向。市場太大、太複雜，且隨著時間不斷變化。預測市場的確切模式並不會重複。儘管如此，投資人仍在持續嘗試。

巴菲特也在尋找模式。但他尋找的模式並不局限於市場，而是在分析公司時發現的模式。巴菲特了解到，每家公司內部在三個不同的領域都有可以識別的模式：商業性質、財務報酬和管理素質。他堅信，這些模式將在某個時間揭示股價的未來方向。當然，從短期來看，股票價格並不會緊緊跟隨公司的每一個改變。但是，如果你的時間尺度夠長，那麼股票價格最後絕對會非常符合公司基本經濟表現所揭示的模式。

有人說，一連串的成功一定包含了某種程度的運氣。毫無疑問，巴菲特在職業生涯中遇到了一些幸運的突破，同時也遭遇了相當大的厄運。但千萬別搞錯，長期持續的成功靠的是優異的技能。[5] 本書的目標就是要探討全世界最偉大投資人的各種技能。

企業家的養成

我們可以把巴菲特家族追溯到約翰·巴菲特（John Buffett），一六九六年，他在紐約長島北岸與漢娜·泰特斯（Hannah Titus）結婚。時間快轉到一八六七年，當時席尼·霍曼·巴菲特（Sidney Homan Buffett）聽到西部的呼喚，而離開紐約，駕著馬車去奧馬哈。一到那裡，他就決定留下來，一八六九年，他開設了S·H·巴菲特雜貨店（S. H. Buffett Grocery），這一個事業啟動了今天留在奧馬哈的巴菲特王朝。

到了一九〇〇年，奧馬哈到處都是高樓大廈和纜車。人口已經增加到十四萬人。席尼·巴菲特擴大了他的雜貨店，不久之後，他的兩個兒子也加入了他的行列。最小的歐內斯特（Ernest）離開了他父親位於較大的市中心據點，在郊區開了一家新的雜貨店，他隆重地稱之為歐內斯特·巴菲特雜貨商和大商人（Ernest Buffett, Grocer and Master Merchant）。歐內斯特有四個兒子，其中一個是霍華德（Howard），就是華倫·巴菲特的父親。

霍華德·巴菲特對雜貨店生意不感興趣。他的夢想是成為一名記者，並在內布拉斯加大學擔任學校報紙《內布拉斯加州日報》（*Daily Nebraskan*）的編輯。後來，在他大四的時候，與即將成為霍華德·巴菲特夫人的萊拉·斯塔爾（Leila Stahl）偶遇，這改變了他的未來。為了贏得萊拉的芳心和她父親的認可，霍華德放棄了新聞行業的職業生涯，找了一份更可靠的工作，也就是保險銷售員。後來，他將銷售經驗轉化為證券銷售員的新工作，並促成了一家新的經紀公司：巴菲特謝林卡公司（Buffett, Skelincka & Company）。

巴菲特年輕的時候就從雜貨商祖父那裡吸取了教訓。我們知道，在巴菲特成為投資人之前，他已經先成為了一名企業家：一個成立公司以尋求獲利的人。巴菲特六歲的時候，他親愛的姑姑艾麗絲送了他一份禮物。在聖誕節的早上，他撕開了包裝紙，然後把禮物繫到腰帶上，這將成為他最珍貴的財產——一個鍍鎳的錢幣分配匣。他很快就找到了許多方法來充分利用它。年幼的巴菲特在外面的人行道上擺了一張桌子，把芝蘭口香糖賣給任何路過的人。他也挨家挨戶地銷售口香糖和汽水。他在祖父的雜貨店以二十五美分的價格買了六罐裝可樂，然後每一瓶售價為一個五分幣：投資報酬率為二〇％。

後來，巴菲特還賣《星期六晚報》（*Saturday Evening Post*）和《自由》（*Liberty*）雜誌。每個週末，他都會在當地的足球場兜售爆米花和花生。在空閒時間，他會到附近的高爾夫球場散步，目的是要找丟失的球，他會清潔這些球，然後以六美元一打的價格轉售。他也會去阿克薩本（Ak-sar-ben，內布拉斯加州反向拼寫）賽馬場，尋找被誤丟但可能還有些價值的廢棄馬票。後來，他出版了自己的賽車手賽馬簡報，稱為《馬廄男孩精選》（*Stable-Boy-Selections*），售價為一份二十五美分，這低於賽場官方出版品《藍單》（*Blue Sheet*）的價格。

一九四二年，當時巴菲特十二歲，他的父親當選為美國國會議員，並將全家搬到了華盛頓特區。這個改變對這個小男孩來說很難適應。他非常想家，心情低落而絕望，於是家人讓他回到奧馬哈與祖父和艾麗絲姑姑住在一起。第二年，巴菲特再次嘗試住到華盛頓，並重新開始了他的創業冒險。他很快就成為《華盛頓郵報》（*Washington Post*）和《華盛頓時代先鋒報》（*Washington Times-Herald*）等兩份報紙的送報生。

在伍德羅威爾遜高中（Woodrow Wilson High School），他與唐．丹利（Don Daly）成了朋友，丹利很快就被巴菲特的賺錢熱情所感染。兩個人把積蓄湊起來，花了二十五美元買了一台翻新的彈珠機台。巴菲特說服了當地的一個理髮師，讓他們在他店裡放一台，並讓他獲得一半的利潤。開張一天後，他們從機器裡獲得了四美元的鎳幣。這個「威爾遜投幣式機器公司」（Wilson Coin-Operated Machine Company）擴大到七台，很快地，巴菲特每星期都可以拿五十美元回家。接著，巴菲特和丹利以三百五十美元合購了一輛一九三四年的勞斯萊斯，然後以每天三十五美元的價格出租。十六歲時，巴菲特買下了一個占地四十英畝的內布拉斯加州農場，並將其出租給一個農民。當他高中畢業時，他已經存到了六千美元。

巴菲特為什麼對賺錢抱著熊熊的熱情？原因來自一個非常戲劇性、令人心疼的情景：大蕭條。儘管在某些方面，巴菲特的年幼時期似乎反映了一個田園詩般的童年，但當他父親有一天晚上回家並通知家人，他工作的銀行已經倒閉時，一切都變了。父親的工作沒有了，他們的積蓄也沒了。大蕭條終於衝擊到了奧馬哈。巴菲特的祖父負擔不起給兒子一份工作，但他確實以信貸方式為巴菲特一家提供了食物。

從各方面來說，巴菲特都是大蕭條的產物，大蕭條的影響雖然短暫，卻給他留下了深刻的印象。正如《巴菲特傳》（*Buffett: The Making of an American Capitalist*）一書的作者羅傑．羅溫斯坦（Roger Lowenstein）所說：「他在非常辛苦的頭幾年，產生了一股想要非常、非常、非常有錢的動機。甚至在五歲以前，就有這樣的想法。從那時候開始，這個念頭就沒消失過。」[6]巴菲特經常去卡爾・福爾克（Carl Falk）的家閱讀福爾克的投資書籍。卡爾・福爾克當時是他父親的公司合夥人。有一天，福爾克夫人在為年幼的巴菲特做午餐時，聽到他宣布他「將在三十歲之前成為百萬富翁，如果沒有，我將從奧馬哈最高的建築物上跳下去」。福爾克夫人嚇壞了，要求巴菲特不要再這麼說了。但他只是笑了一下。她問他為什麼要說這樣的話。「不是我想要錢，」他回答：「這只是賺錢和看著錢變多的樂趣。」[7]在後來的幾年裡，他補充說：「金錢可以讓我獨立。我可以在生活中做想做的事。我最想做的就是為自己做事。每天都能做我想做的事，這個想法對我來說非常重要。」[8]

追逐夢想：早期的影響

關於巴菲特的成功，流傳著許多流行的故事。但有一個故事鮮為人知，但可能是所有故事中最重要的。

一九四一年，十一歲的巴菲特在奧馬哈公共圖書館的本森分館瀏覽時，發現了一本看起來非常睿智的書。這本書有著閃亮的銀色封面，《一千種賺取一千美元的方法：基於在業餘時間創業和賺錢的實際經驗的實用建議》（*One Thousand Ways to Make $1,000: Practical Suggestions, Based on Actual Experience, for Starting a Business of Your Own and Making Money in Your Spare Time*），作者是F・C・米納克（F. C. Minaker）。這本書一九三六年由達內爾公司（Darnell Corporation）出版。法蘭西絲・瑪麗・考恩・米納克（Frances Mary Cowan Minaker）用當時的方式，以起首字母來掩飾她的性別。

想想一九四〇年代住在內布拉斯加州奧馬哈的一個小男孩。沒有電視、沒有電玩、沒有個人電腦或智慧型手機。是的，市中心電影院有廣播節目和難得一見的週六下午電影。但對包括巴菲特在內的大多數人來說，當時的主要娛樂就是閱讀：報紙、雜誌和書籍。現在想像年幼的巴菲特從圖書館跑回家，緊緊地抓著他的新寶貝，衝進屋子，一屁股坐在椅子上，打開書的第一頁，一頭栽進一個如何賺錢的新世界——一個他尚未完全理解或意識到的世界。

米納克的書很厚（四百零八頁），而且很全面。除了為新公司提供數百個具體建議之外，書中還提供了關於良好的銷售技巧、廣告、商品銷售、客戶關係等主題清晰而直截了當的經驗教訓。書中充滿了人們的故事，他們把一個好點子變成了一筆好生意，有時還取得了驚人的成就。

書裡有一個詹姆斯．C．潘尼（James C. Penney）的故事，非常激勵人心。潘尼的第一份工作每個月只給他二．二七美元。潘尼將他的小股份與其他兩個合作夥伴結合起來，在一九〇二年四月十四日開了第一家傑西潘尼百貨店（J. C. Penney）。第一年的商店銷售額達二萬八千八百九十一美元。詹姆斯分享的利潤略高於一千美元。

巴菲特翻開另一頁，讀到二十三歲的約翰．沃納梅克（John Wanamaker）的故事，他說服他的姐夫內森．布朗（Nathan Brown）結合他們金額微不足道的積蓄，在家鄉費城開了一家紳士服裝店。當時是一八六一年。他們眼前即將面對的是全國內戰的前景。而在他們背後的則是一八五七年銀行業蕭條的殘破經濟，這次蕭條導致了大規模的失業，幾乎完全毀掉製造商和批發商的生機。但他們毫不畏懼，於一八六一年四月二十七日打開了大門。八年後，沃納梅克與布朗（Wanamaker & Brown）成為美國最大的男士用品零售商。

隨著白日夢越做越大，巴菲特繼續閱讀下去。

當他讀到第一百五十三頁時，巴菲特一定咧嘴一笑。第六章是關於路邊創業，這是一位年輕企業家已經做了五年多的事情。第十章滿載關於服務業的想法，其中一個談到在當地商店和酒館放置投幣式撞球桌。從我們現在的角度來看，可以看到那個故事與兩年後巴菲特做彈珠機台生意的直線關係。同樣在第十章「出售你的服務」中，我們找到了另一個故事，這個故事對巴菲特的思維影響甚至更大。

一九三三年，一個叫哈利・拉森（Harry Larson）的人正在當地的藥品店購物，這時有人（我們不知道到底是誰）問他體重是多少。哈利轉過身，發現了一個投幣式的秤；他投入一分錢並得到答案，然後他走到雪茄櫃檯。在他排隊等候的幾分鐘裡，有七位顧客決定試試這個只要花一分錢的秤。這引起了哈利的注意，他開始學到更多。店主解釋說，這機器是租來的，他每個月分到二五%的利潤，約為二十美元，剩下七五%留給擁有秤的公司。

哈利告訴米納克，這就是一切的開始。他從積蓄中拿出了一百七十五美元，買了三台機器，很快地每個月就賺到了九十八美元的利潤。但哈利接下來做的事讓巴菲特很感興趣。「我總共買了七十台機器……其他六十七台是從前面三台機器賺到的錢拿出來的……我賺夠了買秤的錢，而且還過上了好日子。」[9]

而這個一次一分錢，正是複利的精髓。我們通常認為複利只適用於利息。你可能知道愛因斯坦（Albert Einstein）的名言：「複利是世界的第八大奇蹟。懂複利的人，就可以賺到錢。不懂複利的人，就只能付錢。」但從本質上來講，這個概念更廣泛、更強大：利用利潤來賺取更多利潤。哈利．拉森直覺地理解了這個道理；年輕的巴菲特也是如此。

多年後，巴菲特用投幣式磅秤來描述他的想法。「磅秤很容易理解。我可以買一台磅秤，並用賺到的利潤去買更多的磅秤。很快我就會擁有二十台磅秤，因為每個人每天都會稱上五十次。我想——白花花的錢就在那裡啊。加上複利的作用，還有什麼比複利更好的呢？」[10]正是這個精確的心理模型形成了現在的波克夏的輪廓和架構。

米納克寫道：「自己做生意的第一步就是要去了解它……因此，要閱讀所有關於你打算開創的事業的公開資訊，以獲得其他人的綜合經驗，並從他們中斷停止的地方，開始進行你的計畫。」這意味著，她堅定認為，要盡可能學習問題的兩個方面：如何成功，**以及更重要的**，如何不失敗。她說，閱讀關於一家公司的文章，就像和一個商人坐在客廳裡談論你的問題。「只有認為自己知道所有需要知道的事情的人，以及認為自己知道更多的人，才會認為這種思想交流是愚蠢的。」她這麼寫。真正愚蠢的是，當其他已經嘗試過並寫過它的人可以告訴你「**為什麼**這的確不是一個好主意」時，你還要花數百美元（以今天的美元計算，可能是數十萬，甚至數百萬美元）來發現你的想法行不通。[11]

巴菲特並沒有忘記這個教訓。在波克夏的公司總部，最大的房間不是巴菲特的辦公室，而是大廳下方的參考圖書室。一排一排的檔案櫃中，充滿了企業的故事。檔案櫃中包含了所有主要交易公司過去和現在的每份年報。巴菲特都讀了。從這些資料中，他不僅了解到哪些是有效的、哪些是賺錢的，而且更重要的是，哪些企業失敗了、哪些虧了錢。

巴菲特從米納克那裡學到的第二個教訓，可以用兩個詞來概括：採取行動。或正如米納克充滿說服力的說法：「開始賺錢的方法就是開始去做。」[12]她指出，數十萬人夢想著開創自己的事業，但從未去做過，因為他們被卡住了——他們在等待商業預測的改善，或等待自己的前景好轉，又或只是等待合適的時機。「因為看不清前方」，所以經常推遲開始。在這裡要注意的是，完美的時機永遠不是事先就能知道或準備好的，等待只是躲在無所事事的安全感中的一種方式。

米納克指出，這種現象的另一個表現形式是，一般人常常因為花太多時間向他人尋求建議，而猶豫不決、無法行動。「如果你向夠多的人徵求建議，你肯定會幾乎什麼都不做。」[13]研究過巴菲特的人很容易可以認出米納克的建言。是的，巴菲特與他的長期商業夥伴查理．蒙格會討論重大的想法。但如果巴菲特認為波克夏有機會買到好東西，他也真的不會花整天時間講電話。他從未因為股市上漲或下跌、經濟成長或緊縮或利率預測上升或下降，而延遲做出最後的決定。如果是一家好公司、價格也好，巴菲特就會採取行動。

除了建議外，米納克還提供了令人信服的啟發。「〔帶著你的新事業〕離開港口，就像船長駕著一艘船航行在海上。你靠的是自己的判斷和能力。」她把這稱為「商業生涯中最令人心滿意足的事」。[14]

很容易想像得到，年輕的巴菲特已經體悟到這句話的真相。從他六歲開始銷售糖果和汽水開始，巴菲特就是自己的老闆。他堅定地相信自己，並且熱愛自己的獨立性。當他高中畢業時，他已經是奧馬哈最富有的十六歲的孩子了，也很可能是世界上最富有的白手起家的青少年。但他還不是他曾經吹噓想成為的百萬富翁，這需要他繼續留在學校學習。

教育歷程

巴菲特還小的時候，就對數字非常著迷，他可以輕易地在腦子裡做複雜的數學計算。八歲時，他開始研讀他父親有關股市的書籍；十一歲時，他在父親工作的經紀公司學習看盤。同年，他購買了他的第一股股票，城市服務特別股（Cities Services Preferred）。正如我們所看到的，他早年因為賺錢的創業冒險以及對股市的了解，生活充滿了樂趣。儘管他的父親敦促他接受高等教育，但年輕的巴菲特認為他已經成功了。他告訴父親，他寧願跳過大學教育，直接去從商。無論如何，他爭辯說，他已經讀了數百本關於商業和投資的書，大學還能教他什麼？但是他被推翻了。

巴菲特是對的。儘管他在一九四七年就讀於賓夕法尼亞大學華頓金融和商業學院（Wharton School of Finance and Commerce），但度過了兩年毫無所獲的時間，他對會計和公司的了解顯然比教授更多。他在費城經紀公司研究股票市場的時間比上課的時間還要多。一九四九年秋季學期開始時，巴菲特就不見蹤影了。

巴菲特回到奧馬哈的內布拉斯加大學求學，並在一年內獲得學士學位，在兩個學期內修了十四門課。那一年，甚至在畢業後，大多數的時間都可以發現巴菲特窩在圖書館裡，吸收他能找到的關於公司和投資的每一本書。在一九五〇年的某個時候，他發現了班傑明．葛拉漢的新書，《智慧型股票投資人》。這本書改變了他的人生。

這讓巴菲特開始研究商學院，到了夏天，他發現《有價證券分析》教科書的合著者班傑明．葛拉漢和大衛．陶德在哥倫比亞大學教授師資陣容裡面。「我以為他們早就死了。」他說。[15]結果，葛拉漢和陶德並沒有死，而是在哥倫比亞大學教課。因此，他迅速提交了一份申請書，並被接受了。一九五〇年九月，巴菲特從一千二百英里外的奧馬哈，走到了紐約市的校園。

巴菲特的第一堂課是金融一一一與一一二，「投資管理和證券分析」，由大衛．陶德教授。[16]在前往紐約之前，巴菲特已經抱著一本《有價證券分析》。當他到達哥倫比亞大學時，他幾乎已經把書背起來了。「事實上，我對這本書很熟悉。當時，幾乎在那七或八百頁中，我真的知道每一個案例。我就是把整本書全部吸收了。」[17]當春季學期開始時，巴菲特幾乎無法控制自己的興奮。他的下一堂課由班傑明．葛拉漢教授，是一個由二十名學生參加的研討會，會中結合了《有價證券分析》的教導以及《智慧型股票投資人》的教訓，這些課程與市場上實際交易的股票有關。

葛拉漢傳達的訊息很容易理解，在實務操作中卻是具有革命性的。在《有價證券分析》出版之前，華爾街挑選股票的常見方法是從對股票的一些總體意見開始：你喜歡或不喜歡？然後試著弄清楚其他人可能會對該股做什麼：買或賣？在很大程度上忽視了公司的財務事實。葛拉漢做出了改變。在你只根據主流意見向股票扔錢之前，他主張：為什麼不先弄清楚它可能值多少錢？

葛拉漢提出的算法也很簡單。首先，將公司的經常性資產（應收帳款、現金和流動資產）加起來，然後減去所有負債。這就是公司的淨資產。然後，也只有到那個時候，再來看股票價格。如果價格低於淨資產，買進就是一個值得並且可能賺錢的作法。但如果股票價格高於公司的淨資產，那就不值得投資。這種方法非常契合巴菲特對數字的感覺。葛拉漢給了他多年來一直在尋找的東西——一種有系統的投資方法：以五十美分的價格購買價值一美元的證券。

巴菲特很享受在哥倫比亞大學經歷的每一刻。不上課時，他可以在圖書館閱讀關於二十年前股市的舊報紙。而且從未停止過，每週七天，從清晨讀到深夜。大多數人都在納悶，他是否睡覺過。

很快地，每個人都很清楚，巴菲特是班上最聰明的學生。他經常在葛拉漢問完問題之前，就舉手回答了問題。同學比爾．盧恩（Bill Ruane）回憶說，葛拉漢和巴菲特之間彷彿出現了瞬間的化學反應，班上的其他人不過是充當觀眾。[18] 學期結束時，巴菲特獲得了A+，這是葛拉漢在哥倫比亞大學教書的二十二個年頭裡，第一次給出的成績。

離開學校後，巴菲特對葛拉漢提出請求，希望在葛拉漢紐曼工作，葛拉漢紐曼是葛拉漢在哥倫比亞任教時管理的投資合夥公司。葛拉漢拒絕了他。起初，巴菲特因為遭到拒絕而感到一絲刺痛，但後來得知，該公司是想用在華爾街受到不公平待遇的猶太裔分析師來填補缺額，巴菲特於是提出願意免費工作。但再一次，得到禮貌性的拒絕。因此，巴菲特回到了奧馬哈，他決定看看自己能做什麼。

他當時才剛滿二十一歲。

投資成為關注焦點

當巴菲特於一九五一年夏天抵達奧馬哈時，他的心思和精力都集中在投資上。他不再對兼職工作以賺取額外的錢感興趣。首先是葛拉漢，然後是巴菲特的父親——巴菲特最為尊重的兩個人——都警告他，當時不是投資股市的時候。兩人都告誡他說，早就該進行修正了。但巴菲特只聽米納克的話：「開始賺錢的方法就是開始去做。」

巴菲特得到在奧馬哈國家銀行（Omaha National Bank）的一份工作，但他拒絕了，因為他更喜歡他所熟悉的父親的公司，巴菲特福爾克公司（Buffett-Falk & Company）。該公司名稱是為了輝映合夥人卡爾．福爾克的貢獻而改。霍華德．巴菲特的一個朋友問，這個公司名字是否會很快改成巴菲特和兒子（Buffett & Son）。巴菲特回答說：「也許是巴菲特和父親（Buffett & Father）。」[19]

巴菲特全心全意投入巴菲特福爾克公司。他還報名了戴爾．卡內基（Dale Carnegie）的公開演講課程，並開始在奧馬哈大學教授「投資原則」。他的講課內容是以葛拉漢的書《智慧型股票投資人》為基礎。他為《商業和金融紀事報》（*The Commercial and Financial Chronicle*）撰寫了專欄，名為「我最喜歡的證券」。在一篇專欄文章中，巴菲特讚揚葛拉漢最喜歡的投資是一家鮮為人知、名叫蓋可的保險公司。在這段期間，巴菲特一直與葛拉漢保持互動關係，並不時丟給他有關股票的想法。

之後，在一九五四年的某一天，葛拉漢給他以前的學生打了通電話，對他提出了工作機會。巴菲特很快就搭上飛往紐約的下一班飛機。

在葛拉漢紐曼任職期間，巴菲特完全沉浸在導師的投資方法中。他並不孤單。除了巴菲特，葛拉漢還聘請了華特·史洛斯（Walter Schloss）、湯姆·奈普（Tom Knapp），以及巴菲特的同學比爾·盧恩。史洛斯繼續在華爾街日報有限公司（WSJ Limited Partners）管理資金二十八年。奈普是普林斯頓化學專業的學生，也是特威迪布朗合夥公司（Tweedy, Browne Partners）的創始合夥人。盧恩與瑞克·卡尼夫（Rick Cuniff）後來共同創立了著名的紅杉基金（Sequoia Fund）。每一天，這四位分析師都會花時間仔細研究標準普爾的股票指南（Stock Guide），並為葛拉漢紐曼的共同基金提出想法。

巴菲特在葛拉漢紐曼度過的兩年既令人振奮，但也令人沮喪。葛拉漢和他的合夥人傑瑞·紐曼（Jerry Newman）駁回了他的大部分建議。當道瓊工業平均指數在一九五五年創下破紀錄的四百二十點時，葛拉漢紐曼共同基金卻持有四百萬美元的現金。無論巴菲特的股票選擇多麼令人信服，葛拉漢紐曼公司就是不同意。巴菲特得出結論，能夠實現個人想法的唯一地方，就是他自己的投資組合。第二年，葛拉漢自己也覺得受夠了。他退休了，並搬到加州的比佛利山莊。他在那裡繼續寫作和教書，這次是在加州大學洛杉磯分校，直到八十二歲去世。

對巴菲特來說，葛拉漢不止是一個導師。羅溫斯坦對此描述得很好：「對於奇妙又令人生畏的城市——股票市場來說，葛拉漢提供了第一張可靠的地圖。在他之前，選股是一種接近賭博的偽科學，但他展示了一種選股的基本方法。」[20] 自從十一歲的巴菲特第一次購買城市服務特別股以來，他花了半生的時間研究股市的奧祕，包括投入大量的時間破解技術分析和圖表解讀。現在他有了答案。《雪球：巴菲特傳》（*The Snowball: Warren Buffett and the Business of Life*）一書的作者艾莉斯．舒德（Alice Schroeder）補充了一個非常吸引人的比喻：「巴菲特的反應就像一個走出已經住了一輩子的山洞的人，當他感知到現實，就像看到陽光時要眨眨眼一樣。巴菲特原來對股票的概念，是來自一張張交易紙片的價格所形成的模式。現在，他看到了這一張張紙片只是某個底層真相的象徵。」[21]

因此，巴菲特第二次回到奧馬哈，已經與五年前的年輕畢業生大不相同。他現在年紀更大、更有經驗了，在投資方面肯定更聰明，而且相當明確的是，他也更富有了。憑藉著他從葛拉漢那裡學得的知識，以及在家人和朋友的財務支援下，他成立了一家有限投資合夥公司。這時的巴菲特已經二十五歲了，他清楚地知道一件事：他再也不會為別人工作了。他已經準備好成為自己的船長了。

巴菲特有限合夥公司

米納克的書在第十章「出售你的服務」開頭就要求讀者進行個人清點。要弄清楚自己擅長的事、比任何人做得更好的事。然後弄清楚誰需要幫助，以及用什麼方式接觸對方最好。

透過在奧馬哈大學的教學和關於投資的熱門專欄，巴菲特已經開始在奧馬哈建立起自己的聲望。在葛拉漢紐曼公司度過的時間，只是增加了他的可靠度。因此，他才剛回到奧馬哈，家人和朋友就撲了過來，要他管理他們的資金。他的姐姐桃莉絲（Doris）和她的丈夫、他親愛的艾麗絲姑姑、他的岳父、他的前室友查克．皮爾森（Chuck Person），以及一位名叫丹．莫寧（Dan Monen）的奧馬哈當地律師都想加入。一九五六年春天，他們集體給了巴菲特十萬五千美元進行投資。因此，以二十五歲的巴菲特為一般合夥人，巴菲特有限合夥公司就此誕生。

當每個人都聚集在奧馬哈當地的晚餐俱樂部參加啟動會議時，巴菲特定下了基調。他向每個人遞交了正式的合夥協議，並向他們保證，該文件符合法律要求的形式，沒有任何不正當之處。然後，在完全披露的情況下，他為這家合夥公司制定了基本規則。[22]

首先，是財務條款。有限合夥人將獲得投資合夥公司的前六％的報酬。此後，他們將獲得七五％的利潤，餘額則交給巴菲特。年度績效目標的任何不足，都將在隔年彌補。因此，如果有限合夥人在任何一年內沒有獲得完整六％的報酬，那麼在第二年，短缺的部分將新增到該年的六％中。在合夥人拿到完整的報酬之前，巴菲特不會收到績效獎金。

巴菲特告訴他的合夥人，他不能保證結果，但他確實承諾，他為合夥公司所做的投資，都將根據他從葛拉漢那裡學到的價值原則。他接著描述他們應該如何看待年度收益和虧損。首先，他們應該忽略股市每日、每週和每月的波動，無論如何，這都是他無法控制的。此外，他們不應該太過於強調任何一年的投資表現如何。最好至少三年再判斷結果，甚至五年更好。

巴菲特對合夥人保證，我們的「投資標的將根據價值，而不是受歡迎程度來選擇」，而且合夥公司「將會努力把長期資本損失（而非短期的股價損失）降到最低」[23]。最後，巴菲特告訴合夥人，他不做預測股市或經濟循環的事。這意味著，他不會討論或披露合夥公司正在購買、出售或持有什麼股票。

那晚的餐宴上，每個人都簽名加入了合夥公司。多年來，隨著越來越多的合夥人加入，他們也接到了相同的基本規則。為了避免任何人忘記，巴菲特將這些規則納入了每年送交給每位合夥人的績效結果中。

合夥公司的成長

打從一開始，巴菲特合夥公司就創造了不可思議的績效表現。在頭五年（一九五七至一九六一年），道瓊工業平均指數上漲七五%，巴菲特合夥公司則增加了二五一%（其中一八一%要給有限合夥人）。巴菲特沒有以每年十個百分點的最初目標打敗道瓊指數，而是以平均三五%的差距打敗道瓊指數。

隨著巴菲特的聲譽越來越廣為人知，更多的人要求他來管理他們的資金。一九六一年底，巴菲特合夥公司已經擁有七百二十萬美元的資本，比葛拉漢紐曼在巔峰時期管理的資金更多。其中有一百萬美元屬於巴菲特。那年他剛滿三十一歲。

由於有更多的投資人加入，巴菲特也開始了更多的合夥關係，直到一九六二年，巴菲特決定把所有的合夥關係重組成一家合夥公司。也在同一年，他把合夥公司辦公室從他的家搬到了奧馬哈的奇威特（Kiewit）廣場，他的辦公室直到今天仍然在那裡。隔一年，一九六三年，巴菲特進行了他最知名的投資之一，再次提升了他已經不斷提高的聲譽。

一九六〇年代，發生了一件史上最嚴重的企業醜聞。聯合原油植物油公司（Allied Crude Vegetable Oil Company）執行長提諾·德安傑利斯（Tino De Angelis）發現，他可以根據該公司的沙拉油庫存獲得貸款。他利用「油會浮在水上」的簡單原理，動了一些手腳。他在紐澤西州建造了一家煉油廠，廠中放置許多要裝大豆油的五層樓高的儲油櫃，然後在儲油櫃中裝滿了水，上面只放了幾英呎的沙拉油。當檢查人員到達廠房要確認庫存時，公司員工就爬到儲油櫃的上方，拿著一根測量棒沾一下後，便向站在地面的檢查人員報出假數字。當醜聞爆發時，人們才得知，美國銀行（Bank of America）、以色列國民銀行（Bank Lemumi）、美國運通（American Express）和其他國際貿易公司，已經金援了這家公司超過一·五億美元的貸款。

美國運通是眾所周知的沙拉油醜聞的最大受害者之一。該公司損失了五千八百萬美元，股價也應聲下跌了五〇％以上。巴菲特當然知道美國運通的經濟損失，但他不知道美國運通的客戶如何看待這件醜聞。因此，他在奧馬哈各餐館的收銀處閒逛，發現使用知名的美國運通綠卡的人並沒有減少。他還造訪了該地區的幾家銀行，並且發現金融醜聞對美國運通旅行支票的銷售也沒有影響。回到辦公室後，巴菲特立刻向美國運通的股票投資了一千三百萬美元，占合夥公司資產的二五％。在接下來的兩年裡，股票價值翻了三倍，合夥公司獲得的淨利為二千萬美元。

打敗道瓊

巴菲特繼續穩健地擊敗道瓊工業平均指數。十年後，巴菲特合夥公司的資產已經成長到五千三百多萬美元。巴菲特的股票價值接近一千萬美元。但即使合夥公司增加了輝煌的報酬，投資的困難度也在提高。巴菲特在市場上搜尋標的時，發現很難找到符合他對價值的定義的股票。自一九五六年合夥公司成立的第一天以來，巴菲特從葛拉漢那裡了解到的估值策略就主導了股市。然而到一九六〇年代中期，一個新的時代正在展開。這個時代被稱為「沸騰」（go-go）年代（go-go 是指成長型股票）。貪婪開始驅動整個市場。在追求高績效的股票時，錢賺得快，也虧得快。[24]

儘管市場心理發生了根本的轉變，但巴菲特合夥公司繼續展現出色的投資成果。到了一九六六年年底，合夥公司價值成長了一一五六％（其中七〇四％給合夥人），大大擊敗了在同一時期只上漲了一二三％的道瓊指數。一九六八年，巴菲特合夥公司的報酬率為五九％，道瓊指數只有八％。這是合夥公司表現最好的一年。巴菲特是一名現實主義者，在寫給合夥人的信中，他寫道：「這應該視為稀有事件——就像在橋牌遊戲中拿到十三張黑桃一樣。」[25]

儘管如此，巴菲特變得越來越不安。股市上演奏的新鼓聲，對他來說毫無道理可言。他發現市場變得非常投機，有價值的股票也越來越稀缺。最後，在一九六九年，就在他投資成就的巔峰時期，巴菲特決定結束這家投資合夥公司。他給他的合夥人寄了一封信，承認他跟不上當前的市場環境。「然而，我很清楚的一點就是，」他表示：「我不會放棄我原來已經理解邏輯的方法，儘管我發現這個方法現在很難應用。哪怕這可能意味著要放棄顯然比較簡單的鉅額利潤，我也不會採用我不完全理解、沒有成功實踐過，還可能導致鉅額的永久性資本損失的方法。」[26]

在結束巴菲特合夥公司時，巴菲特格外小心以確保所有合夥人清楚了解後續的步驟。他扼要說明了三個不同的選項。對於那些希望留在股市的人，巴菲特推薦了他的前同學、葛拉漢紐曼的同事比爾·盧恩。巴菲特合夥公司的二千萬美元因此轉移到盧恩卡尼夫與史蒂爾斯公司（Ruane, Cuniff & Stires），紅杉基金也因此誕生。

合夥人的第二個選擇是投資地方政府債券。在巴菲特看來，股票的十年期前景與地方政府債券大致相同，地方政府債券本質上是免稅的，而且風險較小。完美的教育家巴菲特還給每個合夥人發了一份關於購買免稅債券機制的一百頁宣言。[27]至於第三個選擇就是，合夥人可以將資產配置到合夥公司的一家主要持股公司，即波克夏公司的普通股。

當巴菲特解散合夥公司時，很多人認為，巴菲特最好的日子已經過去了。事實上，最好的日子才剛剛開始。巴菲特一向坦率直言。他告訴合夥人，他將把放在巴菲特合夥公司的個人資金轉移到波克夏。巴菲特合夥公司從十萬五千美元的初始資產基礎，成長到一·〇四億美元的管理資產；而巴菲特從中獲得了二千五百萬美元。現在他告訴合夥人，他要把這筆錢轉移到波克夏，這也讓他得以完全控制該公司。正如巴菲特合夥公司的早期死忠支持者達克·安吉爾（Doc Angel）所說：「這就是任何有腦袋的人必須聽到的事。」[28]

波克夏：複利集團

最初的公司是波克夏棉花製造公司（Berkshire Cotton Manufacturing），成立於一八八九年。四十年後，波克夏與其他幾家紡織廠合併，成為新英格蘭最大的工業公司之一。在這段期間，波克夏供給了美國約二五％的棉花需求，並占了新英格蘭一％的電力容量。一九五五年，波克夏與海瑟威製造公司（Hathaway Manufacturing）合併，並更名為波克夏海瑟威。

在巴菲特合夥公司的早期，巴菲特就開始收購波克夏的股份。該公司股票以每股七．五〇美元的價格出售，營運資本為十．二五美元，帳面價值為二〇．二〇美元。這是典型的葛拉漢股票。

遺憾的是，波克夏和海瑟威合併之後的幾年，表現令人沮喪。不到十年，股東權益就下降了一半，經營損失也超過一千萬美元。巴菲特很清楚，美國紡織品製造商在與更便宜的外國進口產品競爭時所面臨的困難。即使如此，他仍然無法抗拒「拿起一個剩下一口的廢棄菸屁股」的吸引力。[29]菸屁股理論是葛拉漢強調以便宜價格購買硬資產的說法，只是這些資產幾乎沒有經濟活力。除了資產負債表上的現金和證券，以及未來商業獲利的潛力有限，巴菲特認為，波克夏沒有太大的缺點，而且也有合理的賺錢可能性。

到了一九六五年，巴菲特合夥公司已經擁有波克夏三九％已發行的普通股。隨後，為了接管公司、解雇無能的管理階層，並用更擅長配置資本的人來取代他們，巴菲特陷入了與董事會的代理權爭奪戰中。當塵埃落定後，巴菲特贏得了這場戰鬥，但在這樣做的時候，他發現他已經將巴菲特合夥公司二五%的資產，分配給了一艘在經濟上正在下沉的船，沒有退出策略。「我變成了追到車卻感到茫然的狗。」[30]

從管理史上最厲害的投資合夥公司，到將他的淨資產轉投到一家垂死的製造商，這一趟旅程具有希臘悲劇的所有特徵。巴菲特在想什麼？

很顯然他**沒有**在想什麼。巴菲特並沒有要設計一個全面改善的明確計畫。儘管葛拉漢在他的耳邊低語，但他從未打算把公司賣給更大的傻瓜。誰會想買一家已成立七十五年、獲利率低、資本密集、依賴勞動力、十九世紀的新英格蘭男裝面料襯裡製造商？不，巴菲特根據的是一個更強大的指導原則，這個原則實際上是他投資哲學的核心——長期的複利效果。

從很小的時候起，巴菲特就學到了複利的好處。更重要的是，當他從各種工作中獲取收入，並將其投入他的小事業時，他親身體驗到了複利的好處。如果說一條送報路線是一份賺錢的好工作，那麼擁有兩條送報路線就意味著賺更多的錢。如果擁有一台彈珠機台可以增加他的積蓄，那麼擁有三台會更好。即使還是個孩子，巴菲特也不準備花他賺來的錢。

從許多方面來看，巴菲特兒時的事業就像一個集團，使他能夠不受影響地將資金從一個事業轉移到另一個事業，或甚至更好的是，將錢重新投入到最好的事業。在二十年後，他與波克夏擁有的就是一個企業集團，只是很少人意識到這一點。

大多數的人認為，巴菲特把骰子投在一家被擊垮的紡織公司上，但他們沒看到的是，在這個大膽的一步中，他現在擁有一家名為波克夏的公司實體，而該實體反過來又擁有一家紡織公司。巴菲特認為，他要做的就是從波克夏製造業中取出剩餘的現金，並將其重新分配到更好的公司。幸運的是，以波克夏為名的紡織製造商集團確實在資產負債表上持有足夠的現金和短期證券，足以讓巴菲特收購其他公司，而這就像我們將看到的那樣，是一個更光明的故事。沒過多久，波克夏就徹底轉型，它從一家單一生產線的紡織製造商，變成了一家擁有多元商業利益組合的企業集團。

在二〇一四年的波克夏年報中，巴菲特簡短指導了股東們擁有集團的相關優勢。「如果明智地使用集團的形式，它就是一種賺到最多長期資本的理想結構。」他解釋說，一個企業集團完全有能力以極低的成本合理分配資本。此外，擁有不同公司的企業集團更是處於理想的位置。「在不產生稅收或其他成本的情況下，〔它可以〕將鉅額資金從加碼投資機會有限的企業，轉移到其他更有希望的部門。」[31]

你可能已經注意到，隨著巴菲特對波克夏的決定，巴菲特已經脫離了葛拉漢教授的股票挑選方法。最大化長期資本收益並非葛拉漢的策略。葛拉漢購買股票的方法是熱衷於挑選對比硬資產的廉價股票，因此價格下跌的風險有限。一旦股價恢復到公允的價值，葛拉漢就會迅速出售，並轉向下一項投資。在幾年內讓現有部位發揮複利效果的想法，不是他計算中的一部分。事實上，在《有價證券分析》或《智慧型股票投資人》中並沒有出現**複利**這個詞。[32]

相比之下，即使是在經營合夥公司的最初幾年裡，巴菲特也在寫「複利的樂趣」。在一九六三年寫給合夥公司合夥人的信函中，巴菲特轉述了伊莎貝拉女王（Queen Isabella）以三萬美元價格擔保哥倫布（Christopher Columbus）之旅的故事。他指出，如果該投資的複利是四％，五百年後將價值二兆美元。年復一年，巴菲特教育他的合夥人有關複利的奇蹟，這是一個由瑞士數學家雅各布·白努利（Jacob Bernoulli）在近三百年前（一六八三年）發現的數學概念。巴菲特指出，十萬美元的投資在四％的複利率下，三十年會變成二十二萬四千美元，但在複利率為一六％時，就會變成八百四十八萬四千九百四十美元。他的建議是：盡量活得長壽，然後以高比率讓錢去賺複利效果的錢。

然而，我們不應該忘記，管理合夥公司的年代以及葛拉漢對巴菲特的影響，是巴菲特的故事中不可或缺的篇章。他透過完美執行葛拉漢的股票挑選方法，增加了巴菲特合夥公司的資產；合夥公司的成功也幫助巴菲特累積了淨資產，另外，年度績效獎金也增加了他的財務保障。這使他能夠為家人提供堅實的財務基礎。不過，一旦他們的財務前景得到了保障，問題就變成了：下一步呢？

一種選擇是繼續經營合夥公司。每年繼續買賣股票，一路支付佣金和稅金，總是不得不在價格過高的市場中航行。另一個選擇則是更換船隻，並制定新的路線。

二〇二三年，曾經是一家低調的新英格蘭紡織製造商的波克夏，市值達到七千四百四十億美元。它是世界第九大公司。巴菲特於一九六二年以七．五美元的價格，購買了最初的A股，交易價格為五十一萬七千九百一十七美元。這一個成就令人矚目之處在於，波克夏不是透過發現熱賣的藥物或發明新的技術而達到這個里程碑，而是精通了一個古老的奇蹟，也就是十七世紀的財務複利觀念。

第 2 章

巴菲特的教育

變得更理性是一個漫長的過程。
這是一種你只能慢慢得到的東西，結果也會很不一樣。
但沒有什麼比這更重要的了。
——蒙格

投資是一種思考遊戲（thinking game）。它不是一種身體上的挑戰。你有多強壯，或能跑多快、多遠，並不重要。但你如何理解投資世界，以及你在其中的角色，就相當重要，非常重要。

這還有另一個名稱，就是你的世界觀。這是一個複雜、令人著迷的組合，結合了你與生俱來的性格（temperament）、你的生活經歷、你對這些經歷的反應，以及你一路上從正規教育、閱讀和生活中的重要人物所吸收到的想法。這些元素一起形塑了一個精神拼圖（mental mosaic），形成了你個人的人生哲學。但在這裡，我們只關注一個面向：你的投資理念，它如何影響你的決策，然後決策反過來又如何影響到你的理念。

投資理念有一個很精確實用的定義是，「一套關於金融市場如何運作的信念和見解，以及如何利用這些運作來為投資目標服務」[33]。就像所有優秀的定義一樣，它簡單扼要；為了理解其中的全部含義，我們需要拆解它，並仔細觀察它的各個部分。

首先，讓我們探討「一套信念和見解」。這是在問，你的個人信念是什麼？你對金融市場如何運作的總體看法是什麼？就巴菲特而言，他有一個簡潔的答案。他告訴我們，股市在證券定價方面通常很有效，但不一定總是如此。這是他對金融市場的**看法**。

第二，「如何利用市場」。這是一個更複雜的問題，因為它涉及兩個獨立的考量：方法和個人特徵。在這裡，巴菲特也給了我們指引。他認為，投資人應該根據公司導向的原則，管理由普通股組成、集中而周轉率低的一個投資組合，然後使用未來自由現金流量模型的折現價值，來對這些股票進行估值。這就是巴菲特的作業過程，是他用來打敗市場的**方法**。關於第二個方面，即**個人特徵**，巴菲特談到了他所謂投資人的「性格」的重要性，特別是一個人如何看待股價的變化。

所有這些獨立的組成部分——你對市場的看法、你的方法，以及你身為投資人的性格，反映了你整體的投資理念。

如果我們著手了解巴菲特的哲學，我們不乏可以參考的資訊。即使如此，大多數的人往往將太多時間集中在分析他的方法上，太少放在認識他多年來得到的哲學基礎，然而正是這些基礎，使他能夠成功地應用這些方法。本章的目標是簡要描述巴菲特透過時間學到的方法，以及他早年獲得的哲學架構，這些哲學架構加強了他在投資市場時的決心。

我們深入研究了塑造他投資理念的重大影響者，首先是一位尚未得到充分認可和讚賞的人物——他的父親。一旦我們了解這位父親對兒子的影響有多大，我們就更能理解巴菲特哲學的最早根源，這種哲學不僅引導了他的個人生活，也指導了他在投資領域採取的方法。

霍華德・霍曼・巴菲特：最初的影響

巴菲特從不羞於提醒每一個人，他的成功可以歸功於在正確的時間和地點出生。他把這稱為**卵巢彩票**。「我在這個世界過得很好。一個人於一九三〇年出生在美國的可能性是五十比一。從子宮裡出來的那一天，我透過在美國而不是在其他國家出生而中了彩票，在其他國家，我的機會將會完全不同。」[34] 我想補充的是，他還因出生在內布拉斯加州的奧馬哈，成為巴菲特家族的一員，而贏得了威力球大獎。

在第一章中，我描述了席尼．霍曼．巴菲特的冒險事蹟，他駕了一輛驛馬車從紐約前往奧馬哈，然後在一八六七年安頓下來，並開了一家雜貨店。那是一個合適的時機。小鎮正在發展，僅僅十五年前，來自附近的愛荷華州康瑟爾布拉夫斯的土地投機者，在孤樹渡輪（Lone Tree Ferry，這是路易斯和克拉克遠征隊〔Lewis and Clark Expedition〕在一八〇四年經過的確切地點）穿越密蘇里河，在這裡定居下來並開墾土地，這是我們現在認定為是奧馬哈拓荒時期的開始。在與美洲原住民簽訂了二十六項單獨的條約後，這片土地被劃進今天的內布拉斯加州中東部。一八六二年，亞伯拉罕．林肯（Abraham Lincoln）總統指定奧馬哈為連接橫貫大陸鐵路的聯合太平洋鐵路的東部車站。在短時間內，這座城市就成為美國西部持續擴張的新經濟中心。

我們大多數人都知道美國歷史這一個階段的基本輪廓，但說這些的目的，是我們應該多花一分鐘思考這些拓荒者過著什麼樣的生活。在沒有報酬或就業承諾的情況下，他們離開了家，要去一個未知的地方。一路上，他們忍受著酷熱、暴雨、泥坑和溺水的風險。在熊、狼群和響尾蛇的猛烈攻擊中，他們失去了親人。無數的拓荒者還死於無法治療的疾病。

他們為什麼要這樣做？是什麼驅使他們向西走？自由，從各個方面來說，尤其是追求自己的商業機會的自由，目的是為家人提供一個更有保障的未來。[35]

根據美國國家經濟研究局（National Bureau of Economic Research）的資料，美國在一

八五四年至一九一三年間，經歷了十五次衰退。就是每四年會發生一次經濟衰退，其中很多次是嚴重的衰退，包括一八七三年的衰退就持續到一八七九年。面對衰退，總是不乏各種解釋和大量指責：天氣、規劃未來的不確定性、現代社會的創新、新的工業設備製造導致工人失業、儲蓄的週期性和大規模的生產過剩，銀行的失敗和商業大亨的不道德行為等。[36] 所有藉口最後都可以歸咎於一個指責對象——政治建制派。從這個角度來看，就是華盛頓特區和紐約市多年來一直對美國的經濟管理不善。向西走的拓荒者想要一個新的開始，想擺脫政府錯誤決定的束縛，他們迫切地想要拋下這一切。

之前，我們知道霍華德．巴菲特決定繞過他父親歐內斯特．巴菲特經營的雜貨店事業。他從事了一份銷售保險的工作，然後是證券，後來他還開了自己的經紀公司。霍華德．巴菲特為家人努力工作，事業也很成功，但他沒有動力去更多的錢。相反的，霍華德．巴菲特的熱情是政治和宗教。他在奧馬哈學校董事會任職，並教授主日學校課程。他是一個無庸置疑正直而直率的人。他不喝酒，也不抽菸。當投資結果對客戶來說很糟糕時，他經常感到很不安，所以會用自己的帳戶回購。他提醒他的孩子華倫和他的兩個姐妹桃莉絲和柏蒂（Bertie），他們不僅對上帝有責任，而且對社群也有責任。「你不需要承擔全部的責任，」他說：「但也不許你放下你的那份責任。」[37]

政治根源

一九四二年，霍華德．巴菲特是內布拉斯加州第二國會選區的共和黨候選人。他的政治口號是「你希望你的孩子**自由**嗎？」在報紙廣告中，他承諾：「如果你厭倦了自私的政客擾亂我們的政府，如果你不希望政治再干預、影響戰爭……那麼讓我們一起攜手努力吧！你和我，身為道地的美國人，我們有能力為我們的孩子守住美國的自由。」[38]霍華德．巴菲特被認為是一個失敗者，但他很受歡迎，他的自由理念與奧馬哈的拓荒精神產生了共鳴。他在一九四二年大選中獲勝，並於一九四四年、一九四六年和一九五〇年連任。

今天，霍華德．巴菲特在政治上被人們銘記為自由主義者，是共和黨的「舊右派」（Old Right）成員。舊右派是美國保守主義的一個分支的非正式名稱，其中包括共和黨人和民主黨人聯合起來一起反對海外軍事干預、取消金本位作為紙幣的後盾，特別是羅斯福總統的新政（New Deal）聯盟。霍華德．巴菲特深信，政府束縛了人類的聰明才智，特別是羅斯福政府的政策正在導致國家崩潰。他是美國經濟學家穆瑞．羅斯巴德（Murray Rothbard）的密友，他支持現代自由主義的發展，相信所有的政府服務由私營部門提供會更有效。

身為一名政治家，霍華德．巴菲特重新燃起了成為記者的夢想，並成為一名多產的政治作家。在一九四四年為《奧馬哈世界先驅報》（*Omaha World-Herald*）撰寫的一篇題為〈政府對人類活力（Human Energy）戴上手銬〉的著名文章中，他指出：「人類的活力發現了電力、發明了汽車、創造了磺胺類藥物和盤尼西林，以及我們今天享受的所有其他美好事物。人類的歷史可以追溯到大約六千年前。在這五千八百多年裡，政府阻止了人類活力的自由使用。然後是美國革命，人類的活力在歷史上第一次被釋放。因此，臨時工亦能擁有即使是一百年前的國王也不知道的便利和舒適。」

自由主義是一種政治哲學，其核心是維護自由——不僅是政治自由，也是選擇自由。自由主義的核心是表彰「自我」——個人凌駕於國家，國家的權威是受到懷疑的。在美國，我們可以將自由主義追溯到洛克（John Locke）身上，他在一六八九年寫的《人類理解論》（*An Essay Concerning Human Understanding*）奠定了自由政治理論的基礎。湯瑪斯・潘恩（Thomas Paine）在他的政治小冊子《常識》（*Common Sense*，一七七六年）中擁護自由主義理想，呼籲殖民地獨立。詩人兼博物學家亨利・大衛・梭羅（Henry David Thoreau）也是自由主義理想的早期影響者，這反映在他的《湖濱散記》（*Walden*，一八五四年）中，該書提倡簡單生活和自給自足。但有關自由主義的想法，沒有任何人會比美國哲學家、散文家和詩人愛默生（Ralph Waldo Emerson）更有發言分量了。根據著名的文學評論家哈羅德・布魯姆（Harold Bloom）的說法，「愛默生的思想就是美國的思想」[39]。

身為金融記者的羅傑・羅溫斯坦率先將愛默生和霍華德・巴菲特連起來，然後再連結到華倫・巴菲特。羅溫斯坦在《巴菲特傳》中寫道：「巴菲特的自立特徵」與「巴菲特從父親那裡學到愛默生所謂獨立的甜蜜」有關。[40]

哲學根源

愛默生是個人主義的倡導者，也是社會制衡個人思想力量的批評者。〈自立〉於一八四一年首次發表，被認為是他最著名的文章。在該文中，他提出了三個主題。首先是孤獨和社群。愛默生警告我們，社群分散了自我成長的注意力；他認為人應該花更多時間在安靜的反思上。其次是不合規感（nonconformity）。他寫道，「要成為一個人，就必須是一個不墨守成規的人。」他認為，無論別人怎麼想，一個人都必須做正確的事。最後，靈性的主題特別重要。愛默生告訴我們，真理就在自己的內心裡面，並警告說，依賴制度性思維會阻礙個人智力成長的能力。

讀過〈自立〉的人很容易地會發現，愛默生的哲學和巴菲特投資行為之間的關連。我們可以把巴菲特描述為一個不守常規的人嗎？將他廣為人知的股票投資方法，與主導當今資金管理行業的現代投資組合理論的標準作法並列在一起看，你就會找到答案。愛默生提供我們另一個關連，他寫道：「我所做的一切都與我有關，而不是人們的想法。」巴菲特一直感到困惑，為什麼人們會拚命尋求關於股市的對話。這並非指他不考慮股票和市場定價，而是「需要與他人不斷溝通」這點讓他感到困惑。「我不想聽很多人的想法，我只想知道很多事實。我的意思是，說到底，我不會把錢交給別人。」[41]

愛默生小心翼翼地警告我們，在孤獨中工作是一種挑戰：「這更難，因為你總是能找到那些認為自己比你更了解你的職責的人。在這個世界上，很容易跟隨世界的意見生活；但在孤獨中，你就很容易跟隨自己的意見生活；而偉大的人能在人群中保持孤獨的獨立性，並享受那份甜蜜。」[42]

投資人面臨更困難的一個挑戰是，在不斷吸引他們注意力的媒體環境中，保持某種程度的獨立性的孤獨。但巴菲特很早就知道，保護和維護孤獨思考的「甜蜜的獨立」，是多麼的重要。

自立，反映出的是自信，這是巴菲特思維的一個強大特徵，它需要能同時容納孤獨和反思的孵化器，但這還不是全部。重要的是要明白，這種獨立思考和行動的精神力量，才能讓你在股市投資中獲利。如果你想要超越市場的表現，就不能與市場的步調一致。利用市場的定價錯誤，這是打敗市場的先決條件，通常需要與市場採取不一致行動的能力。

而這就是困難所在。在執行買進或售出證券的指令之前，投資人要獨自做出最後的決定。毫無疑問——成功的投資與自立有關。這就是巴菲特投資方法的核心。那些可以自立的人做得很好。但無法自立的人，就會受苦。愛默生的精神就此透過霍華德．巴菲特，來到他的兒子巴菲特身上。

巴菲特和他父親之間的密切關係是眾所周知的。在巴菲特的童年時期，父親和兒子是分不開的。霍華德．巴菲特稱他的小男孩為「**火球**」（fireball），而巴菲特一心只想模仿他的父親。幾年後，他承認，如果他的父親是一名鞋子銷售員，「我現在可能就是一名鞋子銷售員」[43]。巴菲特經常說，父親是他一生中第一位老師，是引發他對書籍熱愛的人。我們都知道，巴菲特每天在安靜的孤獨中花最多的時間閱讀和學習。我相信愛默生會同意這一點。

花點時間反思一下，年幼的巴菲特在奧馬哈與他崇拜的父親一起成長的感覺。日復一日，他總是聽他爸爸從自由主義的角度討論時事。晚上，在餐桌上的談話經常轉向政治，但計算的是「這是否會增加或減少人類的自由」[44]。

毫無疑問，巴菲特從父親那裡繼承了他的愛國主義意識。但也明白了誠實、正直和善良行為是最重要的。「我父親給我的最好建言就是，他告訴我，建立聲譽需要二十年，失去聲譽只要二十分鐘。如果你記得這句話，你就會以不同的方式做事。」[45]

國會議員霍華德．巴菲特於一九六四年四月三十日去世。他最後的遺囑和記錄的遺產價值為五十六萬三千二百九十二美元，其中的三十三萬五千美元投資於巴菲特合夥公司。他為他的妻子萊拉和女兒桃莉絲和柏蒂設立了一個信託；巴菲特被任命為受託人。除了一些具有時間價值的個人物品之外，霍華德．巴菲特沒有遺贈給他的兒子任何東西。他解釋了他的理由：「我沒有為我的兒子華倫做進一步的準備，不是因為對他缺乏愛，而是因為他已經靠自己而擁有了豐厚的財產，而且，他也已經建議我，不要為他做任何進一步的安排。」[46]

然而，儘管有形的遺產很少，但毫無疑問，巴菲特從他父親那裡收到的無形物品更有價值。愛默生寫道：「除了你自己，沒有什麼能給你帶來安寧。」「除了原則的勝利，沒有什麼能給你帶來平安。」這是他父親送給兒子的終極禮物。

巴菲特曾經被問到，如果他能回去與歷史上的任何人交談，他會選誰。他毫不猶豫地說：「我父親。」[47]

葛拉漢：研發出一種投資方法

葛拉漢於一八九四年出生於倫敦的一個猶太商人家庭，他們從奧地利和德國進口瓷器和黃銅。一八九五年，葛拉漢的父親帶著全家搬到紐約，並開了一家美國分公司。不久之後，葛拉漢的父親去世，享年三十五歲，留下他身無分文的母親獨自撫養他和他的兩個兄弟。

儘管財務困難重重，葛拉漢的母親還是讓家人團聚在一起。葛拉漢就讀於布魯克林著名的男校高中，然後就讀於哥倫比亞大學。他是一名傑出的學習者，他掌握了數學和哲學的奧義，同時涉獵了希臘語和拉丁語的主要古典作品。他的老朋友歐文・卡恩（Irving Kahn）說，葛拉漢的「思考速度非常快，聽到一個複雜的問題後就可以直接破解，大多數的人都對此感到非常困惑」。卡恩繼續說，葛拉漢「在記憶的廣度和深度中，還有另一個非凡的特徵」。他會讀希臘語、拉丁語、德語和西班牙語。在沒有正式學習這些語言的情況下，葛拉漢曾經將「一部西班牙小說翻譯成文學英語，非常專業，甚至還得到了一家美國出版商的採納」。[48]

葛拉漢畢業於哥倫比亞大學，在班上排名第二，並立即獲得了哲學系、數學系和英語系的教學工作。出於對學術界低起薪的擔憂，他請教了哥倫比亞大學院長弗雷德里克・凱佩爾（Frederick Keppel）。凱佩爾院長一定了解他的學生，因為他引葛拉漢到華爾街，一九一四年，葛拉漢加入了紐伯格亨德森和洛布（Newburger, Henderson, and Loeb）公司，擔任債券部門的助理。

不過，很快地，他變得焦躁不安。他一開始僅是一名小職員，然後被訓練成為一名銷售員。但他真正想做的是寫作，而不是銷售債券。儘管葛拉漢缺乏任何經濟學或會計方面的正式訓練，但他開始自己研究鐵路公司，特別是鐵路債券，並撰寫研究報告。[49]

他關於密蘇里太平洋鐵路（Missouri Pacific Railroad）的一份報告，引起了一家受人敬重的紐約證券交易所上市公司，J S培基公司（J. S. Bache and Company）的合夥人注意。他很快就得到了一份統計學家的工作，薪水增加了五〇%。葛拉漢讓紐伯格公司知道，儘管他對公司有一種忠誠感，但他沒有成為銷售員的動機。紐伯格公司用加薪來留人。雖然加薪不到五〇%，但包括一種甜頭：葛拉漢有機會成立自己的統計部門。於是葛拉漢決定留下來，同時繼續寫作。

二十世紀之初，嚴肅的投資資金僅限於購買債券。普通股投資被認為是一種投機遊戲，因為買賣不是基於財務資料，而是基於內幕資訊。儘管如此，葛拉漢開始為《華爾街雜誌》（*The Magazine of Wall Street*）撰寫文章，該時事通訊提供了債券和股票的投資建議。他非常快地就培養出了一群追隨者。接下來，他出版了一本名為《投資人教訓》（*Lessons for Investors*）的小冊子，他認為：「如果股票的市場價值遠低於其內在價值，就應該有提高價格的良好前景。」這是**內在價值**（intrinsic value）一詞第一次出現在金融媒體上。[50]

身為投資人的早年經驗

葛拉漢於一九二三年離開紐伯格，然後成立了自己的投資公司。兩年後，他雇用了傑洛米．紐曼（Jerome Newman），並成立了葛拉漢紐曼公司，一直持續到一九五六年。葛拉漢的早期投資成果看起來很有潛力。他的大部分投資組合都採取了對沖或套利作法，因此減緩了一九二九年股市崩盤的急劇損失。一九三〇年，葛拉漢小心翼翼地重返股市，但這次沒有採取對沖措施，因為他相信股市已經觸底。當市場再次下跌時，這是葛拉漢在一生中接近財務崩潰的第二次。

然而，他並沒有失去一切。在股市崩盤之前的一九二七年，葛拉漢開始在他的母校教授關於投資的夜間課程。哥倫比亞大學在課綱中承諾，華爾街投資專業人士將於週一晚上在謝默霍恩大樓（Schermerhorn Hall）的三〇五室教授高階證券分析。這門課的簡介寫著：「經過實際市場測試的投資理論，涵蓋價格與價值之間差異的起源與檢測。」正是在這個班裡，葛拉漢創造了**有價證券分析**這一個詞，並用一個新的名字——證券分析師，取代了華爾街統計學家的職稱。[51]

葛拉漢在同意教課時有一個規定：必須指派專人做詳細的筆記。在賓夕法尼亞大學和哥倫比亞大學剛剛獲得學位的年輕金融教授大衛・陶德是志願者。陶德的筆記構成了他們開創性的合作書籍《有價證券分析》的實質內容。當這本書於一九三四年出現時，《紐約時報》（*New York Times*）的路易斯・里奇（Louis Rich）寫道：「這是一個飽滿、成熟、一絲不苟、具有學術探索和實戰智慧價值的產物。如果這種影響力發揮作用，將會讓投資人把頭腦的注意力放在證券上，而不是市場上。」[52]

《有價證券分析》的一部分持久意義是它的時機。這本書出現在一九二九年股市崩盤的幾年後，這是一個改變世界的事件，對葛拉漢產生了重大的衝擊，並深刻地影響了他的想法。當其他學者試圖解釋這種經濟現象時，葛拉漢幫助人們重新在財務上站穩腳跟，並採取賺錢的行動。

他解釋說，一九二九年的危險不是投機試圖偽裝成投資，而是投資變成了投機。葛拉漢指出，基於歷史的樂觀主義很普遍，而且很危險。在過去的鼓舞下，投資人預測了一個持續成長和繁榮的時代，而開始失去衡量價格的輕重緩急感。葛拉漢說，人們在沒有任何數學期望感的情況下為股票支付價格，股票的價值等同於前景樂觀的市場所報出的任何價格。在這種瘋狂的高峰期，投資和投機之間的界限已經模糊了。

葛拉漢和陶德試圖在《有價證券分析》中精確地定義投資和投機。「投資操作是基於徹底的分析，承諾本金安全，以及令人滿意的回報。不符合這些要求的操作就是投機。」[53]

定義投資

儘管讀者對《有價證券分析》非常重視，但葛拉漢和陶德對投資和投機的定義讓讀者想要更多，這是他多年後在《智慧型股票投資人》中承認的事實。「雖然我們堅持這個定義，但值得注意的是，在這段期間，『投資人』一詞的使用發生了根本性的變化。」他擔心投資人一詞被無所差別地用在任何參與股市的人身上。「報紙在這些情況下使用了『投資人』一詞，因為用華爾街的簡單語言來說，無論買什麼，或用於什麼目的，或以什麼價格，用現金還是保證金，每個購買或出售證券的人都是投資人。」葛拉漢堅定地說：「普通股的投資和投機之間的區別一直是有用的，它的消失令人擔憂。」[54]

葛拉漢提出了一種投資方法，用來選擇他所謂有**安全邊際**（margin of safety）的股票，以作為投機這種風險行為的解方。他的理由是，如果普通股的價格低於其內在價值，則存在安全邊際。顯而易見的下一個問題就是，要如何確定內在價值？葛拉漢再次以一個嚴肅的定義開始回答：內在價值是「由事實決定的價值」，這些事實包括公司的資產、收益和股息，換句話說，就是一些定量因素。

葛拉漢譴責市場經常強調定性因素。但他的經驗使他相信，當投資人從硬資產轉向無形資產時，他們引進了一種具有潛在風險的思維方式。關於管理和企業性質，這些意見是難以衡量的，而難以衡量可能就會被衡量地很糟糕。不過，如果公司內在價值的更大部分是可衡量的定量因素的總和，葛拉漢認為，投資人的不利風險就會有其限度。固定資產是可以衡量的，股息是可以衡量的，當前和歷史的收益是可以衡量的，這些因素中的每一個都可以用數字來說明，並成為參考實際經驗的邏輯來源。

據傳，葛拉漢曾經說過，記憶力好是一種負擔。一生中遭遇兩次財務崩潰的記憶使他採取了一種強調看壞時的保護措施，而不是看好時的潛力的投資方法。他說，投資有兩條規則。第一條規則是，不要虧錢。第二條規則是，不要忘記第一條規則。他將購買股票的「不虧」理念確定為兩個具體、有形的指導方針，以鞏固他的安全邊際方法：一、以低於淨資產價值的三分之二購買公司，二、專注於低本益比的股票。

雖然安全邊際被認為是完美的防護網，但**不一定**是完美的。葛拉漢認為，如果對未來成長的迷人預測沒有實現，那麼專注於流動資產要好得多，即使它們沒有產生多少經濟回報，因為在某個地方的某個人，即使從經營不善的公司中，也會以某種方式擠出體面的報酬。在萬不得已的時候，這些資產還可以被清算。當然，這種情況的先決條件是有人會隨時準備購買壞公司的帳面價值。

在從巴菲特合夥公司過渡到波克夏時，巴菲特親身理解到，葛拉漢收購低本益比和高帳面價值公司的方法，不一定是萬無一失的。因為他很快就發現，依帳面價值出售那些產生很少現金收益的公司，所獲得的價格往往不太理想。

應用葛拉漢購買公司普通股的投資方法，巴菲特為剛剛重組的波克夏積累了幾家公司。儘管在合夥公司期間購買便宜的壞公司股票的效果很好，畢竟巴菲特可以快速出售它們並繼續前進，但他開始了解到，購買和持有經濟狀況不佳公司的廉價資產，對波克夏來說是一個失敗的策略。巴菲特說：「我在特定類型的農具製造商、第三名的百貨公司，以及新英格蘭紡織製造商的經濟學上了一課，並得到懲罰。」[55] 農具製造商是指丹普斯特磨坊製造公司（Dempster Mill Manufacturing），百貨商店是指霍奇查爾德柯恩（Hochschild Kohn），紡織製造商是指波克夏海瑟威。儘管巴菲特完全擁有這些公司，並擁有負責資本配置的好處，但總而言之，這些低於標準的公司財務回報非常慘淡。這些公司算不上是巴菲特試圖為他的新波克夏所持有的投幣式磅秤。

正如巴菲特後來所解釋的，如果你為一家資產價值一千萬美元的公司支付了八百萬美元，如果資產及時出售，你將獲得豐厚的利潤。然而，如果公司的基本經濟狀況不佳，並且出售公司需要花上十年的時間，那麼你的總報酬率可能會低於平均水準。「時間是好公司的朋友，」巴菲特了解到，「也是平庸公司的敵人。」[56] 除非他能夠及時清算績效不佳的公司，並從購買價格和公司資產市場價值之間的差額中獲利，否則他的績效將會重現附屬公司糟糕的經濟狀況。

人們可能會認為，對丹普斯特磨坊製造公司、霍奇查爾德柯恩和波克夏海瑟威的投資失敗，會導致巴菲特遠離葛拉漢的教導。但這並沒有發生——事實遠非如此。直到今天，巴菲特仍強烈敦促投資人，要密切關注葛拉漢在《智慧型股票投資人》兩個章節中寶貴而超越時間的建議：第八章「投資者與市場波動」和第二十章「投資的核心概念：安全邊際」。這兩章都包含哲學上的智慧珍珠。

價值投資

在《智慧型股票投資人》的最後一章中，葛拉漢寫道：「挑戰將穩健投資的祕訣提煉成四個字，我們提出『安全邊際』的座右銘。」[57] 巴菲特在一九九〇年的波克夏年報中承認：「讀完之後的四十二年，我仍然認為，這四個字是正確的。」[58] 安全邊際的概念，即以低於內在價值的價格購買投資。這一直是，並將繼續是價值投資的核心。

巴菲特與葛拉漢教導的衝突不在於只買具有安全邊際的股票，而在於如何考慮長期的內在價值。如果投資人以低於其硬資產價值和低本益比的價格，購買了一家經濟狀況不佳的公司，那麼他們確實是在按照葛拉漢的安全邊際概念進行操作，但只要股票重新定價到更接近其資產的公允價值，同一個投資人往往會得到平庸公司糟糕的經濟回報。巴菲特在波克夏初期就學到的經濟學是，更好的公司能夠以高報酬率來進行複利，這讓他對內在價值進行了不同的思考。遊戲不再是以便宜價格購買硬資產，而是學會明智地思考產生現金複利效應公司的公允價值，因為這些公司擁有更好的長期經濟回報。

儘管葛拉漢挑選股票的方法，並沒有篩選出巴菲特與他的複合企業集團想持有的公司類型，但比起任何其他因素，葛拉漢的性格更能激勵巴菲特的投資哲學。其中有兩件事特別關鍵：如何考慮市場固有的波動性，以及了解投資和投機之間的區別。

在《智慧型股票投資人》第八章「投資者與市場波動」中，葛拉漢向讀者介紹了「市場先生」（Mr. Market）。巴菲特在一九八七年的年報中向波克夏的股東轉達了市場先生的故事：「我的朋友，也是老師，葛拉漢很久以前就描述了面對市場波動的心理態度，而且我認為，那正是最有利於投資成功的心態。」

巴菲特繼續寫道：

> 你應該想像市場報價是來自一位非常樂於助人、名叫市場先生的人，他是你在某家私人企業的合夥人。毫無例外，市場先生每天都會出現，並告訴你他願意以某個價格買進你的股權，或者以某個價格賣出他的股權給你。
>
> 儘管你們兩人擁有的公司可能具有穩定的經濟特徵，但市場先生的報價卻一點也不穩定。可悲的是，這個可憐的傢伙有無法治癒的情緒問題。有時候，他感到欣喜若狂，只能看到影響公司的有利因素。當有這種心情時，他會提出一個非常高的買賣價格，因為他擔心你會搶走他的利益，奪走他眼前的收益。但在其他時候，他會很沮喪，眼前只能看到公司和世界的麻煩。在這種情況下，他會提出一個非常低的價格，因為他害怕你會把利息負擔丟在他身上。

然後，巴菲特進入了葛拉漢關於如何思考市場波動的資訊的核心：「市場先生還有另一個可愛的特徵，他不介意被忽視。如果你今天對他的報價不感興趣，他明天會帶著一個新的報價回來。交易完全由你選擇。在這種情況下，他的行為越是狂躁／抑鬱，對你越好。」

巴菲特接下來將市場先生的故事與自立的概念連結起來，因為自立的概念已經深深植根於他自己對投資和市場的思考中：

市場先生在那裡為你服務，而不是指導你。有用的是他的錢包，而不是他的智慧。如果有一天，他以特別愚蠢的心情出現，你可以無視他或利用他，但如果你受到他的影響，那就太糟了。事實上，如果你不確定你比市場先生更能理解並能估值你的公司，你就不屬於這個遊戲了。正如他們在撲克牌局中所說：「如果你已經玩了三十分鐘，還不知道誰是被玩家利用的人，那麼你就是那個被玩家利用的人。」[59]

巴菲特總結說：「具備良好的商業判斷，加上讓思想和行為與在市場上盤旋、超具傳染性的情緒隔離開來的能力，投資人就能成功。在我自己努力保持絕緣的情況下，我發現牢記葛拉漢的市場先生概念非常有用。」[60]

因此，巴菲特以他獨特的方式向我們表明，除了安全邊際的數學概念外，他與葛拉漢的深厚連結比較是思想上的，而不是方法上的，即以低本益比與低股價淨值比來購買公司的投資方法。

巴菲特對葛拉漢的忠誠是眾所周知的，持續了七十五年。如果我們從基本投資理念的角度仔細觀察他們共有的一套信念和價值觀，就會看到一個清楚的關連。巴菲特的哲學基礎已經由他的父親培養起來，而現在，他自然地將他從父親那裡學到的東西，與葛拉漢的著作結合起來。

羅傑・羅溫斯坦解釋說：「葛拉漢打開了門，在某種程度上親自與巴菲特交談。他給了巴菲特探索市場多種可能性的工具，以及適合他學生脾氣的方法。」因此，「憑藉著葛拉漢的技術……並以葛拉漢的個性為榜樣，巴菲特形成了他的自立特徵。」[61]但他與葛拉漢的關係比這個層次更深。儘管他欣然接受了葛拉漢的投資方法和哲學，但他「以理想化的角度看待葛拉漢——像他父親一樣是『英雄』」。事實上，巴菲特曾經說過：「葛拉漢不止是一位作家或老師。除了我父親，他比其他人影響我的人生更深。」[62]

巴菲特提醒我們：「想在人生中成功投資，不需要極高的智商。而是需要一個健全的決策心智框架，以及要防止情緒侵蝕這個框架。」[63]葛拉漢向巴菲特提供了如何聰明思考市場的哲學架構。巴菲特剩下要學的是，如何磨練商業判斷，並了解造就一家好公司的屬性。

費雪：看出好公司

一九五八年，菲利普・費雪出版了一本進入《紐約時報》暢銷書榜的書，《非常潛力股》

（*Common Stocks and Uncommon Profits*），提倡基於基本分析買進並持有成長型股票的方法。他更進一步建議投資人，投資於集中、低周轉率的投資組合。「如果在購買普通股時正確做了該做的事，那麼就永遠不會有出售的時間點。」[64]

巴菲特讀完費雪的書後，他找到了作者。「當我見到他時，我對這個人和他的想法同樣印象深刻。和葛拉漢一樣，費雪謙虛而慷慨，是一位了不起的老師。」[65]

當葛拉漢和陶德撰寫《有價證券分析》時，費雪剛剛開始了他的投資顧問生涯。從史丹佛大學商管研究所畢業後，他開始在舊金山的盎格魯倫敦暨巴黎國家銀行（Anglo London & Paris National Bank）擔任分析師。在不到兩年的時間裡，他被任命為銀行統計部門的主管。在這個職位中，他目睹了一九二九年的股市崩盤。接下來，在當地一家經紀公司經歷短暫而毫無成果的職業生涯後，費雪決定成立自己的公司。一九三一年三月三十一日，費雪公司（Fisher & Company）開始招攬客戶。

在一九三〇年代初成立一家投資顧問公司，可能看起來很愚蠢，但費雪認為他有兩個優勢。首先，任何在股市崩盤後還有餘錢的投資人，可能會對原有的經紀人非常不滿意。其次，在大蕭條期間，商人也有充足的時間坐下來與費雪交談。

在史丹佛大學就學期間，有一堂商業課程要求他陪同教授，定期去拜訪舊金山地區的公司。教授會讓公司經理談他們的經營狀況，並經常幫助他們解決一個迫在眉睫的問題。開車回到史丹佛大學的路上，費雪和教授會回顧他們觀察到才拜訪過的公司和管理人員的情況。費雪後來說：「每星期的那一個小時，是我所接受過的最有用的訓練。」[66]

從這些經驗中，費雪開始相信，投資具有高於平均水準的潛力和能幹管理階層的公司，可以得到超額的獲利。為了篩選出來這些公司，費雪開發了一個「十五點系統」（15 Point System），根據公司業務和管理的特點來評估公司：[67]

一、公司是否有具足夠市場潛力的產品或服務，至少在幾年內能使銷售額大幅成長？
二、當目前具有吸引力的產品線的成長潛力在很大程度上已經開發出來時，管理階層是否有決心繼續開發產品或流程，進一步增加整體銷售潛力？
三、相較於公司的規模，公司的研發工作算是有效能的嗎？
四、公司是否有高於平均水準的銷售組織？
五、公司有應得的獲利率嗎？
六、公司目前正在做什麼事以維持或提高獲利率？
七、公司的勞資與人事關係特別好嗎？
八、公司的高階主管關係特別好嗎？
九、公司的管理階層是否具有深度與廣度？
十、公司的成本分析和會計控制做得有多好？
十一、公司是否有其他對相關產業來說顯得特別，能為投資人提供重要的線索，說明該公司在競爭中可能有多出色的一些面向？
十二、公司在獲利方面是否有短期或長期的展望？

十三、在未來，公司的成長是否需要足夠的股權融資，以至於隨後發行的更多股票大幅度抵消了現有股東從預期成長中獲得的利益？

十四、當事情進展順利時，管理階層是否會自由地與投資人談論公司事務，但當麻煩和失望發生時，管理階層是否會「絕口不提」？

十五、公司的管理階層是否具有無庸置疑的誠信品質？

費雪認為最了不起的公司有一個特徵，就是多年來以高於行業平均水平的速度增加銷售和利潤的能力。為了做到這一點，費雪認為，一家公司需要擁有「具有足夠市場潛力的產品或服務，以便在幾年內大幅增加銷售額」[68]。他不太關心持續的年銷售額成長。相反的，他是用幾年的時間來判斷了一家公司的成功。他意識到，商業週期的變化會對銷售和收益產生重大影響。然而，他認為，有兩種類型公司的成長會長年表現出高於業界的平均：第一種是「幸運又有能力」的公司，第二種是「因為有能力而幸運」的公司。[69]

他說，美國鋁業（Aluminum Company of America，簡稱 Alcoa）就是第一種類型的公司。這家公司是「有能力」的公司，因為公司創辦人是擁有傑出能力的卓越人才。美國鋁業的管理階層預見到其產品的商業用途，並積極努力在鋁品市場上增加銷售。費雪說，這家公司也很「幸運」，因為管理階層無法直接控制的外在事件，也對公司和市場產生了正面的影響。具體來說，由於空中運輸業蓬勃發展，快速帶動了鋁製品的銷售。因此，美國鋁業的盈利遠遠超過了管理階層最初的設想。

費雪說，杜邦（DuPont）就是「因為有能力而幸運」的公司的一個好例子。如果杜邦堅持原有的產品，也就是爆破炸藥，就會像大多數典型的礦業公司一樣表現良好。但由於管理階層利用從生產火藥得到的知識，杜邦得以推出新的產品——包括尼龍、玻璃紙和透明合成樹脂，而打造出自己的市場，最後為杜邦創造出數十億美元的銷售額。

費雪指出，一家公司的銷售成長要高於業界的平均水平，研發工作的貢獻非常重大。他解釋說，如果沒有對研發投入重大的決心，杜邦和美國鋁業就不會有長期的成功。即使是非技術性的企業也需要專注的研究工作，來生產更好的產品以及更有效率的服務。

接下來，費雪檢視的是一家公司的銷售組織。他認為，一家公司可以開發出色的產品和服務，但除非它們做到「專業銷售」，否則研發工作永遠不會轉化為收入。他解釋說，銷售組織有責任幫助客戶了解公司產品和服務的好處。銷售組織還應該監測客戶的購買習慣，要能夠發現客戶需求的變化。他的總結是，銷售組織是市場與研發部門之間的重要連結。

獲利的重要性

然而，僅憑市場占有率是不夠的。費雪認為，如果一家公司無法為股東創造獲利，即使能夠達到高於平均水準的銷售成長，也是不恰當的投資。「如果一家公司可以做到銷售成長，但多年下來卻無法產生相對的獲利，就不是一個正確的投資工具。」[70]因此，費雪找的公司不僅是產品和服務成本最低的公司，而且還要有決心保持這種水準。因為一家收支平衡點較低或獲利率較高的公司，更能承受蕭條的經濟環境。最後，它也能逼走較弱的競爭對手，從而強化自己的市場地位。

費雪說，除非一家公司能夠降低做生意的成本，同時了解製造過程中每一個步驟的成本，否則就無法維持它的獲利能力。一家公司要做到這一點，就必須引進適當的會計控制和成本分析。這些關於成本的資訊讓公司可以將資源運用到具有最高經濟潛力的產品或服務。此外，會計控制也可以幫助公司找出經營上的障礙。這些障礙，或低效率的事，就像一種早期的警告裝置作用，可以保護公司的整體獲利能力。

費雪對於公司獲利能力的敏感度，還與另一個重要的顧慮有關：公司的未來成長要能夠不靠股權融資。他說，如果公司成長的唯一方法就是出售股票，那麼在外流通的股票一多，就會抵消股東從公司的成長中所能獲得的利益。他解釋說，一家獲利率高的公司較有能力從內部產生資金，這些資金就能用來維持成長，而不會稀釋股東的所有權。此外，如果一家公司對固定資產和營運資金需求能夠維持充分的成本控制，就更有能力管理其現金需求，並避免採取股權融資的措施。

管理階層的重要性

費雪注意到，優秀的公司不僅具有高於業界平均水準的商業特徵，同樣重要的是，這些公司的領導階層也有高於業界平均水準的管理能力。這些經理人總是下定決心，在當前產品和服務達到自然市場壽命結束之後，繼續開發新的產品和服務。費雪說，許多公司都有足夠的成長前景可期，因為他們的產品和服務可以維持好幾年，卻很少公司有確保十或二十年持續獲利的政策。「管理階層必須有可行的政策來實現這些目標，而且願意將長期獲利列為主要目標，將短期獲利列為次要目標，這是這個概念的要求。」[71]然而他告誡說，不應將短期獲利列為次要目標與**犧牲**短期獲利混為一談。高於業界平均水準的經理人絕對有能力執行公司的長期計畫，同時專注於日常經營。

費雪也強調了另一個關鍵的經理人特徵：公司的管理階層是否擁有無庸置疑的誠信和誠實？經理人表現得像是股東的受託人，還是他們似乎只關心自己的福利？

費雪建議，確定管理階層意圖的一種方法，就是觀察經理人如何與股東溝通。所有公司，無論好壞，都會經歷一些意想不到的困難。常見的狀況就是，當公司生意好時，管理階層的溝通是自由而開放的，但當生意走下坡時，有些經理人會絕口不提，而非開誠布公地談公司的困境。管理階層如何面對業務困難，很大程度反映了負責公司未來的人的能力。

費雪更深入地談到，一家公司要成功，管理階層還必須與所有員工建立良好的工作關係。員工應該對自己的工作場所真心感覺良好。藍領員工應該要有被尊重和被體面對待的感受。高階主管員工應該覺得升遷是基於能力，而非個人的偏私。

費雪也考慮了公司管理階層的深度。執行長是否有一個能幹的團隊，是否能夠授權別人負責公司的部分業務？

最後，費雪研究一家公司的具體特徵為：與同業的其他公司相比，在業務和管理方面的表現如何？在這樣的研究中，費雪想找出幫助他了解一家公司相對於競爭對手優勢的線索。他認為，僅僅閱讀一家公司的財務報告，還不足以證明投資的合理性。他認為，謹慎投資的關鍵步驟是盡可能從熟悉這家公司的人那裡了解公司。費雪承認，這會是一種無所不包的打探，這將產生他所謂的**八卦消息**（scuttlebutt）。今天，我們可以將這稱為商業小道訊息。費雪聲稱，如果處理得當，八卦消息將提供大量線索，讓投資人能找出絕佳的投資標的。

費雪八卦消息式的調查，讓他得以採訪最多的訊息來源。他會找客戶和供應商聊天，也會找離職員工和曾為公司服務過的顧問。他還會連繫大學的研究學者、政府雇員和相關行業協會的高階主管，以及採訪競爭對手。儘管高階主管有時候不太願意透露太多有關自己公司的訊息，但費雪發現，要他們談論競爭對手時一定會有很多看法。「令人驚訝的是，從那些以某種方式關注任何特定公司的人的代表性觀點中，就可以準確地了解在某個行業中每一家公司的相對優勢和劣勢。」[72]

毫無疑問，費雪認為，要了解一家公司所需要的時間和決心，遠比計算構成葛拉漢價值投資方法的本益比與帳面價值等數學練習，要廣泛得多。葛拉漢研究的是資產負債表，而費雪研究的是公司和人。基本分析比定量分析更費力——一定是這樣的，因為判斷一家公司長期的內在價值所需要的洞察，比簡單計算公司目前的價值更具有挑戰性。

顯然，開發八卦消息的人際網路以及安排訪問是耗費時間的活動。對於今天的投資人來說，取得正在考慮的眾多公司的八卦消息，這個過程可能是應付不來的事。而費雪找到了解決辦法。他找到了一種減少工作量的簡單方法：他減少了投資組合中擁有的公司數量。雖然葛拉漢建議，要擁有跨行業而分散的大量股票，但費雪通常擁有十家公司或更少的公司，其中有三到四家公司占其投資組合的七五%。「我不想要很多好的投資標的，我只是想要幾個出色的投資標的。」[73]

理解範圍

費雪認為，要想成功，投資人只需要做好幾件事。一個是投資於理解範圍內的公司。費雪說，他早期犯的錯誤就是「將我的技巧應用到超出我經驗的極限。我開始在自己不完全了解的行業，甚至完全不同的活動領域進行投資。這些都是我沒有類似背景知識的情況」。[74]費雪的結論與巴菲特的體認相同，即成功的投資是要留在一個人的理解範圍內才能做到，而不是誤入自己不理解的行業與公司。

在一九六九年接受《富比士》雜誌採訪時，巴菲特指出：「我有一五％是費雪，有八五％是葛拉漢。」[75]在那時候，葛拉漢對巴菲特的影響重大並不令人意外。巴菲特一開始是對葛拉漢感興趣的讀者，接著變成學生，然後變成員工，再來是合作者，最後成為他的同儕。葛拉漢塑造了巴菲特還未經過訓練的頭腦。然而，認為巴菲特完全是葛拉漢一個人造就出來的人，則低估了費雪對巴菲特的影響。

從巴菲特最早在波克夏的投資失誤開始，就開始脫離了葛拉漢的嚴格教導。「我進化了，但我並非以一種很好的方式從猿猴進化到人類，或從人類進化到猿猴。」[76]英國經濟學家凱因斯在幾十年前就發現了這個問題：「困難不在於接受新的想法，而是在於放棄舊的想法。」[77]巴菲特補充，他的放棄「被延遲了很長的時間，部分原因是同一位老師教我的大部分東西曾經（並將繼續）非常有價值」。然而，「追根究柢，那些直接和間接感受到的商業經驗，讓我強烈傾向於擁有商譽良好而持久（即有著超過帳面價值的內在價值），並利用最低限度有形資產的公司」。[78]

在一九八三年的波克夏年報中，巴菲特告訴股東：「與三十五年前相比，我自己對投資的想法發生了重大的變化，當時我學到要支持有形資產，並避開大幅度價值取決於經濟商譽的公司。」[79] 巴菲特後來提出新的理由：「費雪投資方法的核心，是去理解讓公司變得優秀的因素。我與費雪的想法非常一致。」[80]

然而，對巴菲特來說，從葛拉漢購買便宜股票的定量方法，轉變到費雪挑出優秀公司的定性方法，不僅僅是一種學術演練。這是他的新朋友、投資同事、即將成為波克夏公司副董事長的蒙格所帶來的影響。蒙格比其他任何人更能豐富巴菲特的投資想法。

「蒙格打破了我撿菸屁股的投資習慣，並為一個能夠將鉅額規模與令人滿意的利潤結合的公司〔波克夏〕開出了道路。從我的觀點來看，查理最重要的建構壯舉是設計出今天的波克夏。他給我的藍圖很簡單：忘掉你對以好價格購買合理公司所知道的事；相反的，現在要以合理價格購買好公司。」[81]

查理・蒙格：知識的視角

巴菲特在一九五六年成立投資合夥公司時，他的資本剛剛超過十萬美元。因此，有一個早期的任務就是說服更多投資人簽約加入。有一天，那是個美好的一天，巴菲特正在向鄰居艾德溫．戴維斯（Edwin Davis）博士和夫人做他一貫詳細的簡報，戴維斯打斷他，並突然宣布他們會給他十萬美元。當巴菲特問為什麼時，戴維斯回答說：「因為你讓我想到了查理．蒙格。」[82]

這算是「世界真小」的事，查理．蒙格於一九二四年一月一日出生在內布拉斯加州的奧馬哈。他成長的地方距離巴菲特今天住的地方不到二百公尺。他甚至去過歐內斯特．巴菲特的雜貨店工作，只是由於兩人屬於不同的年齡層，他和巴菲特小時候從未見過面。蒙格後來離開奧馬哈，就讀於密西根大學和加州理工學院，但第二次世界大戰中斷了他的教育；他後來在美國陸軍航空兵團（Army Air Forces）擔任氣象官。戰後，儘管沒有大學學位，蒙格還是被哈佛法學院錄取，並於一九四八年畢業。

儘管兩人在奧馬哈長大，有很多共同的熟人，但巴菲特和蒙格直到一九五九年才真的見到面。那時，蒙格已經搬到了南加州。當戴維斯博士在父親去世後返回奧馬哈探望時，他決定讓這兩個年輕人見面，並帶他們一起在當地的餐廳共進晚餐。這是一段不尋常的合作關係的開始。

蒙格的父親是律師，祖父是聯邦法官，他在洛杉磯成立了一家成功的律師事務所，但他已經對股市很感興趣。在第一次晚宴上，巴菲特和蒙格找到了很多話題，包括股票。從那時起，他們就經常交流，巴菲特經常敦促蒙格退出法律圈子，專注於投資。「我告訴他，法律是一個很好的愛好，但他可以做得更好。」[83]

一九六二年，蒙格成立了一家投資合夥公司（Charles Munger Partnership），與巴菲特的公司非常類似，同時持續著他的法律業務。三年的成功經驗之後，他完全離開了法律事業，不過，直到今天，該公司仍然以他的名字命名。

蒙格在洛杉磯的投資合夥公司和巴菲特在奧馬哈的合夥公司所採用的投資方法相當類似。兩人都試圖以低於基本價值的折扣購買股票，也都取得了出色的投資結果。因此，他們購買了一些相同的股票，也不算奇怪。就像巴菲特一樣，蒙格在一九六〇年代末開始購買藍籌印花公司（Blue Chip Stamps）的股票，最後還成為該公司的董事會主席。當波克夏和藍籌印花公司於一九七八年合併時，蒙格就成為波克夏的副主席。

對於他們的工作關係，蒙格不僅帶來了財務敏感度，也帶來了商業法的基礎。他還帶來了與巴菲特截然不同的知識視角。蒙格對許多知識領域，包括科學、歷史、心理學、哲學、數學，都非常感興趣，並認為每個領域都包含著重要概念，思慮周延的人可以而且應該將這些概念應用到他們的所有作為，包括投資決策。

財務知識、法律背景，以及從其他學科學到的經驗教訓，這三條思路一起在蒙格身上產生了一種投資哲學，也豐富了巴菲特的投資哲學。巴菲特堅定不移地忠於葛拉漢的教導，繼續尋找以便宜價格出售的股票，而蒙格則轉向費雪總結出來的原則前進。

蒙格究竟是如何說服巴菲特跨越菸屁股投資的決心，並開始考慮更高品質的公司？我們可以在一盒巧克力中找到答案。確切地說，是時思糖果（See's Candies）。

一九二一年，一位名叫瑪麗·時（Mary See）的七十一歲老奶奶，在洛杉磯開了一家小型的糖果店，出售用她自己的食譜製作的巧克力。在兒子和伴侶的幫助下，這份事業在南加州和北加州發展成為一家小連鎖店。這家公司熬過了大蕭條，還在二戰期間克服了糖配給政策，並以一個不變的策略挺過了激烈的競爭：對品質永遠不打折扣。

大約五十年後，時思成為西海岸首屈一指的糖果連鎖店，瑪麗．時的繼承人也準備好進入人生的下一個階段。三十年前加入公司的恰克．哈金斯（Chuck Huggins）就負責尋找最佳買家，並協調銷售事宜。幾位買家來電探詢過，但沒有傳出談定的消息。

一九七一年年底，當時波克夏是藍籌印花公司的大股東，一位藍籌印花公司的投資顧問建議，藍籌應該收購時思。當時時思的要價是四千萬美元，但由於時思擁有一千萬美元的現金，所以淨價實際上是三千萬美元。巴菲特持懷疑態度，因為根據葛拉漢基於價值的戒律，時思的價值是帳面價值的三倍，這是一個非常不合理的價格。

蒙格說服了巴菲特，他認為昂貴的價格實際上是一筆好交易。巴菲特出價二千五百萬美元，賣家接受了。這是巴菲特思維中板塊構造轉變的開始，他承認，是蒙格將他推動到了一個新的方向。蒙格後來說：「這是我們第一次為了品質買單。」[84]十年後，有人想以一．二五億美元購買時思糖果，這是一九七二年購買價格的五倍。但巴菲特不賣。

時思糖果有資格成為波克夏的投幣式磅秤嗎？在二〇一四年波克夏年報中，巴菲特對波克夏的股東概要描述時思糖果的經濟回報。他報告說，自擁有以來的二十二年裡，這台名為時思糖果的小小投幣式磅秤，只花了四千萬美元的額外資金進行再投資，但貢獻了十九億美元的稅前收益。換句話說，每年只花大約一百八十萬美元的投資，而時思的稅前收益平均每年回報八千六百萬美元。

巴菲特抓住這個機會，深入淺出地闡述了複利的課程。「因此，時思能夠貢獻鉅額的資金，幫助波克夏收購其他公司，而這些公司本身又產生了巨大的可分配利潤（想像兔子繁殖的情形）。此外，透過觀看時思所發揮的作用，我得到了關於品牌強大價值的商業教育，這讓我看到了其他可以獲利的投資。」[85]巴菲特擁有時思糖果的經驗，被認為是他多年後購買可口可樂公司和蘋果（Apple）公司的主要動機。

通才的作用

據說，巴菲特對蒙格的第一個深刻印象，很大的原因是因為蒙格讓他想起了葛拉漢。他們兩人都培養了獨立思想的信念。兩人都以「誠信以及力求客觀和真實」而聞名。[86]兩人都是飢渴的讀者，對歷史、文學和科學有著深刻的興趣。葛拉漢的偏好更傾向於古典著作，而蒙格則一本接一本地閱讀了數百本傳記。葛拉漢和蒙格也是富蘭克林（Benjamin Franklin）的崇拜者，兩人都吸收了富蘭克林終身學習的訊息。

蒙格是個博學多聞的通才。他的知識範圍令人咋舌；似乎很少有他不知道的事。而且，就像葛拉漢一樣，他以閃電般的速度得出結論的能力，也令人深深著迷。「查理擁有世界上最好的三十秒思維。」巴菲特曾說過：「他從A到Z只要一個動作。在你說完一句話之前，他已經了解到了一切。」[87]就憑查理．蒙格的所有成就，他應該出版自己的書。值得慶幸的是，我們已經有幾本了：《窮查理的普通常識》（*Poor Charlie's Almanack*）和其他好書都展現了蒙格非凡的頭腦。[88]

如果好好深入蒙格的知識深井，我們可以打撈出三桶不同的知識主題：**追求世俗的智慧、研究失敗**，以及**擁抱理性的道德義務**。

一九九四年四月，蒙格在南加州大學馬歇爾商學院（Marshall School of Business）吉爾福．巴布科克博士（Dr. Guilford Babcock）的「學生投資研討會」上，發表了一場精彩的演講，他的知識彷彿湧泉一樣噴發出來。學生準備聆聽蒙格對股市的想法，也許還能學到一些投資技巧。但蒙格宣布，他要對他們開個小玩笑。與其直接談論投資，他更想要探討「挑選股票是獲得世俗智慧的一個分支藝術」。在接下來的一個半小時裡，他挑戰學生不要將市場、金融和經濟學視為個別的主題，而是要視為更大、更多研究主題集合體的一個複合元素，這些研究還包括物理、生物學、社會研究、數學、哲學和心理學。

這個想法出自於蒙格的某個崇拜對象的劇本。一七四九年，富蘭克林，當時自稱為「B．富蘭克林．印刷工」（B. Franklin Printer），出版了一本名為《與賓州青年教育有關的建議》（*Proposals Relating to the Education of Youth in Pensilvania*）的小冊子。在其中，他闡述了他對高等教育基本目的的看法，並提議基於這些想法來成立一個學院。這是一個令人震驚的激進之舉。因為當時的高等教育機構的目的是讓年輕人為宗教事務做好準備，而富蘭克林的願景要廣泛得多。他認為，教育年輕人在公司和政府領域擔任領導階層非常重要，要做到這一點，他們應該接觸到許多學科。他還堅信，這種教育應該提供給工人階級以及當時大多數校園主要成員的上層階級的學生。為了實現他的願景，他用心爭取了一些費城知名公民的支持，一七五一年，賓夕法尼亞省的學院和慈善學校（今天稱為賓夕法尼亞大學）成立了。

富蘭克林的想法非常具有開創性，怎麼強調都不為過。賓州藝術與科學學院前院長理查德・比曼博士（Dr. Richard Beeman）稱，富蘭克林是人文教育（liberal arts education）的創始人。富蘭克林認為，在學生掌握了閱讀、寫作、算術、體育和公開演講的基本技能後，應該將注意力轉向發現更廣泛的知識體系之間存在的關連。比曼博士認為，這個過程為富蘭克林培養出了某些思維習慣。

從富蘭克林的**思維習慣**，到蒙格專注於得到**世俗智慧**，我們可以看到一條直線的關連。根據蒙格的說法，我們不需要為了獲得世俗智慧而成為每個學科的專家，我們只需要對每個學科中的主要心理模型（mental model）有基本的了解。然後，我們實際上就會接受到有關投資的人文教育，然後就能好好享受蒙格所謂的世俗智慧的重大影響。

但，有關投資的人文教育到底會是什麼樣子？[89]

世俗智慧的基礎

在物理學的領域，我們肯定會研究牛頓（Isaac Newton）。在《數學原理》（*Principia Mathematica*）中，牛頓概述了三條運動定律，其中第三條定律——每一個動作都有相同的反作用力——直接與既有的經濟學原則有關，主要就是供需原則。當它們處於平衡狀態時，我們可以說經濟處於平衡狀態。但是，如果因為生產或消費事故而失去平衡，那麼經濟將會以相同的力量做出抵消的反應，從而恢復平衡。不平衡無法長期存在。研究牛頓有助於我們吸收這個不可改變的真理。

然而，有很多人並不是從物理學的角度來看經濟和股市。也許他們更自然地被生物學所吸引，在這種情況下，蒙格會推薦閱讀達爾文（Charles Darwin），他告訴我們，生命系統可以學習、進化、適應，並且可以發生意想不到的改變。毫無疑問，市場是活生生的呼吸系統。這使得它們與原子物理系統完全相反，原子物理系統是非常可以預測的，並且能夠以幾乎精確的方式重複相同的動作數千次。它們最常在完美的平衡中行動。相比之下，生物系統表現出非平衡的特徵，很小的效應有時候會產生很大的後果，很大的效應可能產生很小的後果。在物理學中，可以預期負面回饋把系統推回平衡狀態。但在生物學中，我們觀察到，正面的回饋迴圈可以將系統推向新而不可預見的方向——就像股市一樣。

學習社會學則為我們提供了另一個心理模型：最理想和最有效的社會體是最多元化的。這被稱為群眾效應的智慧。然而，一旦多元化環境崩潰，當行動者（agents）變成一種心態時，系統就會變得不穩定，而導致繁榮和蕭條——就像股市一樣。

從數學中，我們學習到由帕斯卡（Blaise Pascal）和費馬（Pierre de Fermat）奠定的機率理論。我們進一步注意到十八世紀長老會牧師貝葉斯（Thomas Bayes），他的貝式定理為我們提供更新原有信念的數學程式，從而改變相關機率。帕斯卡、費馬和貝葉斯一起為我們提供了一個概述，以正確估計公司未來的自由現金流，這反過來又使我們能夠確定投資標的內在價值。除此之外，我們可以新增概率理論，有助於確認投資組合中普通股的最佳權重。

在哲學的領域，我們可以研究現代哲學家笛卡爾（René Descartes）、培根（Francis Bacon）、康德（Immanuel Kant）和休謨（David Hume），我們將在本章的後面再次見到他們。投資人還可以閱讀奧地利出生的哲學家維根斯坦（Ludwig Wittgenstein），他的研究領域包括邏輯、數學和語言哲學。從維根斯坦那裡，我們了解到，當我們談到「意義」時，指的是我們用來創造描述的詞語，而這最後形成我們對事件的解釋。當我們無法解釋結果時，通常是因為我們沒有形成正確的描述。

如果沒有研究愛默生和威廉．詹姆斯（William James），我們的哲學研究就是不完整的。我們之前在本章中認識了愛默生，確定了他對霍華德．巴菲特的影響，而霍華德．巴菲特又將愛默生所寫的精神轉給他的兒子。研究威廉．詹姆斯的投資人是對的，他被認為是美國獨特哲學**實用主義**（pragmatism）的一個創始人。身為一個實用主義者，巴菲特有可能從葛拉漢以資產為中心的估值技術，轉向蒙格所闡述的，估算較好公司其未來自由現金流量的方法。

但是，如果不深入研究心理學，任何關於投資的文科研究都是不完整的。這樣做會立刻將我們帶入對失敗的研究，這是蒙格的第二桶知識。在他看來，雖然研究什麼有效很重要，但研究哪些無效也是絕對必要的。找到失敗的根源必始於心理學，我們的失敗，我們的錯誤，都是從心理失誤中根深蒂固的思考偏誤開始，幾乎沒有例外。

蒙格說，他一直對一般的思考偏誤感興趣。即使在年輕的大學時代，他也想了解做決策的心理，但他發現正規的課程沒有什麼幫助。因此，在一九四八年獲得法律學位後不久，蒙格開始了他所謂的「為了擺脫我某個想法中運作最失常的部分的長期奮鬥」。[90]

請注意一九四八這一年。要理解一件很重要的事就是，蒙格想要理解決策心理的時期，當時有關心理學和投資之間關係的著作還很少。在一九五〇、六〇，甚至七〇年代，今天大眾稱為行為金融的主題，還沒成為一個研究領域。第一部相關的嚴肅著作《不確定性下的判斷》（*Judgment Under Uncertainty: Heuristics and Biases*），是由丹尼爾・康納曼（Daniel Kahneman）和阿莫斯・特沃斯基（Amos Tversky）合著，並於一九八二年出版，即使在那個時候，這本書也被深藏在學術界中。兩年後，羅伯特・席爾迪尼（Robert Cialdini）才寫出了蒙格最喜歡的一本書《影響力：讓人乖乖聽話的說服術》（*Influence: The Psychology of Persuasion*）。

四十年後的今天，投資人仍在努力理解心理偏誤，而蒙格早在七十五年前就開始了這趟旅程。簡而言之，早在世界其他地方為這個問題命名之前，他就為自己繪製了如何避免認知失敗的路線圖。

因此，毫不令人意外的，蒙格透過制定自己改善決策的路線圖，以控制他自身「擺脫心理無知的奮鬥」。一九九四年在馬歇爾商學院演講後不久，蒙格在劍橋行為研究中心（Cambridge Center for Behavioral Studies）連續進行了兩場演講，一次是在一九九四年的秋季，另一次是在一九九五年的春季。在「人類誤判心理學」講題下，蒙格提供了一份他所謂的「經常與針對錯誤的解方一起誤導我們的心理傾向清單」。[91] 該清單包括二十五個傾向，從「獎勵和懲罰／超級反應傾向」到「魯拉帕路薩（lollapalooza）傾向」（因有利於特定結果的心理傾向共同作用，而得到極端後果的傾向）。針對每個問題，蒙格都提供了對思考偏誤的詳細描述，然後是關於如何避免未來失誤的解方。所有二十五種傾向及其解方都可以在《窮查理的普通常識》中找到。

這裡提供一個例子：第十五個傾向稱為「社會認同傾向」。它描述了一種相當常見和非常人性化的傾向，即採用我們周圍的人的信念和行為，而不考慮它們的價值。從本質上講，這是有關自信的問題。蒙格警告說，當一個人的行為變得過於簡單時，他「會自動思考，並做出他所觀察到的，在他周圍的人的思考和做的事」。因此，透過他人的行動，投資人有可能被拖進誤導的行動。或者同樣危險的是，在需要採取行動的時候，他們就會陷入無作為的狀態。蒙格的解方很簡單：「學會在別人犯錯時忽略他們的例子。這是一項非常值得掌握的技能。」[92]

請注意，當蒙格在「人類誤判心理學」中定義傾向時，並不是只列舉出一、兩個，而是描述了二十五個。在寫出二十五個解方時，他要求投資人要不斷重新評估這些解方的定位。「在現實世界中，」他問道：「這個傾向清單中列出的思想體系有什麼好處？」他也回答了自己的問題：「這些心理邏輯思想系統，如果應用得當，就可以散播智慧和良好的行為，並有助於避免災難。」[93]在這裡，蒙格用一句簡潔的話總結了他的主要主題——培養世俗的智慧，學會避免失敗，以及聰明地行事。他把最後一個稱為**良好品行**（good conduct），這給了我們研究他的第三桶知識的自然線索：**擁抱理性**。

理性思維

巴菲特的傳記作者羅傑・羅溫斯坦說，巴菲特「大致上是一個擁有耐心、紀律和理性等天賦個性的天才。」[94]毫無疑問，蒙格也是如此。他說：「波克夏有點像是一座理性的殿堂。」[95]但對蒙格來說，理性不僅是一個暫時的定義，它是指引每一件事的道德羅盤。對他來說，理性是人能回應的最高召喚。在蒙格思想形成的過程中，理性是最重要的「心理桶」（mental bucket），它的重要性迫使我們去詳細解析它的全部含義。

多年下來，理性主義變成含糊不清的一個詞彙。在最純粹的意義上，名為理性主義的哲學架構是指我們如何獲得知識的理論。在這個理論（在此簡化）中，理性主義者透過思考和分析來學習，也就是說，透過演繹推理和心智的力量學習。這被稱作**先驗**知識（*a priori* knowledge）。相反的一方則稱為經驗主義，主張我們獲得知識的唯一途徑，是透過直接觀察我們的感官經驗（**後驗**〔*posteriori*〕）。對經驗主義者來說，除非他們能看到、聽到、嘗到，否則什麼都不是真的。當然，在現實生活中，人們可以且通常會根據眼前的情況使用這兩種方法。這並不是一種二選一的遊戲。

然而，在輕鬆的談話中，我們經常較鬆散地使用**理性**這個詞彙。當我們聽到有人說「你不理性」時，通常意味著不合乎邏輯或理智，或者思考不清楚。

巴菲特和蒙格都提到了這個理性概念。正如我們很快就會看到，他們傾向於重視理性，而不是其他的心理模型。因此，當他們談論理性的重要性時，我們應該傾聽。但我們真的知道他們是什麼意思嗎？他們是否以更輕鬆的邏輯、理智的意義來使用這個詞彙？或是他們想的是兩個學術流派之間的經典論述？

我相信會是兩者的混合。巴菲特和蒙格花了幾十年時間閱讀和思考重要概念，並從許多來源形塑自己對真理的理解。造就出這種獨特的波克夏理性主義背後的種種哲學線索，是非常值得探討的。

現代哲學中的兩位重要人物——培根和笛卡爾——闡述了這兩種相反的觀點。這兩個人是同時代的人，從十六世紀末到十七世紀中葉，他們都拒絕了他們所繼承的中世紀大學的教導，但對接下來應該做什麼，兩人則意見分歧。實驗家培根認為，所有的知識都必須來自實際的經驗，也必須由實際的經驗來進行測試。他相信實用知識的價值，就像木匠、農民、水手和科學家用望遠鏡和顯微鏡獲得的知識一樣。在他看來，在哲學的探究中，人是透過事物的實際情況，而不是透過他們想像事物的方式，而得到實用知識的價值。理想主義者笛卡爾則是相反陣營的典型人物，認為真正的知識只能透過理性，透過不證自明的真理這個第一原理而推理出來。經驗主義者和理性主義者之間的緊張關係相當真實，但對於嘗試定義個人哲學來幫助個人應付生活挑戰的人，幾乎沒有什麼引導作用。

一個世紀後，在啟蒙時代，新的聲音出現了。康德是歷史上一個偉大的哲學思想家，他透過綜合理性主義者和經驗主義者的概念來縫合他們的僵局。從一七五五年開始，在接下來的四十年裡，康德在柯尼斯堡大學（University of Königsberg）任教，該校位於當時被稱為普魯士的地方，他自己幾年前還是那裡的學生。他的講座展現出令人讚嘆的廣泛興趣，包括物理、天文學、數學、地理、人類學和心理學，簡直是世俗智慧的完美典範。

在努力解決理性主義者和經驗主義者之間的爭端過程中，康德求助於蘇格蘭哲學家、經濟學家和歷史學家休謨。休謨避開了辯論，他對理解心智如何運作更感興趣。休謨的主要哲學作品是一七三九年寫的《人性論》（*A Treatise of Human Nature*）。多年後，他重寫了他的傑作，將論文分為兩本書，《人類理解論》（*An Enquiry Concerning Human Understanding*，一七四八年）和《道德原則研究》（*An Enquiry Concerning the Principles of Morals*，一七五一年）。在《人類理解論》中，休謨認為，我們形成了「將想法連結在一起的心理習慣」，因此，每當我們想到 x 時，我們的心智就會自動並立刻想到 y，以至於我們認為這兩個想法一定是有關連的。

休謨關於心智如何運作的想法，是康德所需的，他正在發展一個結合理性主義者和經驗主義者知識取得方法的後設理論（metatheory）。在康德的新視角中，兩者都是對的，但兩者也都是錯的。這個見解後來被稱為康德主義。英國哲學家兼哲學史學家，A・C・格雷林（A. C. Grayling）這樣總結道：「經驗主義者堅稱沒有感官經驗就沒有知識，這是正確的；但他們說心智是一塊白板，則是錯誤的。理性主義者堅稱我們的心智提供了**先驗**概念，這是正確的；但他們說以**先驗**概念就足以了解世界，也是錯誤的。」[96]

理性投資

現在讓我們思考一下這兩個與投資有關的理論。我們可以將葛拉漢視為一個理性主義者，堅定地守在笛卡爾的陣營中。葛拉漢的知識是透過一系列心理步驟而建立起來的，每一個步驟都相互關連，然後仔細審查，直到完成彼此的關係鏈。他採取的是數學的方法，依靠的是不證自明的事實。例如，他對價值的估計是建立在**先驗**的推理之上，而不是經營他所買公司的實際經驗。因此，葛拉漢傾向於低本益比和低淨值市價比的廉價股票，因為這些資料可以透過研究取得，而不是透過親自參與的感官體驗才能得到。

蒙格則屬於培根的陣營。對蒙格來說，事實是基於可觀察的實際狀況和個人經驗，這些經驗為知識提供了證據。當蒙格在一九六二年成立自己的投資合夥公司時，他知道葛拉漢的教導，但並未完全相信。對於自己的投資方法，蒙格傾向於透過觀察和分析公司所有經營範圍的過程來找出好公司，而不僅僅是便宜的價格。

檢視巴菲特的投資哲學，我們可以看到康德的作用。一方面，巴菲特是一個理性主義者。只有當股票的低價低於公司的內在價值，提供了一個安全邊際時，他才會效忠葛拉漢的股票購買方法。另一方面，他也意識到從擁有公司的經驗中汲取的教訓，因此我們可以說他是一個經驗主義者。實際擁有企業的參與經驗大大增加了巴菲特對投資的理解。當巴菲特說：「因為我是一個商人，所以成了一個更好的投資人；因為我是一個投資人，因此成了一個更好的商人。」[97]我們了解到蒙格為巴菲特所打造的哲學橋梁。休謨會這樣解釋：當巴菲特看到股票（x）時，他會自動想到公司（y）；當他分析一家公司（y）時，他也在考慮股票（x）。

有天，蒙格在晚餐上被問到他會成功的一個本質是什麼。「我很理性，」他回答：「這就是答案。我是理性的。」[98]他補充說：「那些說自己是理性的人應該知道，事情是如何運作的。什麼是有效的，什麼是無效的，以及為什麼。」[99]理性不是一種稍縱即逝的想法；理性對他來說至關重要。正如他經常說的那樣，「盡量理性是一種道德義務」。[100]

好消息是，理性是可以學習的。蒙格說：「提升理性不僅僅是選擇與否的事。」[101]「變得更理性是一個漫長的過程。這是一種你只能慢慢得到的東西，結果也會很不一樣。但沒有什麼比這更重要的了。」[102]

蒙格坐在巴菲特身邊的時間，比巴菲特與他的父親霍華德．巴菲特，或他的老師葛拉漢在一起的時間還要長。巴菲特和蒙格於一九五九年相識，並一拍即合。當蒙格在一九六二年成立自己的投資合夥公司時，他們成了投資上的朋友。一九七八年，當蒙格成為波克夏的副主席時，他們更是密切來往，並共享一段持續了近五十年的商業夥伴關係。多年來，兩人共同擁有了一段六十五年的友誼，六十二年的投資熱情，以及四十五年的正副船長關係，這個關係引導波克夏成為全世界最大以及最受尊敬的一家公司。總而言之，他們有一半以上的人生都是在彼此的陪伴下度過的。

蒙格和巴菲特之間的工作關係沒有在官方合夥協議中正式確定，但多年來，它可能已經演變成更親密、更共生的關係。甚至在蒙格加入波克夏董事會之前，兩人就一起做出了許多投資決定，兩人經常每天商議；漸漸地，他們的商業事務也變得更有關連。

從各方面來看，蒙格都是巴菲特承認的共同管理夥伴以及另一個自我。要了解兩人契合的程度，只需要計算巴菲特在報告中提到「查理和我」做了這件事，或決定那件事，或相信這個，或研究那個，或認為這個多少次——「查理和我」幾乎就像是某個人的名字一樣。

第3章

公司導向投資法

好公司不一定是一筆好投資，但的確是一個好的起點。

——巴菲特

「最明智的投資，就是把自己當成公司的老闆。」[103]這是葛拉漢在他開創性的著作《智慧型股票投資人》一書中的總結。

「這是關於投資最重要的十八個字。」[104]這是葛拉漢最出名的學生，巴菲特所說的話。當全世界最偉大的投資人告訴我們，葛拉漢的話是有史以來有關投資的十八個最重要的字時，我們最好專心並密切關注他所說的話的內容。巴菲特解釋說，儘管我們已經超越了葛拉漢評估公司價值的方法，但他關於如何將股票視為公司的建議，既持久又無價。

早在一九一七年，當葛拉漢為《華爾街雜誌》撰寫第一篇文章時，他就堅信，思考投資有一種更好的方法，而**不是**猜測下一個傢伙將如何處理他的股票。葛拉漢建議的核心是，在投資領域，商人的性格遠遠優於投機者。話雖如此，他對「在華爾街中，看到多少能幹的商人完全無視於他們在自己的事業中取得成就的所有合理原則」，感到非常沮喪。[105]

葛拉漢認為，購買一家公司普通股的人就得到了「雙重地位」，但要決定採取什麼行動就是他們的選擇。他們可以將自己視為「公司的小股東」，其財富「取決於公司的利潤或其資產基本價值的變化」。或者他們可以將自己看成持有「一張紙，印好的股權證書。可以在市場開放的幾分鐘之內，以隨時都在變化的價格出售。只是通常與資產負債表中的價值落差極大」。[106]也就是說，人們必須在公司所有人與股票投機者之間做出選擇。

根據巴菲特的說法，直接購買一家公司，和購買該公司的普通股，兩者之間沒有根本的區別。在這兩個選項中，巴菲特總是偏好選擇直接擁有一家公司，因為這讓他可以影響公司最關鍵的問題：資金配置。相反的，購買普通股有一個很大的缺點：你不能控制公司。但巴菲特解釋說，這也會被兩個明顯的優勢抵消：首先，選擇非控股公司的競技場，也就是股市，要大得多。其次，巴菲特說：「股市偶爾會為我們提供機會，讓我們可以用非常荒謬的價格，也就是遠低於控制權談判交易中的價格，買到非控股的優秀公司的股票。」[107]無論哪一種情況，巴菲特總是遵循相同的策略。他找他理解的公司，這些公司具有良好的長期前景，而且是由誠實而能幹的人經營，重要的是，這些公司的價格是有吸引力的。

大多數的投資人花太多時間分析股市和預測經濟，然後就建構了一個分散而不相關的投資組合，只是為了不斷地買賣股票，完全無法超越市場。巴菲特對這種做法不屑一顧。「在投資時，」他說：「我們要把自己當成企業分析師，而不是市場分析師，不是總體經濟分析師，更不是證券分析師。」[108]這意味著，巴菲特首先是從商人的角度看事情。他會從整體來看待公司，檢查公司所有定量和定性方面的資料，以及管理、財務狀況和購買價格。

閱讀自一九六六年來的波克夏年報，並找出他其中的共同點，就可以看出引導巴菲特做出決定的一套基本原則或法則。如果我們萃取這些法則並分開來仔細觀察，可以發現它們自然分為四類：

- **業務法則**——業務本身的三個基本特徵
- **管理法則**——高階主管必須展示的三個重要品質
- **財務法則**——公司必須堅持的四個關鍵財務標誌
- **價值法則**——兩個互相關連的購買準則

在購買獨資公司（wholly owned business）以及上市公司的普通股時，這十二個法則是巴菲特所考慮，且永遠不會改變的原則。

巴菲特的投資法則

業務法則

- 業務是否簡單易懂？
- 業務是否有一致的經營歷史？
- 業務的長期前景是否看好？

管理法則

- 管理是否理性？
- 管理階層對股東坦誠嗎？
- 管理階層能否抗拒「制度性強制力」（institutional imperative）？

財務法則

- 聚焦在股東權益報酬率，而不是每股盈餘。

・計算「業主盈餘」。
・尋找獲利率高的公司。
・公司每一美元的保留盈餘，是否可以創造至少一美元的市場價值？

價值法則

・公司的價值是多少？
・購買該公司有安全邊際嗎？

業務法則

對巴菲特來說，股票是一種抽象概念。[109]他不用市場理論、總體經濟概念或行業趨勢的角度來思考。他只根據公司的運作方式做出決定。巴菲特認為，當人們因為膚淺的概念而不是公司基本面而被吸引去做出投資時，就更可能在遇到第一個麻煩的跡象時被嚇跑，並且很可能在這個過程中產生虧損。相反的，巴菲特專注於學習他所考慮的公司的一切事務。他會專注在三個主要領域：

・業務必須簡單易懂。

・業務必須有一致的經營歷史。
・業務必須有看好的長期前景。

簡單易懂

在巴菲特看來，投資人的財務成功，與他們對投資的理解程度有關。這是一個明顯的特徵，可以區分出以公司為導向的投資人，和不斷買賣股票的短期投機型投資人。

多年來，巴菲特在許多不同行業擁有大量的公司。他還控制了其中一些公司；在其他公司中，他曾經是或現在是少數股東。但他非常清楚所有這些公司是如何運作的。他了解波克夏每一家持股公司的收入、支出、現金流、定價靈活度和資本配置需求。巴菲特能夠保持對波克夏的公司和普通股的深度了解，是因為他刻意將自己的選擇限制在他的財務與智力理解範圍內的公司。他的邏輯很有說服力。如果你在某個你不完全理解的行業中擁有某家公司（無論是完全擁有還是成為股東），就不可能正確地解釋發展狀況，或做出明智的決定。

投資成功不在於你知道多少，而在於如何務實地定義你不知道的事。「在你的能力範圍內投資，」巴菲特建議：「重要的不是這個範圍有多大，而是你如何定義考慮的參數。」[110]

一致的經營歷史

巴菲特不僅避免了複雜的情況，還避免了那些正在解決困難或因之前計畫不成功而改變方向的公司。他的經驗是，幾年來一直生產相同產品和服務的公司，才可以獲得最佳回報。

經歷重大業務變化，會增加發生重大商業錯誤的可能性。

巴菲特觀察到：「重大的改變通常不會帶來特殊的回報。」[111]可惜的是，大多數人做投資的時候，好像恰恰相反。投資人往往被正在進行重組的公司以及快速變化的行業所吸引。巴菲特說，由於一些無法解釋的原因，投資人對明天可能發生的事非常迷戀，以至於忽視了今天的商業現實。

巴菲特很少關心在任何時候都很受歡迎的股票。他更感興趣的是收購他認為能夠長期成功並獲利的公司。雖然預測未來的成功肯定不是萬無一失的，但穩定的紀錄是一個相對可靠的績效指標。當一家公司年復一年地表現出相同類型的產品或服務的一致結果時，就可以合理假設這些結果會持續下去。

巴菲特還傾向於避開正在解決難題的公司。經驗告訴他，遇到轉機其實很少轉成功。比起以便宜價格尋找經營困難的公司，以合理價格尋找好公司更可以獲利。他曾經說過：「查理和我還沒有學會如何解決遇到經營困難的公司的問題。」「我們學到的是避開它們。我們能夠一直這麼成功就是因為，我們專注於找到我們可以跨越的一英呎障礙，而不是因為我們得到了任何跨越七英呎障礙的能力。」[112]

長期前景看好

巴菲特將經濟世界分為兩個不平等的部分：一小群大公司，他稱這些公司擁有**特許經營性質**（*franchise*），以及一大群平庸的公司，其中大多數不值得購買。他將特許經營定義為：一、提供市場需要或想要的產品或服務的公司；二、沒有相近的替代品；三、不受監管。這些特徵使得公司能夠保持價格，而且偶爾提高價格也不必擔心失去市場占有率或單位銷量。這種定價靈活度是偉大公司的一個決定性特徵；它讓公司能夠獲得高於平均水準的資本回報。

「我們喜歡在投資資本上產生高報酬率的股票，」巴菲特說：「（它們）很可能會繼續保持這種報酬率。」[113] 他補充：「我關注的是長期的競爭優勢，以及這個競爭優勢（是否）可以持久。」[114]

這些偉大的公司在個別和集體上創造了巴菲特所謂的**護城河**——讓公司明顯比其他公司更占優勢，並保護其不受競爭的入侵。護城河越大，越可以持續下去，他就越喜歡。「投資的關鍵是判斷任何特定公司的競爭優勢，最重要的是這個優勢的持久性。周圍有廣闊、可持續的護城河的產品和服務，就會為投資人提供回報。對我來說，最重要的是弄清楚公司周圍的護城河有多大。當然，我喜歡的是一座大城堡和一條有食人魚和鱷魚的大護城河。」[115]

相反的，平庸的公司提供的產品與競爭對手的產品毫無區別，就是一種大宗商品。儘管投入大量的廣告預算，但無法做出有意義的產品差異化。經營大宗商品的公司通常是低報酬的公司，也是會發生獲利問題的主要公司。它們的產品基本上與其他公司的產品毫無差異，所以只能依據價格進行競爭，這一定會降低獲利率。讓大宗商品公司獲利的最可靠方法就是成為低成本的供應商。大宗商品公司得到穩健獲利的唯一時機是在供不應求的時期，但這是一個極難預測的因素。巴菲特指出，確定大宗商品公司長期利潤的一個關鍵是「供不應求與供過於求」的年份比例。然而，這個比例數字通常不到一。「我喜歡的公司，」他坦言，「是在我理解的領域中擁有經濟優勢，而且這個經濟優勢可以歷久不衰。」[116]

最後，在他許多簡單扼要的智慧中，巴菲特告訴我們：「偉大公司的定義就是：在未來二十五到三十年內都會持續保持偉大的公司。」[117]

管理法則

在考慮購買新的投資或公司時，巴菲特非常認真看待管理的品質。他告訴我們，波克夏購買的公司或股票必須由他所欽佩和信任的、誠實而能幹的管理階層所經營。他說：「無論公司的前景多麼有吸引力，我們都不希望加入那些缺乏令人欽佩品質的團隊。我們從來沒有順利地與壞人做過好的交易。」[118]

當巴菲特找到他欽佩的經理人時，就會不吝大方地讚美他們。年復一年，在波克夏年報董事長信函中，讀者可以發現巴菲特對管理波克夏各公司的經理人充滿熱情的話語。面對他所擁有股票的公司的管理階層時，他也是一樣。他特別關注以下三個特徵：

- 管理是否理性？
- 管理階層對股東坦誠嗎？

．管理階層是否可以抗拒制度性強制力？

巴菲特對經理人的最高讚美就是，他總是像公司老闆一樣行事和思考。表現得像公司所有人的經理人往往不會忽視公司的首要目標——增加股東價值，而且他們往往會做出理性的決策來推進這一個目標。巴菲特還非常欽佩那些認真看待向股東坦誠而完整報告責任的經理人。還有那些有勇氣抗拒他所謂「**制度性強制力**」的人，他們不會盲目地跟著行業同儕走。

理性的管理

最重要的管理行為是資金配置。這是最重要的，因為長期下來，資金配置會決定股東價值。在巴菲特看來，決定如何處理公司的收益，不管是再投資於公司，或將資金返還給股東，是一種邏輯和理性的作法。《財星》（*Fortune*）雜誌的凱洛．露米斯寫道：「巴菲特認為，理性是他經營波克夏的風格的品質，也是他經常發現其他公司缺乏的品質。」[119]

將收益分配到哪裡，與公司在生命週期中的位置有關。隨著公司經濟生命週期的發展，其成長率、銷售、收益、現金流量和資本報酬率，都會發生巨大的變化。在發展階段，公司在開發產品和建立市場時會產生虧損。到下一個階段是快速成長期，公司會賺錢，但成長很快，以至於公司必須保留所有盈餘。在最後階段，即衰退期，公司的銷售額和收益都會下降，但仍會繼續產生多出來的現金。正是第三個階段會出現問題：這些盈餘該如何配置？

如果內部再投資的額外現金，可以產生高於平均水準的股東權益報酬率，投資報酬率就會比資金成本高，那麼公司就應該保留盈餘，並進行再投資。這是唯一合乎邏輯的思考路線。但如果保留盈餘對公司再投資，是為了**低於**平均資金成本的報酬率，就完全不理性了。但這種事也很常見。

提供平均或低於平均水準的投資報酬率，但產生的現金超過需求的公司有三種選擇：一、可以忽略這個問題，並繼續以低於平均報酬率的獲利進行再投資；二、花錢買成長；三、把錢還給股東。正是在這個十字路口，巴菲特會密切關注管理階層的決策，因為正是在這裡，管理階層將會採取理性或非理性的行為。

一般來說，儘管報酬率低於平均水準，但仍繼續進行再投資的經理人是認為，這種情況是暫時的。他們相信，憑藉著管理能力，他們可以提高公司的獲利能力。而股東就沉浸在管理階層的改善預測中。如果一家公司繼續忽視這個問題，現金將會成為越來越閒置的資源，然後股價就會下跌。

一家經濟報酬率低、現金過剩、股價低的公司將會吸引企業掠奪者，而這也是現任管理階層任期要結束的開始。為了保護自己，高階主管經常採取第二種選擇：透過收購另一家公司而買到成長。

宣布收購計畫具有令股東興奮以及勸阻企業掠奪者的效果，巴菲特卻對需要購買成長的公司持懷疑態度。一方面，往往會付出過高的收購價格；另一方面，一家必須整合和管理一家新公司的企業，很容易犯下對股東來說可能代價高昂的錯誤。

對於擁有越來越多的現金而無法以高於平均水準的報酬率再投資的公司，巴菲特認為，唯一理性和負責的作法就是將這筆錢還給股東。要這樣做，有兩種方法可供選擇：一是發放或提高股息，二是回購股票。

有了股息中的現金，股東就有機會在其他地方尋找更高的報酬率。從表面上看，這似乎是一筆好交易，因此許多人認為，股息增加是公司做得很好的一個標誌。巴菲特認為，只有在投資人得到的現金比公司保留盈餘再投資所創造的現金更多，這句話才是對的。

如果股息的真正價值被誤解了，那麼第二種向股東返還收益的機制——股票回購——就更常被誤解了。這是因為從許多方面來看，回購股票對業主的利益更不直接、更不具體，也更不能立即享有。

當管理階層回購股票時，巴菲特覺得可以得到雙重獎勵。如果股票的售價低於其內在價值，那麼購買股票就具有很好的商業意義。如果一家公司的股票價格為五十美元，其內在價值為一百美元，那麼每次管理階層購買公司股票時，每花費一美元，就會獲得二美元的內在價值。對於留下來的股東來說，這種性質的交易可能非常有賺頭。

此外，巴菲特說，當高階主管在市場上以低於內在價值的價格積極購買公司股票時，就表明了他們心懷業主的最佳利益，而不是粗心大意地擴大公司結構。這種立場是向市場發出訊號，以吸引在尋找管理良好以增加股東財富的公司的投資人。股東通常會得到兩次獎勵，一次是從最初的公開市場買到的股票，然後是隨著投資人的利益增加而對股票價格產生的正面影響。

誠實的管理階層

巴菲特非常尊重那些完整而真實地報告公司財務表現的經理人，他們會承認錯誤，也會分享成功的事蹟，並且在各個方面都對股東坦誠相待。他特別尊重不以一般公認會計原則（GAAP）為擋箭牌，而能坦白溝通公司績效的經理人。巴菲特解釋說：「無論是基於一般公認會計原則、非一般公認會計原則，還是是額外的一般公認會計原則，需要報告的是數據，這可以幫助有財務知識的讀者回答三個關鍵問題：一、公司大約值多少錢？二、公司履行未來義務的可能性有多大？三、在現有的條件與環境下，經理人員的工作做得如何？」[120]

巴菲特還欽佩那些有勇氣開誠布公討論失敗經驗的經理人。時間一久，每一家公司或多或少都會犯下重大錯誤和無關緊要的錯誤。他認為太多經理人在報告中表現得過於樂觀，而不是誠實解釋那些符合他們自己的短期利益，從長遠來看或許並不符合任何人的利益。

他直言不諱地說，大多數的年報都是假的。這就是為什麼在給波克夏股東的年報中，巴菲特對波克夏的財務和管理表現都非常開放，好壞都談。多年來，他承認波克夏在紡織和保險公司中遇到的困難，以及他在這些公司管理方面的失敗。在一九八九年的波克夏年報中，他開始將自己的錯誤正式列舉出來的作法稱為「頭二十五年的錯誤（濃縮版）」。兩年後，標題則改為「今日錯誤」。巴菲特不僅承認了自己所犯的錯誤，還承認他因未能採取適當行動而失去的機會——他把這稱為「遺漏的失誤」。

有批評者指出，巴菲特公開承認自己的錯誤有點虛偽；因為他個人擁有大量的波克夏普通股，他永遠不必擔心自己會被解雇。這是真的。但是透過建立坦率的溝通模式，巴菲特正在悄悄地創造一種新的管理報告方法。巴菲特認為，坦率對待經理人的好處至少和股東一樣多。他說：「在公共場合誤導他人的執行長，私底下也可能會誤導自己。」[121]巴菲特認為，蒙格幫助他了解研究錯誤經驗的價值，而不是只專注於成功經驗。

制度性強制力

如果管理階層透過面對錯誤來獲得智慧和信譽，為什麼這麼多的年報只會吹噓成功經驗？如果資金配置如此簡單而合乎邏輯，為什麼會有那些資金配置不當的情事？巴菲特了解到，答案是一種看不見的力量，他把這稱為「**制度性強制力**」，即無論多麼愚蠢或不理性，經理人會像旅鼠一樣模仿其他公司行為的傾向。

這是他在商業生涯中最令人讚嘆的發現。在學校的時候，他被教導說，經驗豐富的經理人是誠實而聰明的，而且會自動做出理性的商業決策。然而進入商業世界，他才明白，「當制度性強制力起作用時，理性就消失了」[122]。

巴菲特認為，制度性強制力會造成幾個嚴重而令人苦惱的普遍情況：「一、〔該組織〕抗拒當前狀況的任何變化；二、正如工作會占滿所有可用時間一樣，公司專案或收購會用光公司的可用資金；三、任何渴望這種領導人的公司，無論多麼愚蠢，其團隊都會很快提出詳細的報酬率和策略研究來支持他；四、同業公司的行為，無論是在擴張、收購、設定高階主管薪酬，還是其他什麼作為，都會被無意識地模仿跟進。」[123]

巴菲特非常早就學到了這一課。波克夏於一九六七年收購國家償金公司（National

Indemnity）時，該公司的負責人傑克・林瓦特（Jack Ringwalt）就做出了似乎很固執的舉動。當時大多數保險公司都在推出的保單條款，勢必會產生報酬率不足或更糟糕的損失，林瓦特因此退出了市場，拒絕承保新保單。巴菲特看出了林瓦特做這個決策的智慧，並起而效仿。今天，波克夏旗下的所有保險公司仍然遵循這一個原則：僅僅因為其他公司都在做某一件事，也不表示那件事是對的。

在制度性強制力背後推動這麼多公司的力量是什麼？人性。例如，當同業中的其他公司仍然可以產生單季收益時，即使他們的行為就像盲目的旅鼠正在往海裡跳，但大多數的經理人也不願意看到自己單季虧損，因為他們會覺得自己看起來很愚蠢。

做出非常規的決定或改變方向，從來都不是一件容易的事。儘管如此，如果該策略將隨著時間產生卓越的成果，善於溝通的經理人就應該能夠說服股東，去接受短期的收益損失以及公司方向的改變。巴菲特了解到，無法抵抗制度性強制力往往與公司所有人的關係不大，而是與公司經理人接受根本性改變的意願有關。即使經理人認為徹底變革是必要的，但執行這個計畫對大多數的經理人來說，往往還是太難了。相反的，許多人抵擋不住收購新公司的誘惑，而不是直接面對當前出問題的財務狀況。

他們為什麼會這樣做？巴菲特已經歸納出影響管理階層行為最大的三個因素：

- 大多數的經理人無法控制找事情做的渴望，這種過度活動常常表現在收購公司上。
- 大多數的經理人會不斷將公司的銷售、收益和高階主管薪酬與行業內外的其他公司做比較，而這些比較不可避免會引來公司過度的活動。

• 大多數的經理人會誇大自己的能力。

另一個我們已經了解到的常見問題，是拙劣的資產配置能力。執行長通常是在公司其他領域，包括行政、工程、行銷或生產部門表現出色，而被升遷到目前的地位。由於在配置資金方面幾乎沒有經驗，他們轉而求助於員工、顧問或投資銀行家，因此制度性強制力不可避免地就進入了決策過程。巴菲特指出，如果執行長渴望進行一項潛在的收購案，但需要有一五%的投資報酬率才能讓這筆收購變得合理，那麼令人驚奇的是，他的團隊就會順利地回報他說，該公司的報酬率實際上可以達到一五・一%。

制度性強制力的最後證據是無意識的模仿行為。D公司的執行長對自己說：「如果A、B和C公司都在做同樣的事情，那麼我們以同樣的方式行事，一定是正確的。」

巴菲特認為，他們注定會失敗，不是因為腐敗或愚蠢，而是因為強制性的制度動力，使他們難以抵抗注定要發生的行為。巴菲特曾經在聖母大學（University of Notre Dame）的一群學生面前發表談話，他展示了一份三十七家投資銀行公司的名單。他解釋說，儘管他們都有被看好的成功機會，但每一家都失敗了。他先列舉了一些正面的因素：紐約證券交易所的交易量增加了十五倍，每一家公司的領導人都是勤奮、智商極高的人，也都對成功有著強烈的渴望。然而所有人都失敗了。巴菲特停了下來。「你們思考一下，」他嚴厲地說，眼睛掃視著房間。「他們怎麼會落到這樣的下場呢？我告訴你們，就是盲目地模仿同儕公司。」

管理的評估方法

巴菲特可能是第一位跳出來承認，評估經理人的理性、誠實和獨立思考的表現，比衡量財務績效更困難，因為人類比數字更複雜得多。

的確，許多分析師認為，由於評估人的行為是模糊而不精確的，我們根本無法用 Excel 表格的精確性來評價管理，因此這樣做也是白費力氣。他們似乎建議，沒有小數點，就沒有什麼可以衡量的東西。其他人則認為，管理階層的價值充分反應在公司的績效統計資料中，包括銷售額、獲利率和股東權益報酬率，因此，當你要對管理階層評估價值時，就是一種雙重的會計形式。

這兩種觀點都有一定的道理，但在我看來，兩者都不足以超越一開始的前提。花時間評估管理階層的理由是，可以為最終財務績效先帶來初步的警訊。財務事實可以告訴你發生了什麼事。評估管理行為可以讓我們深入了解可能發生的事。如果仔細觀察管理團隊的言行，你將可以找到線索。在團隊工作出現在公司的財務報告上或每天的報紙股票版面上之前，這些線索將幫助你衡量團隊工作的價值。

為了收集必要的資訊，巴菲特提供了一些訣竅。你可以回顧前幾年的年報，特別注意管理階層當時所說的關於未來策略的內容。然後將這些計畫與今天的結果進行比較：這些計畫到底實現了多少？還要將前幾年的策略與今年的策略和想法進行比較：思維是如何變化的？巴菲特還建議，將你感興趣的公司年報與同一行業類似公司的報告進行比較，可能非常有價值。雖然不一定容易找到完全一樣的比較，但即使是相對的績效比較，也能看出一點端倪。

值得注意的是，只有管理品質本身，並不足以吸引巴菲特的興趣。無論管理多麼出色，他都不會只為了人而投資，因為他知道，即使是最聰明、最能幹的經理人也無法拯救經營困難的公司。巴菲特一直與美國企業中一些最有才華的經理人合作，這些人包括首都／美國廣播公司的湯姆．墨菲和丹恩．柏克（Dan Burke），可口可樂的羅伯特．葛蘇達（Roberto Goizueta）和唐納德．奇奧。然而，他很快就指出：「如果你讓這些人到依賴過時商業技術或模式的公司工作，也不會有太大的區別。」[125] 他重申：「當一個有卓越才幹風評的管理團隊在處理一家基本財務風評糟糕的公司時，公司的風評不會改變。」[126] 話雖如此，最好的組合就是擁有由卓越經理人所經營的偉大公司，他們將會協助這家偉大的公司繼續存活下去。

財務法則

巴菲特評估卓越管理和財務表現所應用的財務法則，也是根據一些典型的巴菲特原則。一方面，他對每一年的結果不會太認真看待。他專注的是五年的平均表現。他嘲諷地指出，豐厚的報酬不一定符合地球繞太陽轉一圈所需的時間。他幾乎沒有什麼耐心去理會那些會產生令人印象深刻的年終數字但幾乎沒有價值的會計花招。相反的，他只根據這四項財務原則評估：

• 聚焦在股東權益報酬率，而不是每股盈餘。
• 計算「業主盈餘」以反映真正的價值。
• 尋找獲利率高的公司。
• 確保每一美元的保留盈餘，為公司創造至少一美元的市場價值。

股東權益報酬率

分析師習慣上是透過檢查每股盈餘來衡量公司的年度績效。每股盈餘是否比前一年高？公司表現是否超出了預期？盈餘是否高到足以拿來吹噓一番？

巴菲特認為每股盈餘是一種煙霧彈。由於大多數的公司都會保留前一年盈餘的一部分，作為增加股權基礎的一種手段，因此他認為沒有理由對每股盈餘感到興奮。如果有一家公司的每股盈餘成長了一〇%，而它的盈餘基礎也同樣成長了一〇%，這其實沒有什麼了不起的。「儲蓄債券具有固定的報酬率，只是因為『收益』（規定的利率）不斷被收回並添加到資本基礎中，」巴菲特解釋說：「因此，如果股息支付率很低，即使是『停止的時鐘』看起來也會像是一支成長型股票。」127

為了衡量公司的年度績效，巴菲特偏好用股東權益報酬率來看，也就是營業收益相對於股東權益的比率。巴菲特說：「就管理的財務表現來說，主要考驗是所使用的股本是否達到高收益率（沒有不當的槓桿、會計花招等），而不是達到穩定的每股盈餘。」他接著解釋說：「我們認為，如果管理階層和財務分析師改變他們的強調重點，不要放在每股盈餘以及該數字的年度變化，股東與大眾就更容易了解公司的表現。」[128]

為了使用這個比率，我們需要做一些調整。首先，因為整體股票市場的價值會大幅影響特定公司的股東權益報酬率，所以所有的有價證券都應該以成本而非市場價值來估值。例如，如果股市在某一年大幅上漲，公司因此增加了淨資產，那麼與更大的分母相比較時，真正出色的經營績效就會被打折扣。相反的，價格下跌會減少股東權益，這意味著，即使是平庸的經營表現也會比實際情況看起來好得多。

其次，我們還必須控制異常專案對該比率分子的可能影響。巴菲特會排除所有的資本利得和損失，以及任何可能增加或減少營運收益的異常專案。他想要區隔出一家公司的特定年度績效。他想知道的是，考慮到所使用的資本，管理階層經營公司以產生報酬的任務做得有多好。他說，這是管理階層財務表現的最佳判斷根據。

此外，巴菲特認為，公司應該在很少債務或沒有債務的情況下，達到良好的股東權益報酬率。巴菲特也知道，公司可以透過提高負債權益比來提高股東權益報酬率，但他並不欣賞這種行為。「好的公司或投資決策，」他說：「不需要靠財務槓桿就能產生非常令人滿意的結果。」[129]且高財務槓桿的公司在經濟衰退時期就很容易受到影響。巴菲特寧願在財務品質方面小小妥協，也不願意增加與高負債水平相關的風險，而危及到波克夏所有人的利益。

哪一種負債水平最適合或不適合公司，巴菲特沒有提出任何建議。這是完全可以理解的，因為不同的公司根據其現金流量，可以管理不同的債務水準。巴菲特說的是，一家好的公司應該能夠在沒有槓桿的幫助下，獲得良好的股東權益報酬率。靠舉債才能賺到不錯的股東權益報酬率的公司，應該要對它抱著懷疑看待。

業主盈餘

巴菲特說：「首先要理解的重點是，並非所有的收益都是平等的。」[130] 他指出，與利潤相比，資產較高的公司往往會報告虛假的收益數字。由於通貨膨脹會重創資產龐大的公司，所以這些公司的收益數字就像海市蜃樓般虛幻。因此，只有收益接近公司的預期現金流量時，會計收益對分析師才是有用的。

但巴菲特警告說，即使是現金流量也不是衡量價值的完美工具；事實上，它經常會誤導投資人。對於一開始的投資很大，之後支出很小的公司，例如房地產開發、天然氣田和有線電視公司等，現金流量是一種很適當的衡量方法。然而，需要持續資本支出的製造業，只用現金流量就不能正確評估公司的價值。

現金流量通常定義為稅後淨收入加上折舊、損耗、攤提以及其他非現金費用。巴菲特解釋說，這個定義的問題在於，它漏掉了一個關鍵的實際財務狀況：資本支出。為了維持經濟地位和單位銷量，公司今年的收益中有多少必須用來更新設備、廠房升級和進行其他改善？根據巴菲特的說法，絕大多數美國企業需要的資本支出大致相當於其折舊率。他說，你可以將資本支出延遲一年左右，但如果長期不進行必要的資本支出，業務一定會衰退。這些資本支出與勞動力和公用事業一樣，都是一種費用。

在財務槓桿收購期間，現金流量數據越來越受到歡迎，因為公司的現金流量可以證明，即使過高的收購價格也是合理的。巴菲特認為，現金流量數據「經常被公司和證券行銷人員利用，意圖為不合理的事辯護，以便賣出本來應該無法脫手的東西。當收益看起來不足以支付垃圾債券的債務或合理化愚蠢的股價時，最方便的做法就是把焦點轉移到現金流量」[131]。但巴菲特警告說，除非你願意減去必要的資本支出，否則就不要聚焦在現金流量。

與其使用現金流量，巴菲特更喜歡他所謂的**業主盈餘**，即公司的淨收入加上折舊、損耗和攤提的非現金費用，並扣除資本支出以及可能需要的任何額外營運資金。巴菲特承認，業主盈餘無法提供許多分析師需要的精確計算。計算未來的資本支出通常需要估計。即使如此，針對已根據一般公認會計原則所算出的收入，加回非現金費用以及預估資本支出的收入數字再加以調整，也好過於僅僅依靠淨收入。

獲利率

就像費雪一樣，巴菲特意識到，如果管理階層無法將銷售化為利潤，偉大的企業就會進行糟糕的投資。獲利能力沒有什麼大祕密：一切都與控制成本有關。根據巴菲特的經驗，習慣高經營成本的經理人往往會找到持續增加日常開支的方法，而習慣低經營成本的經理人一定會想方設法削減開支。

巴菲特對於任由成本不斷提高的經理人，幾乎沒有絲毫耐心。這些經理人通常必須推出重組計畫，以便讓成本與銷售處於同等水準。每當一家公司宣布要進行削減成本計畫時，他就知道，這家公司的管理階層還沒有弄清楚費用對公司所有人的影響。「真正優秀的經理人，」巴菲特說：「不會在早上醒來時說，『我今天要來削減成本』，就像他不會在醒來時決定要練習呼吸一樣。」[132]

巴菲特列舉了他合作過的一些最優秀管理團隊的成就，包括首都／美國廣播公司的湯姆．墨菲和丹恩．柏克，因為他們會不斷刪除不必要的開支。他說，這些經理人「厭惡人力過剩」，而且「在獲利創紀錄時也和面臨壓力時一樣，會大力削減成本。」[133]

巴菲特本人對成本和不必要的開銷，態度也非常強硬。他了解每一種業務經營適合的人力規模，也相信每創造一美元的銷售額，就有一個適當的支出水準。巴菲特對波克夏的獲利率非常敏感。

波克夏是一家非常獨特的公司。它沒有法務部門，也沒有公共關係或投資人關係部門。策略規劃部門也沒有受過商管碩士訓練的員工在籌劃併購事宜。波克夏的稅後公司支出占營運收益的比例不到一％。大多數像波克夏這種規模的公司，公司支出會高出十倍。

一美元的前提

廣義來講，股票市場最後可以回答一個基本的問題：這家特定的公司到底值多少錢？巴菲特相信，如果他選擇了一家長期經濟前景看好的公司，而且是由能幹且重視股東的經理人經營，證據就會反映在公司增加的市場價值上。巴菲特解釋說，保留盈餘也是如此。如果一家公司在長時間內沒有好好運用保留盈餘（產生低於資金成本的報酬率），市場也將理性地降低股票的價格。相反的，如果一家公司能夠在增加的資本上一直賺到高於平均水準的報酬率，時間一久，這種成功最後也將反應在股價的上漲上。

然而，我們也知道，儘管股市長期會非常理性地反應公司的價值，但在任何一年內，價格都可能會因長期內在價值以外的因素而大幅上下波動。因此，巴菲特發展出了一個快速的測試方法，不僅能判斷公司的經濟吸引力，還能判斷管理階層創造股東價值的能力，這個方法就是一美元規則。市場價值的增加至少應該符合公司的保留盈餘。如果市場價值上漲幅度超過保留盈餘，那就更好了。總而言之，巴菲特解釋說，在股市中，我們的工作就是要挑出具有這種經濟特徵的公司：保留盈餘中的每一美元可以轉化為至少一美元的市場價值。

價值法則

目前在各法則中所提到的原則將帶我們走到一個決策點：買或不買一家公司的股票。任何人面臨這個決策點時，都必須權衡兩個因素：這家公司是否具有良好的價值，以及現在是否為買它的好時機——也就是說，價格好嗎？

價格由股票市場決定。但價值則由分析師在權衡一家公司的業務、管理和財務特徵的所有已知資訊後才會確定。價格和價值不一定相等。如果股市一直都很有效率，價格會立即根據所有可用資訊而調整。當然，我們知道這種情況不會發生，至少不會一直發生。由於多種原因，證券價格會高於和低於公司的價值，但這些原因不一定都合乎邏輯。

理論上，投資人的行為是根據價格和價值之間的差異做決定的。如果公司的股票價格低於它的每股價值，理性的投資人就會買進這家公司的股票。相反的，如果價格比價值更高，投資人就不會買。隨著公司經濟生命週期的發展，分析師會定期重新評估公司相對於市場價格的價值，並採取相應的行為，例如買進、賣出或持有股票。

總之，理性的投資要考慮兩件事：

- 這家公司的價值是多少？
- 是否能以遠低於該公司價值的折扣買到？

確定價值

在購買時思糖果的二十年後，巴菲特在一九九二年的波克夏年報中，第一次闡述了他對價值投資的修正想法。他一開始就說：「『價值投資』這個詞彙本身就是多餘的。如果『投資』的行為不是在找至少能證明你所支付的金額是合理的價值，那麼什麼才叫『投資』？」接著解釋道：「故意去買價格高於其計算價值的股票，並希望能以更高的價格賣出，這種行為應該被貼上投機的標籤（在我們看來，這既不是違法的、不道德的事，但也不會讓人賺錢）。」[134]

再來，他針對價值和成長投資（growth investing）[135]之間永無休止的辯論提出了看法。巴菲特問道：「一個人如何決定什麼是有吸引力的？」接著他回答：「大多數的分析師認為，他們必須在通常被認為是相反的兩種方法之間做出選擇：『價值』和『成長』。」他承認：『許多投資專業人士將這兩個術語的任何混合作法，視為一種聰明的變相形式。我們認為這是一種模糊的思維（我必須承認，我自己幾年前也是這樣）。」而現在，巴菲特說：「我們的見解是，這兩種方法其實是密不可分的：成長始終是價值計算的一個部分，它本身就構成了一個變數，其重要性可以從微不足道到極為重大，其影響可以是負面的，也可以是正面的。」[136]

巴菲特接著深入探討了這個論點的具體細節：「無論是否合適，『價值投資』一詞已經被廣泛使用。通常，它意味著購買具有低股價淨值比、低本益比或高股息殖利率等屬性的股票。可惜的是，這些特徵即使一起出現，也完全無法決定投資人是否真的買到符合價值的股價，並且確實根據從投資中獲得價值的原則操作。」[137]

巴菲特的觀點非常深奧，接下來寫的內容卻顛覆了價值投資界的看法：「同樣的道理，相反的特徵，例如高股價淨值比、高本益比和低股息殖利率，與『價值』投資法也絕對不互相矛盾。」[138]

為了解決這個問題，巴菲特接下來向波克夏股東介紹了約翰·伯爾·威廉斯（John Burr Williams）。威廉斯於一九三八年寫了《投資價值理論》（*The Theory of Investment Value*），即葛拉漢和陶德合著《有價證券分析》的四年後。巴菲特現在已經接受威廉斯對價值的定義，也就是「任何股票、債券或公司今天的價值，取決於現金流入和流出（以適當的利率折現），而這些現金流入和流出在資產的剩餘壽命期間內是可以預期的。」[139] 巴菲特解釋說，無論股票被低估或高估，並不取決於其股價淨值比或本益比。

威廉斯提出未來自由現金流量的折現現值法，一般又常稱為股息折現模型（dividend discount model），有時也稱為現金流量折現模型（discounted cash flow model）。巴菲特告訴我們，這個數學算法和評估債券的價值很像。每一檔債券都有息票（coupon），也有決定其未來現金流量的到期日。如果將所有債券票息相加，並將總合除以適當的折現率（債券的利率），就可以算出債券的價格。

為了確定一家公司的價值，分析師會估算該公司在未來一段時間內產生的息票（業主權益），然後將所有這些息票折現。對巴菲特來說，確定一家公司的價值相對容易，只要輸入正確的變數：現金流量和適當的折現率。在他看來，公司未來現金流量的可預測性，應該具有債券中「像息票一樣」的確定性。如果公司簡單易懂，也具有一致的獲利能力，那麼巴菲特在很大程度上就能夠確定未來的現金流量。如果他做不到，他就不會去評估一家公司的價值。這就是他的方法的獨到之處。

接著，下一個問題就變成了：適當的折現率是多少？簡短的答案就是：資金成本。在標準的現金流量模型中，公司的資金成本被用來作為確定未來現金流量價值的折現率。那麼，我們如何確定公司的資金成本？債務成本很直接了當：就是未償還債務的加權平均利率。但要確定公司的股東權益資金成本（equity cost of capital），就還需要一些額外的思考。

學術界認為，適用於現金流量折現模型的適當折現率，是零風險利率（十年期美國國債）加上股權風險溢價，加上風險溢價是為了反映公司未來現金流量的不確定性。但正如我們稍後將會了解的，巴菲特駁斥了股權風險溢價的概念，因為它是資本資產定價模型（capital asset pricing model）的產物，而資本資產定價模型是使用價格波動性作為風險的衡量標準。簡單來說，價格波動性越高，股票風險溢價越高。

巴菲特認為，用價格波動性作為衡量風險的標準，這整個想法根本是無稽之談。在他看來，只要專心找到收益具有一致性和可預測性的公司，即使沒有完全消除商業風險，也會大幅降低風險。他說：「我非常重視確定性。」「如果你這樣做，風險因素的整個想法對我來說就是沒有意義的。風險來自於不知道自己在做什麼。」[140]在巴菲特看來，公司未來現金流量的可預測性，應該具有債券中類似息票的確定性。

當《巴菲特勝券在握》於一九九四年首次出版時，巴菲特解釋說，他使用零風險利率，即十年期美國公債殖利率，來折現股票。在一九九〇年代的十年裡，十年期美國公債的平均殖利率為八．五五％。我們寫到巴菲特使用這個零風險利率，並根據公司的風險情況調整購買價格，也就是考量安全邊際。然而，在過去的十年裡，十年期公債殖利率遠低於五％，巴菲特也不得不考慮不同的折現率。

巴菲特和蒙格似乎都有解決方案。巴菲特說：「我們只是想用我們擁有的資金去做最明智的事。」蒙格說得更精確：「我們會根據我們的替代方案來衡量一切。」為了強調這一點，他還補充說：「重要的是你的替代方案。」[141]

蒙格透過談論替代方案，將這個問題描述為機會成本。投資股市的人期望獲得至少一〇％的回報，這是自一九〇〇年以來股票的平均歷史報酬率。[142]這就是他們的投資機會。因此我們可以說，投資人把錢「借出」給股市的資金成本為一〇%。相反的，決定不投資股市的人就是決定放棄一〇%的年報酬率。換言之，資金是有機會成本的。[143]綜合以上說法，在零風險利率低於一〇%的情況下，我認為一〇%的折現率適合用來計算股票的內在價值。

巴菲特解釋說，內在的公司價值是基於公司未來現金流量折現至現值的經濟計算：任何計算內在價值的人一定會得出一個非常主觀的數字，該數字也會隨著未來現金流量預估的修正和利率的變動而改變。然而，儘管存在模糊性，但內在價值仍然非常重要，是評估投資和公司相對吸引力唯一合乎邏輯的方法。[144]

巴菲特並不是唯一承認內在價值是一個難以捉摸的概念的人。雖然葛拉漢沒有應用淨現值折現模型，但他也警告說，內在價值不是一個精確的估計。葛拉漢說：「要點是，有價證券分析並不是要精確地確定某個有價證券的內在價值，它只是要確定這個價值足以保護債券或證明購買的股票是合理的。因此，對內在價值進行不明確但接近的衡量可能就夠了。」[145]賽斯．克拉爾曼（Seth Klarman）也有同樣的想法。他在《安全邊際》（*Margin of Safety*）一書中寫道：「許多投資人堅持將他們的投資附上一個明確的價值，想在一個不精確的世界裡尋找精確性。但是公司價值是無法精確確定的。」[146]巴菲特呼應了葛拉漢和克拉爾曼的見解：「內在價值是一個估計，而不是一個精確的數字。」[147]

華爾街沉迷於目標價格和單點估計，但巴菲特承認，內在價值的計算缺乏精確性，聽起來好像很反常，卻是完全合乎邏輯的。儘管巴菲特喜歡以折扣價購買確定性，但在現實中，公司的報酬率可以而且確實會波動。因此，公司分析師必須考慮一系列的可能性，並充分了解可能發生的各種情況。巴菲特如何看待不同的結果？巴菲特解釋說：「我們用收益機率乘以可能的收益金額，扣掉損失機率乘以可能的損失金額。」「這不是完美的，但這就是它的全部意義所在。」[148]因此，預估的內在價值是可能結果分布的加權平均值。效法凱因斯，巴菲特經常說：「我情願粗略地正確，也不要精確地出錯。」[149]

以吸引人的價格買進

巴菲特說，光是專注於好公司，也就是那些可以理解的，具有持久吸引力的經濟表現，而且由重視股東的經理人所經營的企業，這件事本身不足以保證投資成功。首先，投資人必須以合理的價格購買，然後公司必須達到投資人的期望。巴菲特指出，如果在投資上犯錯，不外乎三種原因：一、買的價格；二、加入的管理團隊；三、公司未來的經濟表現。他說，第三種情況的計算錯誤是最常見的。

巴菲特的意圖不僅是要找出經濟報酬率高於平均水準的公司，還要以低於其預估價值的價格買進。在葛拉漢的基本原則中，重要的是，只有在股票的價格和價值之間的差異代表某個安全邊際時，才去買股票。

安全邊際原則在兩個方面幫助了巴菲特。首先，保護他不會遇到價格下跌的風險。如果他計算出來的公司價值僅略高於每股價格，他就不會購買股票；他的理由是，如果公司的內在價值因為未來現金流量的錯誤評估而略微下降，股價最後也會下跌，甚至可能會低於他所支付的價格。但是，如果購買價格和內在價值之間安全邊際夠大，就會降低內在價值下跌的風險。如果巴菲特以二五%的內在價值折扣購買一家公司，後來公司價值下跌了一〇%，他的初始購買價格仍然可以產生足夠的回報。

安全邊際也可以提供令人意想不到的股票回報。如果巴菲特正確找出一家經濟報酬率高於平均水平的公司，由於股價會模仿公司的報酬率，那麼從長遠來看，該股票的價值也將穩步上升。如果一家公司的股東權益報酬率可以穩定賺到一五%，那麼它的股價每年都會比股東權益報酬率為一〇%的公司上漲更多。此外，如果巴菲特應用安全邊際原則，以相對內在價值大幅折扣的價格買到一家優秀的公司，那麼當市場修正該公司的價格時，波克夏也會得到額外的紅利。他說：「市場就像上帝，會幫助那些自助的人，但與上帝不同的是，市場不會原諒那些不知道自己在做什麼的人。」[150]

智慧型投資人

巴菲特投資方法與哲學最與眾不同的特點是，他清楚地理解到，透過擁有股票，他就擁有了公司，而不只是一張張的紙片。巴菲特說，在不了解公司的前景、經理人和經濟表現的情況下就買股票，這種行為是不合理的。

投資人有一個選擇：他們可以決定要像公司所有人一樣行事。無論這句話是什麼意思，或者只是為了投入股市而進場，又或者確實是為了公司基本面以外的任何原因，而在交易股票上花時間。

認為自己只是擁有一張紙片的普通股股東，很少會去關心公司的財務報表。他們表現得好像市場不斷變化的股價，比公司的資產負債表和損益表，更能正確地反映股票的價值。他們買賣股票就像打牌一樣抽牌和丟牌。巴菲特認為這種行為是愚蠢至極的表現。在他看來，擁有一家公司和擁有這家公司的股票並無不同，也應該採取相同的心態。

當巴菲特在一九五六年成立巴菲特合夥有限公司時，他就開始購買普通股，然後是購買整家公司。當他在一九六九年完全控制波克夏時，他從獨資企業開始買，但很快就增加了普通股。在他看來，擁有公司或公司股份的投資決策，是可以互換的。這兩件事並沒有區別。對於投資人巴菲特來說，這種洞察力成為了他的競爭優勢。大多數的人並不理解，擁有公司和普通股的影響和經驗，如何造就了巴菲特的非凡成就。

儘管只有少數投資人在投資股市的同時，會直接擁有一家或多家公司，但沒有什麼能阻止一個未完全擁有公司的投資人，在投資股票時像公司所有人一樣思考和行動。

巴菲特經常被問到，他將來會買哪些類型的股票。他說，首先，他會先避開那些他沒有信心的公司和經理人。他會買的是他能理解的那種公司，一家擁有良好經濟表現，並由值得信賴的經理人經營的公司。巴菲特認為：「好公司不一定是一筆好投資，但的確是一個好的起點。」[151]

第4章

普通股的購買經驗——五個案例研究

從很多方面來看，股市就像天氣，
如果不喜歡目前的狀況，
你要做的事就是等待一段時間。
——辛普森

當巴菲特合夥公司於一九六五年控制波克夏時，股東權益下降了一半，營運損失超過一千萬美元。巴菲特和管理紡織集團的肯．查斯（Ken Chace）竭盡全力想要扭轉紡織廠的局勢。結果令人失望；股東權益報酬率還是難以達到兩位數。

在一片陰霾之中，出現了一個亮點，暗示了即將到來的事情：巴菲特可以巧妙地處理公司的普通股投資組合。當巴菲特接管時，該公司擁有二百九十萬美元可銷售的有價證券。到了第一年年底，巴菲特將證券帳戶擴大到五百四十萬美元。一九六七年，從投資得到的美元報酬率是整個紡織部門的三倍，而紡織部門擁有十倍的股權基礎。

在接下來的十年裡，巴菲特逐漸認清了某些現實。首先，紡織業務的性質不可能得到高的股東權益報酬率。紡織品是商品，顧名思義，很難將其產品與競爭對手的產品區隔開來。雇用廉價勞動力的外國競爭對手，也正在擠壓獲利率。其次，為了保持競爭力，紡織廠需要大量的資本改善，但在通貨膨脹的環境下，這種前景是令人恐懼的，如果業務報酬率還乏善可陳，那就是災難性的結果。

巴菲特沒有試圖掩蓋這些難處，並在多個場合解釋了自己的想法。紡織廠是該地區最大的雇主；勞工是一群技能相對不可轉移的高齡員工；管理階層表現出高度的熱忱；工會是理性的；最後，他認為紡織業務可以得到一些利潤。

然而，巴菲特明確表示，他期望紡織集團能從適度的資本支出中獲得正收益：「我不會僅僅是為了增加一點點的公司報酬率，而關閉獲利率低於正常水平的公司。我也覺得，即使是一家獲利極高的公司，一旦經營上出現了無法停止的虧損前景，繼續為其提供資金也是不適當的。亞當・斯密（Adam Smith）不會同意我的第一個觀點，卡爾・馬克思（Karl Marx）不會同意我的第二個觀點，但中間立場是唯一讓我感到舒服的位置。」[152]

一九八〇年，年報中揭露了紡織集團未來的不祥線索。那一年，該集團在董事長信函中失去了其著名的重要地位。到了第二年，這封信中根本沒有討論到紡織業務。然後，不可避免的是：一九八五年七月，巴菲特關閉了紡織集團的帳目，從此結束了大約一百年前開始經營的事業。這次的經驗並不算完全失敗。首先，巴菲特從企業轉型中吸取了一個寶貴的教訓：轉型很少成功。第二，紡織集團在前幾年累積了足夠的資金來收購一家保險公司，而這是一個更光明的故事。

一九六七年三月，波克夏以八百六十萬美元的價格購買了總部位於奧馬哈的兩家保險公司的流通股：國家償金公司和國家消防與海事保險公司（National Fire & Marine Insurance Company）。這是一個非凡成功故事的開始。波克夏這家紡織公司無法長期生存，但旗下的波克夏投資公司即將起飛。

對於像巴菲特這樣經驗豐富的選股者來說，這是完美的。在兩年內，他就將兩家新保險公司的股票和債券投資組合，從三千二百萬美元增加到將近四千二百萬美元。同時，保險公司本身也表現良好。僅僅在一年時間，國家償金公司的淨收入就從一百六十萬美元增加到二百二十萬美元。

為了理解這種優異表現，我們必須認清擁有保險公司的真正價值。保險公司有時候是很好的投資，但有時候不是。然而，它們是很棒的投資**工具**。投保人透過支付保費，可以為公司提供持續的現金流，這稱為浮存金。正如巴菲特所解釋的：

> 我們被產物保險公司吸引的一個原因是它的財務特徵。產物保險公司會預收到保費，然後才支付理賠金。這種現在收款，稍後付款的模式，讓產物保險公司可以持有大筆資金——我們稱為「浮存金」的錢，最後也會流向其他人身上。但在這段期間，保險公司可以為自己的利益而運用這筆浮存金去投資。
>
> 如果我們收到的保費超過我們的費用和最終損失總額，我們就得到了承保利潤，並增加了浮存金產生的投資收入。賺到這種利潤時，我們就可以享受免費資金的使用，更棒的是，因為持有它而得到**報酬**。[153]

保險公司根據自己的最佳預估，每年會預留現金和短期國庫券，來支付理賠金，並將其餘部分用來投資。因為很少公司能夠明確知道何時需要支付理賠金，為了給自己提供高度的流動性，大多數的公司會選擇投資有價證券，主要是股票和債券。因此，巴菲特不只是收購了兩家健全的保險公司，也是一個可以管理投資的強大工具。在接下來的十年裡，巴菲特又買了另外三家保險公司，而且又組織了另外五家。他沒有放慢速度，直到二〇二三年，波克夏總共擁有十三家不同的保險公司，包括阿勒格尼（Alleghany Corporation）、通用再保險公司（General Re）和蓋可。

多年來，巴菲特購買普通股已經成為一部分的波克夏傳奇。有成功，也有失敗，但毫不意外的是，巴菲特的安打數遠多於三振數，同時也打出了一些全壘打。每一項投資的背後都有一個獨特的故事。一九七三年收購華盛頓郵報公司（Washington Post Company）與一九八○年收購蓋可大不相同。一九八五年對首都公司（Cap Cities）公司的五・一七億美元投資，反過來幫助湯姆・墨菲得以收購美國廣播公司，也與巴菲特對可口可樂公司（Coca-Cola Company）的十億美元投資不同。

這四家公司的一致特徵就是，波克夏對每一家公司都獲得了永久控股地位，這是一種「至死不離」的態度，這也讓這些投資與波克夏所控制的公司具有一樣的重要性。除了持有這些出色的普通股，我們還將檢視可能會被歷史記載為巴菲特最了不起的投資：以三百六十億美元購買全球公司市值最大的股票，即蘋果五・九%的股份，現在價值一千六百二十億美元，大約占波克夏總市值的二○%。

對於希望更完整理解巴菲特想法的人來說，購買這五家公司的普通股有一個非常重要的特徵。它們讓我們能夠觀察巴菲特所秉持的業務、管理、財務和價值法則。在購買的時候，這些公司中的每一家都擁有適合買進的屬性。正是這些屬性值得我們去研究。

華盛頓郵報公司

一九三一年，《華盛頓郵報》是美國首府爭奪讀者的五家日報之一。但在兩年後，華盛頓郵報公司就無法支付印刷費用，而處於破產管理狀態。那年夏天，為了滿足債權人的需求，公司在拍賣會上被賣掉。百萬富翁金融家尤金・梅爾（Eugene Meyer）以八十二萬五千美元的價格買下了《華盛頓郵報》。在接下來的二十年裡，他一直支持該報的營運，直到獲利。後來報紙的經營交給了菲利普・葛蘭姆（Philip Graham），他是一位受過哈佛教育的傑出律師，他娶了梅爾的女兒凱瑟琳（Katharine）。一九五四年，葛蘭姆說服梅爾買下競爭對手《時代先鋒報》（*Times-Herald*）。後來，葛蘭姆在一九六三年不幸自殺之前，還買了《新聞週刊》（*Newsweek*）雜誌和兩家電視台。菲利普・葛蘭姆將《華盛頓郵報》轉型為一家媒體和通訊公司。

葛蘭姆去世後，《華盛頓郵報》的控制權移交給了凱瑟琳・葛蘭姆。雖然她在管理大公司方面沒有經驗，但是直接面對困難的商業問題，使她很快建立了名聲。凱瑟琳的成功很大程度歸功於她對華盛頓郵報公司的真愛。[154]她觀察到她的父親和丈夫如何努力保持公司的活力，她意識到，要取得成功，公司需要的是一位決策者，而不是看管人。她說：「我很快就了解到事情不會停滯不前。你必須做出決定。」[155]因此她做出了兩項對報紙產生重大影響的決定：聘請班恩・布萊德利（Ben Bradlee）擔任總編輯，並邀請巴菲特擔任公司董事。布萊德利鼓勵凱瑟琳刊登五角大樓的檔案，並進行水門事件的調查報導，這為《華盛頓郵報》贏得了普立茲獲獎期刊的聲譽。而巴菲特這部分則教導了凱瑟琳如何經營一家成功的公司。

巴菲特第一次見到凱瑟琳是在一九七一年。當時，他手上擁有《紐約客》（*New Yorker*）的股票。當他聽說這本雜誌可能要出售，就問凱瑟琳《華盛頓郵報》是否有興趣買下。雖然這筆交易沒有成交，但巴菲特對《華盛頓郵報》的發行人留下非常深刻的印象。

大約就在那個時候，《華盛頓郵報》的財務結構正在發生重大的變化。根據尤金和艾格尼絲・梅爾（Agnes Meyer）設立的信託條款，凱瑟琳和菲利普・葛蘭姆擁有華盛頓郵報公司所有的有投票權股票。菲利普去世後，凱瑟琳繼承了公司的控制權。多年來，尤金・梅爾對數百名員工贈送了他個人的數千股郵報股票，以感謝他們的忠誠和服務。他還用自己的私人股票資助了公司的分紅計畫。隨著公司的蓬勃發展，《華盛頓郵報》的價值從一九五〇年代的每股五十美元，飆升到一九七一年的一千一百五十四美元。為了分紅計畫和員工個人持股需求，公司必須為這些股票維持一個可以交易的市場，但是這種安排就無法妥善地運用公司的現金。此外，葛蘭姆和梅爾家族也面臨著高額的遺產稅。如果擁有公開交易的股票，就可以幫助到公司、員工及其創始家族。

一九七一年，凱瑟琳決定將《華盛頓郵報》上市，藉此放下維持自家股票市場的責任，並使兩家的繼承人能夠對遺產做更有利的規畫。華盛頓郵報公司把股票分為兩類。A類普通股可以選出董事會的大多數席位，B類則選出少數席位。凱瑟琳持有五〇%的A類股票，因此能有效控制公司。一九七一年六月，華盛頓郵報公司發行了一百三十五・四萬股的B類股票。值得注意的是，兩天後，儘管面對政府威脅，凱瑟琳仍然同意布萊德利刊登五角大廈的檔案。一九七二年，A類和B類股票的價格穩步攀升，從一月的二十四・七五美元一路上漲，升到十二月的三十八美元。

然而，華爾街的氣氛轉為低迷。一九七三年初，道瓊工業平均指數開始下滑。到了春天，道瓊指數下跌了一百多點，來到九百二十一點。華盛頓郵報公司的股價也跟著應聲下跌。到了五月，股票已經跌到剩二十三美元。華爾街經紀人對IBM公司議論紛紛，因為該股已經下跌超過六十九點，跌破了它的二百天移動平均線。他們發出警告說，技術性崩盤對市場其他部分來說是一個不好的預兆。就在同一個月，黃金上漲到每盎司一百美元，美國聯準會（Federal Reserve）也將折現率提高到六％，道瓊指數又下跌了十八點，這是它三年來的最大跌幅。到了六月，折現率再次升高，道瓊指數進一步暴跌，跌破九百點大關。其實一直以來，巴菲特一直在悄悄地買《華盛頓郵報》的股票。到了六月，他以二十二．七五美元的平均價格，買進了四十六萬七千一百五十股，總價值一千零六十二萬八千美元。

一開始，凱瑟琳感到非常緊張。即使沒有公司控制權，但一個非家庭成員的外人擁有這麼多華盛頓郵報公司的股票，這個想法實在令她深感不安。巴菲特對凱瑟琳保證，波克夏的收購純粹是為了投資。為了讓她放心，他提議委託凱瑟琳的兒子唐．葛蘭姆（Don Graham）成為波克夏股權的投票代理人。唐於一九六六年以優異的成績從哈佛大學畢業，主修英語和文學。他是哈佛大學學生報《深紅報》（*Crimson*）的編輯。一九七一年，唐加入《華盛頓郵報》，擔任都會地區記者。後來，他在《新聞週刊》擔任記者十個月，然後於一九七四年回到《華盛頓郵報》，成為體育版助理總編輯。巴菲特願意讓唐控制他的《華盛頓郵報》股票，讓凱瑟琳終於放下心來。她的回應方式就是邀請巴菲特加入董事會，並很快任命他為財務委員會主席。

巴菲特在《華盛頓郵報》的角色廣為人知。在一九七〇年代的記者罷工期間，他幫助凱瑟琳度過難關；他還輔導唐一些商業技巧，幫助他了解管理的作用及其對股東的責任。反過來，唐也是個求知若渴的學生，他認真聆聽巴菲特所告誡的一切。多年後，作為華盛頓郵報公司的執行長，唐承諾：「會繼續為股東的利益管理公司，特別是看得比季度甚至年度績效更長遠的長期股東。」他也發誓要永遠「嚴格管理成本」和「非常有紀律地使用現金」。[156]巴菲特的商業教導的確產生了影響。

業務法則：簡單易懂

巴菲特的祖父曾經擁有並主編內布拉斯加州西點市的一份週報，《庫民郡民主黨報》（*Cuming County Democrat*）。他的祖母也在報社幫忙，還在家裡的印刷店幫忙排版。他的父親在內布拉斯加大學就讀時就編輯了《內布拉斯加日報》（*Daily Nebraskan*）。巴菲特本人也曾經是《林肯日報》（*Lincoln Journal*）的發行經理。有人認為，如果巴菲特沒有開始商業投資生涯，他可能會從事新聞事業。

一九六九年，巴菲特買了他的第一份報紙《奧馬哈太陽報》（*Omaha Sun*）以及幾家週報。儘管巴菲特尊重高品質的新聞，但他首先將報紙視為一種生意。對一個報紙老闆的報酬，他期望的是利潤，而不是影響力。擁有《奧馬哈太陽報》，教他掌握了一家報社的動態。在購買華盛頓郵報公司的第一份股份之前，他已經有四年擁有報社的親身經驗。

業務法則：一致的經營歷史

巴菲特告訴波克夏的股東，他與華盛頓郵報公司的第一次財務接觸是在十三歲時。當他的父親在國會任職時，他就是送《華盛頓郵報》和《時代先鋒報》的報童。巴菲特喜歡提醒其他人，早在菲利普收購《時代先鋒報》之前，透過他的送報路線，他就已經把這兩份報紙合併在一起送了。

巴菲特顯然知道這家報社的豐富歷史，他也認為，《新聞週刊》雜誌是一個可預測的生意。華盛頓郵報公司多年來一直提到其廣播部門的出色表現，因此巴菲特很快就了解到了該公司電視台的價值。巴菲特對這家公司的個人經驗，以及他自己擁有報紙的成功歷史，使他相信，華盛頓郵報公司是一家商業表現一致而可靠的公司。

業務法則：長期前景看好

巴菲特在一九八四年寫道：「一家占據主流地位的報紙，經濟表現會非常出色，可以歸於世界上經濟表現最好的一類。」[157] 值得注意的是：巴菲特是在眾人認知到網際網路的潛力，以及其對包括報紙在內的媒體業充分展現影響力的整整十年前說出這番話。

一九八〇年代初，美國有一千七百家報紙，其中大約有一千六百家是在沒有任何直接競爭的情況下經營的。巴菲特指出，報社老闆喜歡相信，他們每年賺取的超額利潤是因為他們報紙的新聞品質。但巴菲特解釋說，事實是，即使是三流報紙，如果是鎮上唯一的報紙，也能產生足夠的利潤。他說，優質的報紙確實會達到更高的滲透率，但因為有廣告欄的吸引力，即使是平庸的報紙對社群來說也非常重要。鎮上的每一家公司、每一個房屋銷售商，以及每一個想向社群傳達資訊的人，都需要報紙的發行才能達成目的。與加拿大媒體企業家湯姆森勳爵（Lord Thomson）一樣，巴菲特認為，擁有一份報紙就像對鎮上想做廣告的每一家公司收取使用費。

除了特許的經營性質之外，報紙還擁有寶貴的經濟商譽。報紙的價值會大於公司的帳面價值，即其硬資產。

報紙的資本需求較低，因此很容易可以將銷售轉化為利潤。即使報紙安裝了昂貴的電腦輔助印刷機和編輯部電子控稿系統，也很快就能從降低固定的人資成本補回來。在一九七〇年代和八〇年代初，在惡性通貨膨脹時期，報紙能夠輕鬆提高價格，從而產生高於平均水準的投入資本報酬率。

價值法則：確定公司的價值

一九七三年，華盛頓郵報公司的總市值為八千萬美元。但巴菲特指出：「大多數的證券分析師、媒體仲介員和媒體高階主管，都把華盛頓郵報公司的內在價值估計為四億至五億美元。」[158]巴菲特是如何估算出來的？讓我們用巴菲特的推理方式來瀏覽這些數字。

我們從當年的業主盈餘開始計算：淨收入（一千三百三十萬美元）加上折舊和攤提（三千七百萬美元）減去資本支出（六百六十萬美元），就得到當年的業主盈餘為一千零四十萬美元。如果我們把這些盈餘除以美國政府長期公債的殖利率（六・八一％），華盛頓郵報公司的價值將達到一．五億美元，幾乎是該公司市場價值的兩倍，但遠低於巴菲特的估計。

巴菲特告訴我們，隨著時間的推移，報紙的資本支出將等於折舊和攤提費用，因此淨收入應該會接近業主盈餘。了解這一點之後，我們就可以直接將淨收入除以零風險利率（定義為十年期美國債券殖利率），於是現在的估值就達到一．九六億美元。

如果我們就此打住，就是假設業主盈餘的增加將會等於通貨膨脹的上升。但我們知道，報紙擁有超乎尋常的定價能力；因為大多數的報紙都是當地社群中的壟斷者，他們能以高於通貨膨脹的速度提高價格。如果我們做最後一個假設：《華盛頓郵報》有能力將實際價格提高三％，那麼該公司的價值就會接近三．五億美元。巴菲特還知道，該公司一〇％的稅前毛利率其實遠低於其一五％的歷史平均獲利率，而且他知道凱瑟琳決心讓華盛頓郵報公司再次達到這些獲利率。如果稅前毛利率提高到一五％，公司的現值會再增加一．三五億美元，整個公司的內在價值將會達到四．八五億美元。

價值法則：以吸引人的價格買進

即使是對這家公司的價值做最保守的估算也顯示，巴菲特以至少一半的內在價值收購了華盛頓郵報公司。他表示，他是以不到該公司價值四分之一的價格收購了該公司。無論如何，他顯然是以當時市場價值的大幅折扣收購了該公司。因此，巴菲特謹遵葛拉漢的買股前提，即用折扣價格購買以創造安全邊際。

財務法則：股東權益報酬率

巴菲特購買《華盛頓郵報》的股票時，它的股東權益報酬率是一五．七％。這是大多數報紙的平均報酬率，僅略高於標準普爾五百指數。但在五年內，華盛頓郵報公司的報酬率就翻了一番，是標準普爾五百指數的兩倍，且比一般的報紙高了五〇％。在接下來的十年裡，《華盛頓郵報》保持其優勢地位，並在一九八八年達到了三六％的股東權益報酬率高點。

當我們觀察到，該公司隨著時間逐步減少債務時，這些高於平均水準的報酬率就更了不起了。一九七三年，長期債務與股東權益的比率為三七％，是報業類股的第二高。令人驚訝的是，到了一九七八年，凱瑟琳把公司的債務減少了七〇％。一九八三年，長期債務只占股權的二．七％，是報業類股平均水準的十分之一，且華盛頓郵報公司的股東權益報酬率還比這些公司高出一〇％。一九八六年，在投資行動電話系統並購買首都公司的五十三家有線電視系統後，該公司的債務高達三．三六億美元，一反常態地高。但在一年內，債務就減到一．五五億美元。到了一九九二年，長期債務剩下五千一百萬美元，公司的長期債務占股東權益的五．五％，而報業的平均為四二．七％。

財務法則：獲利率

華盛頓郵報公司上市六個月後，凱瑟琳會見了華爾街的證券分析師，並告訴他們，第一個任務就是為公司的營運創造最大利潤。電視台和《新聞週刊》的利潤持續上升，報紙的獲利能力卻趨於疲乏。凱瑟琳說，主要原因是生產成本高，即員工薪資。華盛頓郵報公司購買

《時代先鋒報》之後，銷售量激增。然而，每一次工會罷工（一九四九年、一九五八年、一九六六年、一九六八年、一九六九年）時，管理階層不願冒著關閉報紙的風險，都選擇滿足他們的要求。在這段期間，華盛頓特區仍然是一個擁有三家報紙的小鎮。在整個一九五〇年代和六〇年代，薪資成本的增加抑制了利潤。凱瑟琳告訴分析師，這個問題一定會解決。

隨著工會合約在一九七〇年代開始到期，凱瑟琳收編了姿態強硬的勞工談判代表。一九七四年，公司平息了一場由報紙公會（Newspaper Guild）發起的罷工，並在經過漫長的談判之後，印刷工人接受了一份新合約。凱瑟琳的堅定立場在一九七五年的罷工中面臨到緊要關頭。這次的罷工行動充滿痛苦與暴力。記者在罷工前就大肆破壞了新聞編輯室，因此失去了大眾的同情。管理階層親自到印刷廠工作，公會和印刷工會成員也不顧罷工工人的攔阻而繼續工作。四個月後，凱瑟琳宣布，該報要招聘非工會的新聞記者。公司贏了。

一九七〇年代初，金融媒體寫道：「關於華盛頓郵報公司的經營績效，最好的評價就是，該公司在獲利能力方面拿到勉強過關的『紳士等級C』[159]評等。」[160]一九七三年的稅前毛利率為一〇．八%，遠低於該公司一九六〇年代的歷史平均一五%。在順利重新談判工會合約之後，華盛頓郵報公司的命運就改善了。一九八八年，稅前毛利率達到三一．八%的高點，遠高於報業類股平均水準一六．九%，以及標準普爾工業平均指數的八．六%。

管理法則：理性的管理

華盛頓郵報公司為股東創造了可觀的現金流量。由於它賺到的現金比轉投資於主要業務的資金更多，管理階層面臨兩個選擇：將錢返還給股東，和／或將現金投資於新的機會。巴菲特偏好讓公司把多餘的現金還給股東。在凱瑟琳擔任董事長期間，華盛頓郵報公司是報業中第一家大量回購自家公司股票的公司。一九七五年至一九九一年期間，該公司以平均每股六十美元的價格，回購了令人矚目的四三％流通股。

公司也可以選擇以增加股息的方式，把錢還給股東。一九九〇年，面對大量的現金儲備，華盛頓郵報公司投票決定，將股東的年度股息從每股一・八四美元提高到四美元，增加了一一七％。

財務法則：一美元的前提

巴菲特選擇的標的是，能夠將每一美元的保留盈餘轉化成至少一美元市場價值的公司，因此特別偏好超過一美元市場價值的公司。這個測試方式可以很快找出經理人能以最佳方式投資公司資本的公司。如果把保留盈餘投資在自家公司身上，而且能產生高於平均水準的報酬，高於資金成本的報酬，那麼也會看到公司市場價值成比例上漲的證據。

從一九七三年到一九九二年，華盛頓郵報公司為股東賺了十七・五五億美元。從這些盈餘中，公司還了股東二・九九億美元，並保留了十四・五六億美元對公司進行再投資。一九七三年，華盛頓郵報公司的總市值為八千萬美元。到了一九九二年，市值已經成長為二十六・三億美元。在這二十年裡，公司每一美元的保留盈餘，就為股東創造一・七五美元的市場價值。

儘管如此，還有另一種方法可以判斷，在凱瑟琳的領導下，華盛頓郵報公司有多成功。威廉・索恩戴克（William Thorndike）在見解獨到的《為股東創造財富》（*The Outsiders*）一書中，讓我們對這家公司及其執行長的實際表現有了最好的理解。

「這家公司從一九七一年首次公開募股，到一九九三年凱瑟琳辭去董事長職務，為股東創造的複合年均報酬率為二二・三％，遠遠勝過標準普爾（七・四％）和同業（一二・四％）的表現。在首次公開募股時投資的一美元，到她退休時的價值是八十九美元，而標準普爾為五美元，同業則為十四美元。凱瑟琳的表現是標準普爾的**十八倍**，是同業的**六倍多**。在她二十二年的領導時間裡，她簡直就是全國最好的報社高階主管，而且遙遙領先。」[161]

一九九〇年代初，巴菲特做出推論，包括報紙在內的媒體公司，注定會比任何人預期的更沒有價值。因為廣告商已經找到了更便宜的方式來接觸客戶：有線電視、直接郵寄、報紙夾頁，以及最重要的網際網路。

巴菲特說：「事實上，報紙、電視和雜誌公司在經濟行為上開始變得更像**商業機構**，而不像**擁有特許經營性質**。」擁有特許經營性質的公司本身要擁有市場想要而且需求量大的產品或服務，最重要的是，沒有相近的替代品。但這個情況現在已經改變了，特別是隨著有線電視和網際網路的出現之後。「關於要去哪裡找到資訊和娛樂，消費者享有極大的選擇。」巴菲特說：「遺憾的是，我們無法以擴大需求來因應這一波新的供應者：美國可用的還是只有五億顆眼球和每天的二十四小時。因此，競爭加劇，市場變得破碎，媒體已經失去了某些特許經營性質的優勢。」[162]

媒體業的世俗變化也降低了報紙的收入，這反過來又降低了這些公司的內在價值。許多地區性的報紙倒閉了。大量的合併以組成更有效率的組織，有助於抵消獲利能力的下降。然而，《華盛頓郵報》的表現比大多數的媒體公司優異。首先，巴菲特解釋說，華盛頓郵報公司擁有的四億美元現金完全可以抵銷掉適度的長期債務（五千萬美元）。《華盛頓郵報》是唯一一家基本上沒有債務的上市報紙。因此，與其他公司相比，它的內在價值的下降是溫和的，因為其資產並未因債務負擔而受到損害。

二十年後，二〇一三年，亞馬遜的創辦人傑夫．貝佐斯（Jeff Bezos）以二．五億美元收購了《華盛頓郵報》，這個價格曾經是令人無法想像的。華盛頓郵報公司剩下的包括七家電視台、有線電視和高等教育公司卡普蘭（Kaplan）。殘餘的企業則更名為葛蘭姆控股公司（Graham Holdings Company）。

二〇一四年，連同葛蘭姆控股公司持有的現金和波克夏公司股票，包括二千一百零七股A類股票和一千二百七十八股B類股票，巴菲特將其在葛蘭姆控股公司剩餘的十一億美元投資，換成了佛羅里達州邁阿密的一家電視台（併入BH媒體集團），從此結束了與《華盛頓郵報》長達四十一年的合作關係。

儘管華盛頓郵報公司的內在價值二十年來一直在穩步下降，主要是因為《華盛頓郵報》的價值下降，但事實證明波克夏的投資是增值的。

波克夏在《華盛頓郵報》的投資總額從一千一百萬美元開始，直到以十一億美元兌現退出，整體的報酬率是多少？答案是九九〇〇％，複合年均成長率為一一．八九％。同期標準普爾五百指數的總報酬率是多少？答案是七二二八％（股息再投資），複合年均成長率為一一・〇三％。換句話說，在波克夏擁有華盛頓郵報公司的同期內，對標準普爾五百指數進行一千一百萬美元的投資，將得到八・〇三億美元的回報。巴菲特用他的華盛頓郵報公司股票贏過標準普爾五百指數將近三億美元。

蓋可

蓋可是由保險會計師利奧・葛德溫（Leo Goodwin）於一九三六年創立的保險公司。他設想的公司是只為風險紀錄優良的司機投保，並直接透過郵寄的方式銷售保險。因為他發現，政府雇員族群的事故比一般大眾少。他還知道，直接向司機出售保單，就可以省掉保單銷售代理人相關的管理費用，通常是每一美元保費的一〇％至二五％。葛德溫認為，如果他能篩選出謹慎的駕駛者，然後直接簽發保單省下資金，他就擁有了成功的祕訣。

葛德溫邀請了德克薩斯州沃斯堡的銀行家克里夫斯・瑞亞（Cleaves Rhea）合夥。葛德溫投資了二萬五千美元並擁有該公司二五％的股份；瑞亞投資了七萬五千美元，並獲得了七五％的股份。一九四八年，公司從德州搬到華盛頓特區。那一年，瑞亞家族決定賣掉該公司的股份，瑞亞聘請巴爾的摩債券銷售員洛瑞默・戴維森（Lorimer Davidson）來幫忙處理銷售事宜。戴維森接著請華盛頓特區的律師大衛・克里格（David Kreeger）幫他尋找買家，克里格因此找上了葛拉漢紐曼公司。葛拉漢決定以七十二萬美元購買瑞亞一半的股票；克里格和戴維森在巴爾的摩的同事買了另一半。由於葛拉漢紐曼是一家投資基金公司，美國證券交易委員會限制葛拉漢紐曼的持股比例為該公司的一〇％，因此葛拉漢必須將蓋可的股票分配給基金公司的合夥人。多年後，當蓋可成為一家價值十億美元的公司時，葛拉漢的個人持股價值也達到數百萬美元。

葛拉漢個人為什麼擁有蓋可的股票，一直是一個謎，因為蓋可並沒有通過他在《有價證券分析》中所鼓吹的「不要虧損」原則的測試。關於這個主題的文章不多。最合乎邏輯的解釋是，葛拉漢當然理解並意識到擁有蓋可的潛在回報。然而，分析保險公司的複雜性是困難的，因為管理決策對成功至關重要，葛拉漢知道，以高於帳面價值出售且本益比較高的股票，可能會導致虧損。他只買低於帳面價值的低本益比股票，這個法則是一種簡單的方法，不需要分析，也不需要預測公司的長期前景。此外，他在《有價證券分析》中所描述用來選股的數學方法，既聰明又簡單，非常受到投資人的歡迎。

後來，葛德溫邀請戴維森加入蓋可的管理團隊。一九五八年，戴維森成為董事會主席，並領導公司直到一九七〇年。在這段期間，董事會擴大了汽車保險人的資格，納入了專業、管理、技術和行政人員。蓋可的車險市場占有率也從原來的一五％，成長到五〇％。新策略奏效，承保利潤也跟著飆升。

這段時期是公司的黃金年代。一九六〇年代，政府的保險監理機構對蓋可的成功故事深深著迷，而股東則開心地看著股價攀升。公司的保費盈餘比（premium-to-surplus ratio）超過五：一。這個數字衡量的是公司承擔的風險（承保保費）與保單持有人盈餘（用於支付索賠的資本）的比較。由於監管機構認為該公司很了不起，特別允許它超過行業的平均水平。

然而，到一九六〇年代末，蓋可的運氣開始走向黯淡。一開始很少人注意到，然後就忽然迸出令人震驚的訊息。一九六九年，該公司報告稱，該年的準備金低估了一千萬美元。這家公司實際上沒有賺到二百五十萬美元，而是出現了虧損。公司於隔年對收入進行調整，但又再次低估了準備金，這次低估了二千五百萬美元，換句話說，一九七〇年的承銷利潤出現了重大的損失。

一九七〇年，戴維森退休，由華盛頓律師大衛・克里格接任主席。管理公司的責任則由曾經擔任過董事長兼執行長的諾曼・吉登（Norman Gidden）負責。接下來發生的事情顯示，該公司很努力想擺脫一九六九年和一九七〇年的準備金爛攤子。在一九七〇年至一九七四年期間，新汽車保單的數量以每年一一％的速度成長，相對於一九六五年至一九七〇年，平均成長率只有七％。此外，該公司開始了一項花費龐大又極具企圖心的分散布局計畫，需要在房地產、電腦設備和人事方面進行大量投資。

到了一九七三年，該公司面臨激烈的競爭，只好降低承保標準以擴大市場占有率。現在，蓋可的駕駛人第一次包括了藍領工人和二十一歲以下的駕駛人，但這兩個族群的事故紀錄都很不穩定。公司擴張計畫和為更多駕駛人提供保險的計畫，這兩個策略推動時剛好又遇上美國取消價格的控制。此後不久，汽車維修和醫療費用激增。一九七四年，承保虧損跟著激增。

一九七二年，蓋可的股價達到了六十一美元的歷史新高。一九七三年，股價下跌了一半，一九七四年落到剩十美元。一九七五年，公司宣布的預期虧損更嚴重，而且還要取消〇・八美元的股息，股價應聲下跌到七美元。

一九七六年三月，在蓋可年會上，吉登承認，另一位高階主管應該可以把公司的問題處理得更好。他也宣布，公司董事會已經任命一個負責物色新掌舵者的委員會。但公司的股價仍然持續走跌，這時只剩下五美元，而且還在下跌中。[164]

一九七六年年會之後，蓋可宣布，旅行者公司（Travelers Corporation）四十三歲的行銷主管約翰・伯恩（John J. Byrne），將出任新任董事長。伯恩被任命後不久，公司宣布發行七千六百萬美元的可轉換特別股，以支撐其資本。但股東已經不抱希望，股票繼續探底到每股只剩二美元。

在這段期間，當蓋可的股票價格暴跌時，巴菲特正不動聲色地堅定買進股票。還在公司瀕臨破產之際，投資了四百一十萬美元，以平均三・一八美元的價格，買到了一百二十九萬四千三百零八股。

業務法則：簡單易懂

巴菲特在一九五〇年進入哥倫比亞大學就讀時，他的老師葛拉漢就是蓋可的董事。受到好奇心的驅使，巴菲特在某個週末特地坐火車去華盛頓特區參觀公司。那是一個週六的早上，他敲了敲公司的前門，一名守衛讓他進門，並把他帶到當天辦公室裡唯一的高階主管戴維森的身邊。巴菲特向他提出了很多問題，在接下來的五個小時裡，戴維森對他的年輕訪客說明了蓋可的特點。如果費雪在場，也一定會覺得這家公司很了不起。

後來，在巴菲特回到奧馬哈他父親的經紀公司時，他推薦該公司的客戶購買蓋可。他自己也投資了一萬美元買進蓋可股票，約占他淨資產的三分之二。許多投資人拒絕了他的建議。甚至連奧馬哈的保險代理人也向霍華德·巴菲特抱怨，說他的兒子竟然在推銷一家「無代理人」的保險公司。沮喪的巴菲特在一年後以五〇%的利潤，賣掉了他的蓋可股票，直到一九七六年他為波克夏買股票時，才再次購買該公司的股票。

不過，巴菲特毫不畏懼地繼續向客戶推薦保險股。他以相當於盈餘的三倍，買了堪城人壽（Kansas City Life）。接著，他又將麻州產物與人壽保險公司（Massachusetts Indemnity & Life Insurance Company）新增到波克夏的證券投資組合中。後來，在波克夏於一九六七年收購國家償金公司之後，國家償金公司執行長林瓦特教巴菲特了解了經營保險公司的獲利機制。比起其他任何經歷，這段經驗更能幫助巴菲特了解保險公司究竟如何賺錢。因此，即使蓋可的財務狀況不穩定，巴菲特還是很有信心地買下該公司。

除了波克夏在一九七六年投資了蓋可普通股的四百一十萬美元之外，巴菲特還在其可轉換特別股中投資了一千九百四十萬美元，為該公司籌了額外的資金。兩年後，波克夏將這些特別股轉換為普通股；一九八〇年，巴菲特將波克夏另外的一千九百萬美元投資到該公司。一九七六年到一九八〇年之間，波克夏總共投資了四千七百萬美元，以平均每股六·六七美元的價格，買進了蓋可的七百二十萬股。截至一九八〇年，這些投資增值了一二三%，價值

一．〇五億美元，已經成為波克夏最大的普通股持有部位。

業務法則：一致的經營歷史

看到巴菲特的做法，我們的第一反應可能會認為，巴菲特違反了他的一致性原則。蓋可在一九七五年和一九七六年的營運表現，很顯然是不穩定的。當伯恩成為公司的董事長時，他的工作就是要讓公司轉虧為盈，但巴菲特也知道，很少公司能夠成功扭轉局面。那麼，我們要如何解釋波克夏買進蓋可的行為？

在一九八〇年的波克夏年報中，巴菲特解釋了他的理由：「我們在過去的報告中寫到，購買和經營『轉虧為盈』的企業通常會帶來失望。多年來，無論是作為參與者還是觀察者，我們研究了數十個行業中數百個轉虧為盈的可能機會，我們根據預期追蹤了績效。我們的結論是，除了極少數的例外，當一個有卓越才幹風評的管理團隊在處理一家基本財務風評糟糕的公司時，公司的風評不會改變。」[165]

巴菲特繼續說：「蓋可似乎就是一個例外，它在一九七六年從破產邊緣轉虧為盈了。確實，想要東山再起，它需要管理才能，伯恩在當年到任時，就提供了豐沛的管理效能。儘管公司陷入了一大堆的財務和營運麻煩，但蓋可具有的基本優勢，也就是讓公司在之前取得驚人成就的優勢，在公司內部仍然完好無損，這也是事實。」[166]

巴菲特提醒波克夏的股東：「在龐大的市場（汽車保險）中，充斥著行銷結構調整有限的公司，蓋可的公司設計本身可以靠低成本來營運。按照公司的設計經營，就可以為客戶提供不凡的價值，同時為公司賺到不凡的回報。幾十年來，它一直以這種方式經營。它在七〇年代中期遇到的麻煩，並不是因為這種基本經濟優勢有任何減少或消失而發生的。」[167]

然後巴菲特提出了一個有趣的類比。巴菲特表示：「蓋可當時的問題，使其陷入了類似一九六四年美國運通公司在沙拉油醜聞之後的處境。」我們在第一章提過，巴菲特當時對美國運通進行了大膽的押注，投資了巴菲特有限合夥公司二五％的資產。巴菲特認為，幾乎使公司破產的沙拉油醜聞，對美國運通信用卡的特許經營性質或美國運通旅行支票的銷售，並沒有造成任何影響。一旦沙拉油醜聞相關的經濟處罰所衍生的後果過去之後，該公司將恢復其優異的投資表現。它也確實做到了，其股價在兩年內翻了三倍，並為合夥公司帶來了二千萬美元的獲利。巴菲特進一步解釋：「〔美國運通和蓋可〕都是獨一無二的公司，雖然暫時受到財務打擊的影響，但財務打擊並沒有摧毀它們卓越的基礎經濟。蓋可和美國運通公司的情況，就像是患有局部可切除癌症（當然需要熟練的外科醫生）的特殊商業特許經營事業，應該與真正需要『轉虧為盈』的情況區分開來，在這種情況下，經理人是期望並需要完成一個類似畢馬龍（Pygmalion）[168]企業版的變革。」[169]

對巴菲特來說，重要的是，蓋可不是癌症末期，只是受創而已。其提供低成本無代理保險的特許經營事業本身，依舊完好無損。此外，在市場上，仍然有其他安全開車的駕駛人，他們的投保費率還是可以為公司提供利潤。就價格來說，蓋可會一直擊敗競爭對手。幾十年來，透過這種競爭優勢，蓋可為股東創造了可觀的利潤。

業務法則：長期前景看好

只要有汽車、摩托車、船舶和房屋，個人就需要保單。雖然保險是一種商品產品，與其他保險產品沒有區別，但巴菲特提醒我們，如果商品業務具有可持續又廣泛的成本優勢，作為低成本的供應商是可以賺錢的。這種描述非常符合蓋可的情況。我們也知道，商品業務的管理是一個非常重要的變數。自波克夏收購以來，蓋可的領導階層也證明了他們的作為也具有競爭優勢。

管理法則：誠實的管理階層

伯恩在一九七六年接管蓋可時，他說服了保險監管機構和競爭對手，如果蓋可破產，對整個行業都是一件壞事。他挽救公司的計畫包括募集資本，將公司的部分業務取得其他公司的再保險合約，並大幅削減成本。伯恩把這個計畫稱為「自救行動」，是一個要讓公司恢復獲利能力的戰鬥計畫。

在他上任的第一年，伯恩裁撤了一百個辦事處，將員工人數從七千人減少到四千人，並歸還了公司在紐澤西州和麻薩諸塞州銷售保險的許可證。伯恩告訴紐澤西州的監管機構，他不會續簽二十五萬份保單，因為這些保單每年造成公司三千萬美元的損失。接下來，他廢除了電腦化系統，這套系統的功能是讓投保人能夠在不提供更新資訊的情況下續保。當伯恩獲得這些新資訊時發現，公司的續保單價格竟然低估了九％。當公司重新定價時，有四十萬個保單持有人決定終止保險。總的來說，伯恩的行動使投保人數從二百七十萬減少到一百五十萬，該公司也從一九七五年的全美第十八大保險公司掉到一年後的第三十一位。儘管保戶減少，但在一九七六年虧損一‧二六億美元之後，蓋可在一九七七年，也就是伯恩負責經營的第一個完整年度，就從四‧六三億美元的營收中賺到了了不起的五千八百六十萬美元。

蓋可能夠大幅恢復元氣，很顯然是伯恩積極作為的成果，他對公司開支的堅定紀律，維持了公司很多年的經濟表現。伯恩告訴股東，公司必須回歸它的第一原則，就是作為低成本的保險供應商。他的報告詳細說明了該公司如何持續降低成本。即使是在一九八一年，當時蓋可是汽車保險的第七大承銷商，伯恩仍與另外兩位高階主管共用一位祕書。他也非常自豪公司每位員工負責的保單服務，從幾年前的二百五十張，提高到現在的三百七十八張保單。在努力轉虧為盈期間，他一直是一個偉大的激勵者。巴菲特說：「伯恩就像一個雞農，他把鴕鳥蛋滾進雞舍，然後告訴母雞：『女士們，這就是競爭對手生的蛋。』」[170]

多年來，伯恩會很高興地向股東報告公司的順利進展。但他對壞消息也一樣坦誠以告。一九八五年，該公司因為承銷虧損而暫時跌了一跤。在公司給股東的第一季度報告中，伯恩說：「公司遇到困境時的狀況，就像飛行員告訴乘客：『壞消息是，我們迷路了。但好消息是，我們現在進展順利。』」[171]公司很快就重新站穩腳跟，並在隔年公布了獲利的承保績效。同樣重要的是，該公司也因為對股東坦誠，而贏得了聲譽。

管理法則：理性的管理

多年來，伯恩展現了管理蓋可資產的理性行為。在他接手後，就將公司定位為以追求控制成長為目標。伯恩認為，比起以兩倍的速度成長卻在財務上失控，以較慢的速度成長並能仔細監控損失和支出，公司更能夠獲利。即使如此，這種控制成長的作法持續為公司帶來超額回報，而公司如何運用這些現金就是一種理性的標誌。

從一九八三年開始，由於公司無法把多餘的現金投資在可以創造高報酬的機會上，因此決定將這筆錢退還給股東。一九八三年至一九九二年間，蓋可回購了三千萬股的股票，使該公司的流通普通股總額減少了三〇％。除了回購股票，公司還開始增加支付給股東的股息。一九八〇年，該公司的股息是每股〇．〇九美元。到了一九九二年，每股配〇．六美元股息，年成長率為二一％。

管理法則：制度性強制力

有人可能會認為，當絕大多數的保險公司是依靠代理商來銷售保單時，管理一家沒有代理商的保險公司，就是有能力抵抗制度性強制力的證據。但還有另一個測試。

回想一下，保險公司可以透過兩種方式獲利：一、從發行的保單上賺取承保利潤；二、明智地投資投保人所支付的保費。一般來說，與投資產生的利潤相比，承保的利潤很小，因此當金融市場提供高回報時，保險公司願意以更低的價格出售保單，也就是犧牲保單的獲利來籌集更多的保費去進行投資。公司的投資長會負責管理投資組合，他們的技能組合會大幅影響浮動投資報酬率是否增加。

一九八〇年至二〇〇四年期間，公司投資長是盧．辛普森（Lou Simpson）。他畢業於普林斯頓大學，並取得經濟學碩士學位。在母校短暫擔任教職後，他接受了史丹洛與方漢（Stein Roe & Farnham）投資公司的職位。一九六九年，辛普森加入了西方資產管理公司（Western Asset Management），並擔任總裁兼執行長，之後於一九七九年加入蓋可。當時巴菲特與伯恩一起面試了辛普森，並對他的獨立態度留下深刻印象。「他的性格非常適合做投資。」巴菲特說：「他並沒有從與群眾一起行動或反對群眾中得到特別的樂趣。他對自己的理由感到非常自在。」[172]

在辛普森為蓋可的投資組合制定的投資準則中，可以看見獨立行動和思考的意願。[173]他的第一個準則就是「獨立思考」。辛普森對華爾街的傳統智慧抱持著懷疑態度。因此，他一心形成自己的見解。像巴菲特一樣，他是日報、雜誌、期刊和年報的狂熱讀者。辛普森認為，在接受基本的財務訓練之後，投資經理人最重要的工作就是繼續閱讀，直到形成某個想法。辛普森不斷四處尋找好主意，同時拒絕大多數券商分析師的明顯建議。一位前董事說：「盧是個安靜的人。在現代世界，大家寧願打電話到處打探消息，而不願意自己做基本功。但盧會做基本功。」[174]

蓋可的第二條準則是「投資那些為股東尋求高報酬率的公司」。辛普森找的是獲利率高於平均水準的公司。然後，他會拜訪公司的管理階層，以確定他們的優先事項是最大幅度地提高股東價值或是擴大公司版圖。辛普森尋找那些在自己的公司擁有大量投資股份的經理人，他們與公司股東打交道時往往直言不諱，把股東當作合夥人。最後，他會問這些管理階層是否願意賣掉不賺錢的部門，並用這些多餘的現金為股東回購股票。

該公司的第三條準則是「即使是一家優秀的公司，也只支付合理的價格」。辛普森是一個非常有耐心的投資人。他願意等到公司的價格變得有吸引力時才出手。辛普森承認，如果價格太高，即使是全世界最偉大的公司也是一筆糟糕的投資。

第四條準則是「長期投資」。辛普森不關注股市，也從未嘗試預測短期的市場走勢。他寫道：「從很多方面來看，股市就像天氣，如果不喜歡目前的狀況，你要做的事就是等待一段時間。」[175]

該公司的最後一條準則是「不要過度分散」。辛普森認為，廣泛而多元的投資組合只會帶來平庸的結果。他承認，他與巴菲特的談話有助於釐清他對這個問題的想法。辛普森傾向於集中他的股權持有量。一九九一年，蓋可在價值八億美元的股票投資組合中，僅僅包含八支股票。

從一九八〇年辛普森接掌以來，到二〇〇四年期間，蓋可的股票投資組合的平均年複合報酬率為二〇．三%，而標準普爾五百指數的報酬率則為一三．五%。

多年以來，辛普森引導蓋可遠離垃圾債券和風險房地產的持有。當其他保險公司的投資主管屈服於制度性強制力，而將公司的淨資產拿去冒險時，辛普森保守的投資，為該公司的股東帶來了高於平均水準的回報。一言以蔽之，辛普森對蓋可經濟收益的價值是非常重大的，這個價值與公司承保的保單經濟收益無關。

巴菲特直覺地知道，辛普森具有抵抗制度性強制力和避免無意識模仿的必要特徵。這點就和他自己一樣。巴菲特大力宣揚：「辛普森是產物保險業中最了不起的投資經理人。」[176]

巴菲特在一九九五年的波克夏年報中更進一步指出：「對於投資，辛普森採取與我們在波克夏相同的、保守而集中的方法，讓他待在董事會是一個重大的加分。還有一點已經超出了辛普森在蓋可的工作職責：有他在場，就可以保證，如果查理和我發生了什麼事，波克夏將有一個非凡的專業人士可以馬上處理投資事務。」[177]

財務法則：股東權益報酬率

一九八〇年，蓋可的股東權益報酬率是三〇．八％，幾乎是同行平均水準的兩倍。到了一九八〇年代末，該公司的股東權益報酬率開始下降，不是因為業務陷入困境，而是因為股東權益成長的速度比盈餘更快。因此，增加股息和回購股票的部分邏輯是有助於減少股權資本，並維持一個可以接受的股東權益報酬率。

財務法則：獲利率

投資人可以透過各種方式比較保險公司的獲利能力，但稅前毛利率是最好的衡量指標之一。在一九八三年到一九九二年的十年期間，蓋可的平均稅前毛利率是同業集團公司中最一致的，它的標準差最低[178]。

蓋可對所有費用一絲不苟，並密切追蹤與處理保險理賠的相關費用。在這段期間，公司支出平均占承保收入的一五％，是同業平均水準的一半。這麼低的比率，多少反映出該公司不必支付的保險代理人成本。

蓋可的公司支出和承保損失的綜合比率[179]，也明顯優於同業平均水準。從一九七七年到一九九二年，同業平均水準只有在一九七七年超過該公司的綜合比率一次。從那時起，該公司的綜合比率平均為九七．一%，贏過同業平均水準十多個百分點。該公司只公布了兩次承保損失，一次在一九八五年，另一次在一九九二年。一九九二年的承保損失是因為當年發生了異常頻繁的自然災害。如果沒有安德魯颶風和其他嚴重的風暴，蓋可的綜合比率將會降低至九三．八%。

價值法則：確定價值

巴菲特第一次開始為波克夏買進蓋可股票時，該公司已經瀕臨破產。但他表示，即使淨資產是負的，還是很有價值，因為該公司擁有保險的特許經營事業。儘管該公司在一九七六年仍然沒有盈餘，並不符合威廉斯用來確定價值所提出的折現現值法。儘管該公司的未來現金流量並不確定，但巴菲特仍然確信，該公司未來能夠生存並且賺錢。只是能賺多少，以及何時可以賺錢，仍不確定。

一九八〇年，波克夏擁有蓋可的三分之一股份，投資成本為四千七百萬美元。那一年，蓋可的總市值為二．九六億美元。即使如此，巴菲特估計，該公司仍有相當大的安全邊際。一九八〇年，該公司在七．〇五億美元的營收中賺到了六千萬美元。波克夏從該公司的盈餘中（未報告在波克夏的淨收入中）分到二千萬美元。根據巴菲特的說法：「在一家具有一流經濟特徵和光明前景的公司中，要賺到一樣的二千萬美元，至少要花二億美元。」如果是為了公司的控股權益而買，成本會更高。[180]

即使如此，考慮到威廉斯的估值理論，巴菲特二億美元的假設也很接近實際狀況。假設蓋可能夠在不投入其他資本下，維持這六千萬美元的盈餘，按當時三十年期美國政府債券一二%的殖利率作為折現率，公司的現值就會是五億美元，幾乎是它一九八〇年市場價值的兩倍。如果該公司能將獲利能力提高二%，現值將增加到六億美元，波克夏的股票將等於二億美元。換言之，該公司股票價格的市值，在一九八〇年還不到其獲利能力折現值的一半。

一九九五年底，波克夏完成了對蓋可的收購，蓋可當時是美國第七大汽車保險公司，投保汽車約有三百七十萬輛。巴菲特同意為波克夏還未擁有的一半公司支付二十三億美元。他並指出，該公司當時的有形淨資產為十九億美元，估值為四十六億美元。

巴菲特說：「超過有形淨值的隱含價值二十七億美元，是我們當時估計蓋可的『商譽』價值。這種商譽代表當時與蓋可開展業務的保單持有人的經濟價值。巴菲特承認：「按照行業標準，這是一個非常高的價格。但蓋可並不是一家普通的保險公司：由於公司成本低廉，其保單持有人能夠持續為公司帶來獲利，而且非常忠誠。」[181]

巴菲特繼續解釋。二〇一〇年的保費金額為一百四十三億美元，並且在成長中。「不過，我們在帳面上只把蓋可商譽設為十四億美元，無論公司價值增加多少，這一個數額都會保持不變。」巴菲特說，根據他在一九九五年為蓋可一家客戶估值的相同指標，蓋可的商譽在二〇一〇年的經濟利益實際價值為一百四十億美元。巴菲特認為：「從現在起，十年和二十年後，這個價值可能還會高出許多。蓋可是那種可以不斷給予的禮物。」[182]

首都／美國廣播公司

首都公司一開始從事的是新聞產業。一九五四年，知名的新聞記者洛威爾·湯馬斯（Lowell Thomas）和他的業務經理法蘭克·史密斯（Frank Smith）以及一群同事收購了哈德遜谷廣播公司（Hudson Valley Broadcasting Company），其中包括紐約州奧爾巴尼的一家電視台和廣播電台。當時，湯姆·墨菲是利華兄弟（Lever Brothers）的產品專家。法蘭克·史密斯是墨菲父親的高爾夫球友，他聘請了年輕的墨菲來管理公司的電視台。一九五七年，哈德遜谷收購了萊利杜倫（Raleigh–Durham）電視台，同時將公司更名為首都廣播（Capital Cities Broadcasting），因為奧爾巴尼和萊利分別是紐約州與北卡羅萊納州的首府。

一九六〇年，湯姆·墨菲聘請丹恩·柏克經營奧爾巴尼電台。柏克是墨菲的哈佛同學吉姆·柏克（Jim Burke）的兄弟，吉姆·柏克後來成為嬌生（Johnson & Johnson）公司的董事長。丹恩·柏克是奧爾巴尼人，在墨菲回到紐約時被任命為電視台的負責人，他於一九六四年被任命為首都公司總裁。從此，兩人就開啟了美國商業界中最成功的一段企業夥伴關係。在接下來的三十年裡，墨菲和柏克經營著首都公司，一起收購了三十多家廣播和出版公司，其中最受人注目的就是一九八五年收購的美國廣播公司（ABC）。

巴菲特第一次見到湯姆·墨菲是在一九六〇年代後期，當時是在墨菲的一位同學安排的紐約午餐會上。據說，墨菲對巴菲特印象非常好，還邀請他加入首都公司的董事會。[183]巴菲特婉拒了，但他和墨菲成為了好朋友，多年來一直保持聯絡。

一九八四年十二月，墨菲開始接觸美國廣播公司董事長李納德・葛登森（Leonard Goldenson），提出了合併兩家公司的想法。儘管一開始被拒絕了，但墨菲在一九八五年一月再次連繫了葛登森。當時聯邦通訊委員會（Federal Communications Commission，簡稱FCC）放寬了一家公司可以擁有的電視台和廣播電台數量限制，從七個增加到十二個，而且自當年四月起生效。這次葛登森同意了。當時他已經七十九歲，最關心的是誰將擔任他的繼任者。儘管美國廣播公司有幾位潛在的候選人，但在他看來，這些人還沒有領導公司的實力。而墨菲和柏克則被公認是媒體和傳播行業的最佳經理人。葛登森因此同意與首都公司合併，以確保美國廣播公司將繼續由強大的管理階層負責。美國廣播公司帶著收費高昂的投資銀行家進入談判室。而一向自己談判交易的墨菲，則帶著他信賴的朋友巴菲特。他們聯手處理了有史以來第一次的電視聯播網銷售案，也是迄今為止最大的媒體合併案。

首都公司提給美國廣播公司的條件是每股總價一百二十一美元（其中每股一百一十八美元付現，另外搭配首都公司十分之一的認股權證，即每股價值三美元）。首都公司的報價是美國廣播公司在合併消息公告前一天股票交易價格的兩倍。為了籌出這筆三十五億美元的交易，首都公司從一個銀行團借了二十一億美元，還出售了業務重疊、價值約九億美元的電視台和廣播電台，再賣掉電視台不得擁有的公司，包括有線電視公司，後來就賣給了華盛頓郵報公司。最後的五・一七五億美元則來自波克夏。

巴菲特同意，波克夏將以每股一七二・五美元的價格購買三百萬股新發行的首都公司股票。巴菲特還向湯姆・墨菲和丹恩・柏克提供了一份非常不尋常的協議，表明了他對兩人的信心。只要墨菲或柏克仍然是這家新合併公司的執行長，他們就擁有波克夏股票的投票權。巴菲特的理由是，這樣的安排將使墨菲和柏克像經營一家私營公司一樣經營首都／美國廣播公司，可以像公司的長期所有人一樣思考和行動，而不必擔心股票短期交易員的干擾。湯姆·墨菲再次邀請這位朋友加入董事會，這次巴菲特同意了。

業務法則：簡單易懂

在華盛頓郵報公司董事會任職十多年後，巴菲特充分了解了電視廣播的業務，而他對報紙和雜誌的認識也有悠久的歷史。他非常了解媒體業務的經濟學。隨著波克夏在一九七八年自己收購美國廣播公司的普通股，巴菲特也增加了對電視聯播網的業務理解。

業務法則：一致的經營歷史

首都公司和美國廣播公司都有賺錢的商業歷史，可供審查與分析的紀錄可以追溯到五十多年前。從一九七五年到一九八四年，美國廣播公司的股東權益報酬率平均是一七%，負債權益比為二一%。首都公司在提出收購美國廣播公司之前的十年裡，股東權益報酬率平均為一九%，負債權益比為二〇%。

業務法則：長期前景看好

在網際網路出現之前，廣播公司和聯播網可以擁有高於平均水平的經濟效益。與報紙類似，出於同樣的原因，它們可以產生良好的經濟商譽，這是超越實體價值的經濟價值。廣播電台在廣播塔興建完成之後，資本再投資和營運資金的需求就很小，而且沒有庫存的問題。有線電視的電纜線路連接到客戶端之後，也是類似的情況。而且可以用信用買進電影和節目，並在廣告收入進帳後結算。因此，一般來說，廣播公司的投資報酬率會高於平均水平，並產生超出營運需求的大量現金。

在當時，聯播網和廣播公司面臨的風險包括政府法規、科技變革和廣告資金的轉移。政府可以拒絕續簽公司的廣播許可證，但這很罕見。一九八五年，有線電視的節目對聯播網構成的威脅還小。雖然有些觀眾已經在收看有線電視節目，但絕大多數的電視觀眾仍然偏好無線電視聯播網的節目。另外，在一九八〇年代，針對消費力強的消費者，廣告資金的成長速度明顯超過了美國的國內生產毛額。為了接觸大眾，廣告公司仍指望聯播。在巴菲特看來，聯播網和廣播公司的基本經濟表現高於平均水準，而在一九八五年時，這些事業的長期前景也非常看好。

價值法則：確定價值

波克夏當時以五．一七億美元投資首都公司，是巴菲特有史以來最大筆的投資。巴菲特如何確定首都公司和美國廣播公司的價值，仍然沒有定論。雖然墨菲同意以每股一七二．五美元的價格，賣給巴菲特三百萬股的首都／美國廣播公司股票。但我們都明白，價格和價值往往是兩個不同的數字。

我們已經知道，巴菲特的做法是，只有當公司的內在價值和購買價格之間存在相當大的安全邊際時，他才會收購公司。然而，在首都／美國廣播公司的收購案上，他承認自己沒有堅持這一個原則。不過，我們即將知道，這個非常規的決定最後也是合理的。

如果我們把巴菲特每股一七二・五美元的報價，以一〇％（一九八五年三十年期的美國政府公債殖利率）的折現率折成現值，並將該值乘以一千六百萬股（首都公司有一千三百萬股流通股，外加三百萬股發行給波克夏），這家公司的現值將需要有二・七六億美元的盈餘能力。首都公司在一九八四年扣除折舊和資本支出後的淨收益為一・二二億美元，美國廣播公司的折舊和資本支出後的淨收入為三・二億美元，兩家公司加起來的總收益為四・四二億美元。但合併後的公司也將有大量債務：墨菲借入的二十一億美元，每年將花費二・二億美元的利息。因此，合併後的公司淨收益約為二億美元。

此外，還有其他的考量因素。墨菲直接透過減少開支來改善所買公司的現金流，是大家津津樂道的事。首都公司的營運毛利率是二八％，而美國廣播公司是一一％。如果墨菲能將美國廣播公司的毛利率提高三分之一，達到一五％，那麼公司每年將額外產生一・二五億美元，而綜合的獲利能力將相當於每年三・二五億美元。一家獲利三・二五億美元、擁有一千六百萬股發行股票，折現率為一〇％的公司，每股現值就是二百零三美元，比起巴菲特的購買價格一七二・五美元，還有一五％的安全邊際。巴菲特提到葛拉漢來調侃自己：「我懷疑在天上的葛拉漢是否會讚賞我的這筆交易。」184

如果我們再做幾個假設，那麼巴菲特所接受的安全邊際可能會更大。巴菲特說，這段期間的一般想法認為，報紙、雜誌或電視台不需要額外的資本投入，每年都能以六％的速度增加盈餘。[185]他解釋其中的道理在於，資本支出將等於折舊率，對營運資本的需求也微乎其微；因此，收入就可以視為是自由分配的盈餘。這意味著，媒體公司的股東就像擁有一筆永久的年金，在可預見的未來，每年可以成長六％，而且不需要投入任何額外的資本。巴菲特建議，把這家公司與一家只有在資本再投資的情況下才能成長的公司進行比較。巴菲特說，如果你擁有一家盈餘一百萬美元，且預期每年可以成長六％的媒體公司，那為這家公司支付二千五百萬美元是很合理的（無風險率一〇％減掉成長率六％，再用一百萬美元來除）。至於另一家賺一百萬美元但沒有再投資資本就無法增加盈餘的企業，可能就價值一千萬美元（一百萬美元除以一〇％）。

如果我們把巴菲特教我們的財務課程應用於首都公司上，首都公司的價格就會從每股二百零三美元增加到五百零七美元，比巴菲特同意付的一七二．五美元的價格，就有六六％的安全邊際。但這些假設中有很多如果。墨菲能否以九億美元的價格出售首都／美國廣播公司合併的部分公司？（他實際上賣到了十二億美元。）他能提高美國廣播公司的營運利潤嗎？他能繼續指望廣告資金的成長嗎？

由於幾個因素，巴菲特在首都公司得到顯著安全邊際的能力，變得很複雜。多年來，首都公司的股票價格一直在上漲。墨菲和柏克在經營公司方面做得非常出色，已經反應在公司的股價上了。因此，與蓋可不同，巴菲特沒有機會廉價購買因業務急劇下滑的首都公司。此外，股市一直在穩步上漲，也沒有低價買進的時機。另外，由於這是二次發行股票，巴菲特因此不得不接受接近當時首都公司價值的股價。

如果巴菲特對價格問題有任何失望，也會因為這些股票的快速升值而感到欣慰。一九八五年三月十五日星期五，首都公司的股價為一百七十六美元。三月十八日星期一下午，首都公司宣布將收購美國廣播公司。第二天，到市場收盤時，首都公司的股價為二百零二．七五美元。在四天內，價格上漲了二十六點，漲幅是一五％。巴菲特的獲利為九千萬美元，而這筆交易直到一九八六年一月才完成。

巴菲特購買首都公司的安全邊際，明顯低於其他的交易。那麼，為什麼巴菲特要進行這筆交易呢？答案是湯姆．墨菲。如果不是因為墨菲，巴菲特承認，他不會投資這家公司。墨菲就是巴菲特的安全邊際。首都／美國廣播公司是一家了不起的公司，是吸引巴菲特的那種公司。但墨菲也有一些特別之處。約翰．伯恩說：「巴菲特很喜歡湯姆．墨菲這個人，光是和他做合夥人，〔對巴菲特而言〕就很有吸引力。」[186]

首都公司的管理理念是權力下放，這正是巴菲特和蒙格在波克夏使用的管理方法。墨菲和柏克雇用了最好的人才，然後放手讓每個人做自己的工作。所有的決策都是由基層決定。柏克在與墨菲的合作關係中，很早就發現了這一點。柏克在管理奧爾巴尼電視台時，會將最新的工作報告寄給墨菲，但墨菲從未回覆。柏克終於讀懂了其中的訊息。墨菲向柏克保證：「除非你邀請我，或者我必須解雇你，否則我不會來奧爾巴尼。」[187] 墨菲和柏克為公司制定年度預算，並在每季檢討營運績效。除了這兩件事之外，他們期待經理人應該像擁有公司一樣經營公司。湯姆．墨菲寫道：「我們對我們的經理人有很大的期許。」[188]

首都公司的經理們應該做的一件事就是控制成本。如果他們沒有做好成本控制，墨菲就會毫不遲疑地插手。當首都公司收購美國廣播公司時，就迫切需要墨菲削減成本的管理長才。電視聯播網傾向於從收視率而不是利潤的角度來思考。電視聯播網認為，無論需要做什麼來提高收視率，都比成本評估更重要。當墨菲接手時，馬上改變了這種心態。在美國廣播公司精心挑選的委員會的幫助下，墨菲大幅刪減了薪資成本、津貼和開銷。大約有一千五百人被解雇，但都得到了慷慨的資遣費。美國廣播公司高階主管的用餐室和私人電梯也關閉了。洛杉磯ABC娛樂（ABC Entertainment）公司為墨菲第一次視察時所採購的豪華轎車也一併裁撤了。在下一次視察時，墨菲改搭計程車。

成本意識是首都公司的一種生活方式。該公司的費城電視台（WPVI）是該市排名第一的電視台，新聞部員工人數為一百人，而位於城市另一邊的哥倫比亞廣播公司（CBS）則有一百五十人。在墨菲到美國廣播公司之前，該公司雇用了六十名員工來管理美國廣播公司的五個電視台。在首都公司收購後不久，變成六個人管理了八個電視台。紐約的WABC電視台以前雇用了六百人，稅前毛利率為三〇%。墨菲重新整頓公司之後，雇用人數減為四百人，稅前毛利率超過五〇%。一旦解決了成本危機，墨菲就靠柏克來管理經營決策。他自己則專心於收購和股東資產事務。

財務法則：一美元的前提

從一九八五年到一九九二年，首都／美國廣播公司的市值從二十九億美元成長到八十三億美元。在這段期間，公司的保留盈餘是二十七億美元，其中每一美元的再投資就為公司創造二・〇一美元的價值。考慮到該公司在一九九〇到一九九一年經濟衰退期間，經歷了週期性的盈餘衰退，以及聯播網公司的內在價值下降，這一個成就尤其值得注意。

管理法則：理性的管理

一九八八年，首都／美國廣播公司宣布，已授權回購多達二百萬股股票，占該公司流通股的一一%。一九八九年，該公司花費二・三三億美元買回五十二萬三千股股票，平均價格為每股四百四十五美元，是現金流量的七・三倍，而其他媒體公司的要價則是現金流量的十至十二倍。第二年，該公司以每股四百七十七美元的平均價格購買了九十二萬六千股股票，是營運現金流量的七・六倍。一九九二年，該公司繼續回購股票。那一年，它以每股四百三十四美元的平均價格購買了二十七萬股股票，是營運現金流量的八・三倍。墨菲解釋說，比起他和柏克認為有吸引力的、其他廣告商支持的媒體公司的價格，該公司回購股票所支付的價格更低。從一九八八年到一九九二年，首都／美國廣播公司總共買回了一百九十五萬三千股股票，共投資了八・六六億美元以減少流通股。

一九九三年十一月，該公司宣布要進行標購，以每股五百九十美元至六百三十美元的價格，買回多達二百萬股股票。波克夏參加了這次標購，在持有的三百萬股中，賣出一百萬股。這一個行為引起外界很多的猜測。該公司是否無法找到合適的收購案，反而要將自己出售？巴菲特是否透過出售三分之一的持有部位而放棄了公司？首都公司一一否認了這些謠言。有些觀點認為，如果該公司確實要出售，巴菲特就不會提供股票，因為這些股票肯定會得到更高的價格。首都／美國廣播公司最後從波克夏購買了一百一十萬股股票，平均價格為每股六百三十美元。巴菲特也因此能夠將六．三億美元重新配置到其他的投資案中。

管理法則：制度性強制力

廣播和電視聯播網的基本經濟特性，確保首都公司可以產生充足的現金流量。然而，該行業的基本經濟特性，加上墨菲對控制成本的偏好，意味著首都公司將擁有龐大的現金流量。從一九八八年到一九九二年，首都公司創造了二十三億美元的未支配現金。有了這些資源，一些經理人可能無法抵擋花錢、購買公司和擴大公司領域的誘惑。墨菲也買了幾家公司。一九九〇年，他花了六千一百萬美元收購了幾家小公司，但在過去五年中，他積累的二十三億美元幾乎沒有減少。墨菲說，當時大多數媒體公司的總體價格都太高了。

收購對首都公司的發展一直非常重要。墨菲一直在尋找媒體公司，但他堅定立場，不為公司支付過高的費用。首都公司擁有龐大的現金流量，本可以輕鬆吞併其他媒體資產，但正如《商業週刊》（*Business Week*）的報導：「墨菲有時候會等待數年，直到找到合適的資產才會出手。他從來不會只是因為擁有豐厚的資產，就達成交易。」[189] 墨菲和柏克也意識到，媒體的業務有週期性，如果收購所採取的財務槓桿基礎過高，股東將面臨不可承受的風險。柏克說：「墨菲從未做過我們認為會對我們造成致命傷害的交易。」[190]

湯姆．墨菲如何抵抗制度性強制力，還有另一個例子。在《為股東創造財富》中，威廉・索恩戴克比較了湯姆・墨菲的管理風格與經營哥倫比亞廣播公司的傳奇人物比爾・佩利（Bill Paley）之間的差異。[191]當湯姆・墨菲於一九六六年成為首都公司執行長時，哥倫比亞廣播公司是美國主要的媒體公司，在一些最大的市場擁有電視台、廣播電台、出版事業和音樂公司。在墨菲的主管下，首都公司從幾個小市場的電視台和廣播電台開始成長。哥倫比亞廣播公司股票的市值是較小的首都公司的十六倍。索恩戴克指出，三十年後，當首都／美國廣播公司將公司賣給華特迪士尼公司（Walt Disney Company）時，首都公司的市值比哥倫比亞廣播公司高三倍。這是怎麼發生的？

索恩戴克指出，佩利和墨菲採取了兩種不同的途徑，來提高其公司的內在價值。佩利擁有媒體公司帶來的現金，並跟上流行。他經常模仿別人的想法，去購買不相關的公司，目的是讓公司的經濟來源分散，從而消除僅局限於一個行業的風險。這是當時許多大型企業採取的常規路線圖，將單線公司轉型為企業集團。哥倫比亞廣播公司在曼哈頓中城買了一棟玩具公司、紐約洋基隊和一棟非常昂貴的地標性建築。佩利的管理策略專注的目標是，不僅要讓哥倫比亞廣播公司的規模變得更大，而且經濟來源也要更分散。

墨菲則恰恰相反。他感興趣的不是首都公司要變得有多大，而是他能讓公司變得多有價值。墨菲堅持自己的工作，留在他熟悉的媒體產業範圍內。「我們只是不斷地找到機會購買資產，明智地運用公司，改善營運，然後我們……才會咬一口別的東西。」[192]

在這個過程中，墨菲一邊償還債務，一邊尋找另一個媒體資產。由於墨菲不願意為媒體公司支付高昂的要價，也抗拒購買不相關公司的制度性強制力，因此，他選擇將錢退還給股東。我們可以看到，墨菲的股票回購計畫讓剩餘的股東變得更有錢。他還努力減少債務。一九八六年，在收購美國廣播公司之後，首都公司的長期債務為十八億美元，負債資本比是四八．六%。到了一九八六年底，公司的現金及約當現金為一千六百萬美元。到了一九九二年，長期債務為九．六四億美元，負債資本比已經下降到二〇%。此外，現金及約當現金則增加到十二億美元，公司本質上已經沒有債務。墨菲改善了首都公司的資產負債表，大大降低了公司的風險，同時增加了內在價值。

巴菲特多年來觀察了無數公司的營運和管理。但據他說，首都公司是美國管理最好的上市公司。如前所述，當巴菲特投資首都公司時，他將所有的投票權分配給了墨菲和柏克。他還幫助該公司在收購美國廣播公司時提供資金。一九九六年，巴菲特協助策劃，將首都／美國廣播公司出售給華特迪士尼公司。巴菲特與首都公司管理階層長達幾十年的關係說明了一切。如果這還不足以讓你相信他對墨菲和柏克的高度尊重，請參考巴菲特的這段話：「湯姆．墨菲和丹恩．柏克不僅是了不起的經理人，也是你希望把女兒嫁給他的那種人。」[193]

可口可樂公司

一九九八年，可口可樂是世界上最大的碳酸軟性飲料濃縮物和糖漿的製造商、行銷商和分銷商。現在仍然如此。該公司的軟性飲料產品於一八八六年首次在美國銷售。今天，該公司產品已經銷售到全球二百多個國家。

巴菲特與可口可樂的關係可以追溯到他的童年。他在五歲的時候，喝到了他的第一瓶可口可樂。不久之後，他開始從祖父的雜貨店以二十五美分的價格購買六瓶可樂，並在附近以每瓶五美分的價格轉售出去。巴菲特承認，在接下來的五十年裡，他觀察到可口可樂的驚人成長，卻轉而投資紡織廠、百貨公司和農業設備製造商。即使是在一九八六年，當他宣布可口可樂是波克夏年度股東大會的官方飲料時，巴菲特仍然沒有買進可口可樂的第一股股票。直到兩年後，即一九八八年夏天，他才開始購買可口可樂的股票。

業務法則：簡單易懂

可口可樂的業務非常簡單。公司買進一些商品原料，並將其混合後製造成濃縮物，再出售給裝瓶商，裝瓶商再將濃縮物與其他成分結合起來，最後製造出各式各樣的軟性飲料。然後，裝瓶商將成品出售給零售店，包括超市、迷你超市和自動販賣機業者。該公司也向餐館和快餐公司提供軟性飲料糖漿，這些公司再用杯子和玻璃瓶對顧客出售軟性飲料。當時，該公司的品牌產品包括可口可樂、健怡可樂、雪碧（Sprite）、PiBB 先生、Mello Yellow、Ramblin’ Root Beer、芬達（Fanta）軟飲料、Tab 和 Fresca。還有包括 Hi-C 品牌水果飲料、美粒果（Minute Maid）柳橙汁、動樂（Powerade）、Nestea 和 Nordic Mist 等其他飲料。在一九八〇年代，該公司甚至擁有裝瓶商，包括美國最大的裝瓶商可口可樂企業（Coca-Cola Enterprises）四四%的股份，以及澳大利亞裝瓶商可口可樂 Amatil 五三%的股份，這家裝瓶商不僅在澳洲，而且在紐西蘭和東歐都有收益。可口可樂的實力不僅是它推出的眾多名牌產品，也包括其無與倫比的全球經銷系統。

業務法則：長期前景看好

波克夏在一九八九年公開宣布擁有可口可樂公司六．三％的股份後不久，巴菲特接受了《亞特蘭大憲法雜誌》（*Atlanta Journal- Constitution*）的商業作家梅莉莎．透納（Mellisa Turner）的採訪。她問他一個經常被問到的問題：為什麼不早點購買這家公司的股票？巴菲特講述了他最終決定時的想法：「假設你要離開十年，而你想進行一項投資。你僅僅知道你目前所知的一切，在你離開期間也無法改變它。那你會怎麼想？」[194]

當然，業務必須簡單易懂。當然，該公司多年來必須表現出高度的業務一致性。當然，長期前景必須是有利的。巴菲特繼續說：「如果我能確定一件事，那就是我知道市場將繼續成長，我知道領先者將繼續成為領先者——我的意思是，全球的領先者——我知道全球可能會有大幅的成長。而我不知道還有哪些像可口可樂的東西了。我相當肯定，當我回來時，他們會比現在做更多的生意。」[195]

但為什麼要在那個特定的時間點買進呢？正如巴菲特所描述的，可口可樂的商業屬性已經存在了幾十年。他說，引起他注意的是，一九八〇年代，在葛蘇達的領導下，可口可樂發生的變化。

一九七〇年代對可口可樂來說是一個令人沮喪的時期。這十年的業務被以下因素所破壞：與裝瓶商的糾紛、公司被指控在美粒果果園中虐待移民工人、環保人士聲稱可口可樂的「一次性」容器助長了該國日益嚴重的汙染問題，以及聯邦貿易委員會指控該公司的獨家特許經營系統違反了《休曼反托拉斯法》（*Sherman Anti-Trust Act*）。可口可樂的國際業務也搖搖欲墜。可口可樂發行以色列特許經營業務，引發了阿拉伯國家對可口可樂的抵制，多年的投資化為泡影。日本是公司盈餘成長最快的地方，卻犯了重大的錯誤。可口可樂的二十六盎司家庭號瓶在商店貨架上爆炸了。此外，日本消費者憤怒地反對該公司在芬達葡萄（Fanta Grape）中使用人工煤焦油著色劑。但當該公司使用真正的葡萄皮開發出新的版本時，這些瓶子卻產生了發酵反應，大量的葡萄蘇打水因此被倒進東京灣作廢。

在一九七〇年代，可口可樂是一家支離破碎而被動的公司，還不是一個在飲料業中制定步調的創新者。保羅．奧斯汀（Paul Austin）自一九六二年擔任董事長之後，於一九七一年被任命為公司總裁。儘管存在問題，該公司仍繼續產生數百萬美元的盈餘。但奧斯汀沒有對自己的飲料市場進行再投資，而是分散公司業務，去投資了瓶裝水和養蝦場，只是獲利率微乎其微。奧斯汀還購買了一家酒廠。然而股東強烈反對收購，認為可口可樂不應該與酒精有關。為了轉移批評，奧斯汀將前所未有的資金投入到廣告活動中。

與此同時，可口可樂的股權收益為二〇%，稅前毛利率卻在下滑。一九七三到七四年的熊市末期，該公司的市值為三十一億美元。六年後，該公司的價值為四十一億美元。從一九七四年到一九八〇年，該公司的市值年均成長率為五．六%，遠遠低於標準普爾五百指數。該公司在這六年中每再投資一美元，只創造了一．〇二美元的市場價值。

奧斯汀的行為加劇了可口可樂的公司困境。[196]不僅他本人難以接近而令人生畏，他的妻子珍妮（Jeanne）在公司內部也產生了破壞性的影響。她用現代藝術重新裝飾了公司總部，並換掉公司經典的諾曼·洛克威爾（Norman Rockwell）畫作。她甚至訂購了一架公司噴射飛機來幫她到處尋找藝術品。而她最後的命令，促成了她的丈夫垮台。

一九八〇年五月，奧斯汀夫人下令，公司園區禁止員工午餐。她抱怨說，員工的食物殘渣會吸引鴿子飛到修剪整齊的草坪上。員工士氣創歷史新低。九十一歲的羅伯特·伍德拉夫（Robert Woodruff）是該公司的元老，他在一九二三年到一九五五年間領導過可口可樂，並仍然是董事會財務委員會的主席，他已經受夠了。他要求奧斯汀辭職，並請葛蘇達取代他的職務。

在古巴長大的葛蘇達是可口可樂的第一位外國執行長。葛蘇達和奧斯汀一樣外向，他的第一波行動之一，是將可口可樂的頭五十名經理人聚在加州棕櫚泉舉行會議。他對大家說：「告訴我，我們做錯了什麼。」「我想知道這一切，一旦解決，我想要百分之百的忠誠度。如果有人不開心，我們會給你一個好的解決方案，並和你說再見。」[197]在這次會議上，他們發展出了該公司的「一九八〇年代發展策略」，這是一本約九百字的小冊子，概述了可口可樂的企業目標。

葛蘇達鼓勵他的經理人們聰明地冒險。他希望可口可樂採取行動，而不是被動。與許多新上任的執行長一樣，葛蘇達開始削減成本。此外，他要求可口可樂擁有的任何業務，都必須達到最大的資產報酬率。這些行動立刻轉化在逐漸攀升的獲利率上。

財務法則：獲利率

一九八〇年，可口可樂的稅前毛利率為一二・九%。毛利率已經連續五年下降，而且略低於該公司一九七三年一八%的獲利率。在葛蘇達領軍的第一年，稅前毛利率上升到一三・七%。到了一九八八年，當巴菲特購買他的第一股可口可樂股票時，獲利率已經攀升到創紀錄的一九%。

財務法則：股東權益報酬率

在該公司的「一九八〇年代發展策略」中，葛蘇達要求該公司，只要任何一項事業的股東權益報酬率不再令人滿意，就必須裁撤；任何新事業都必須有足夠的實際成長潛力，來證明投資的合理性。可口可樂已經沒有興趣在停滯的市場中爭奪占有率。葛蘇達認為，「增加每股盈餘以及提高股東權益報酬率，仍然是公司的核心目標」[198]。他的言行一致。一九八三年，可口可樂的葡萄酒業務賣給了施格蘭（Seagram）公司。儘管葡萄酒業務的股東權益報酬率在一九七〇年代獲得了可觀的二〇%，但葛蘇達並不滿意。他要求更好的回報，而公司也達到了。到了一九八八年，可口可樂的股東權益報酬率已成長為三一・八%。

不管從任何衡量指標來看，葛蘇達經營下的可口可樂，財務成就是奧斯汀期間的二到三倍。這個成果也可以從公司的市場價值中看出來。一九八〇年，可口可樂的市值為四十一億美元。到了一九八七年底，即使在當年十月股市崩盤後，可口可樂的市場價值也上升到一百四十一億美元。七年來，可口可樂的市場價值年均成長了一九・三%。在這段期間，可口可樂每保留一美元，其市值就上漲四．六六美元。

管理法則：誠實的管理階層

在一九八〇年代發展策略中，葛蘇達也特地把股東納入考量。在向他們發表講話時，他寫道：「在接下來的十年裡，我們將繼續全力為我們的股東效力，以保護和提升股東的投資效益。為了讓我們的股東投資每年得到高於平均水準的總報酬率，我們必須選擇報酬率高過通貨膨脹的事業。」[199]

葛蘇達不僅得將資本再投資以發展業務，還必須增加股東價值。為此，可口可樂透過提高獲利率和股東權益報酬率，才能夠在支付更高的股息時，同時降低股息支出的比例。在一九八〇年代，股東的股息每年成長一〇％，但股息支付率則從六五％下降到四〇％。這樣的財務能力使可口可樂能夠將更大比例的公司盈餘進行再投資，以維持公司的成長率，同時不會減少股東的股息報酬。

可口可樂在每一年的年報中都會宣讀公司的主要目標，作為財務檢討和管理階層的討論的開始。「管理階層的主要目標，就是隨著時間的推移實現最大的股東價值。」該公司的商業策略強調了達成最大的長期現金流量的意圖。為了做到這一點，該公司將繼續專注於投資高報酬率的軟性飲料事業，以提高現有事業的報酬率，並維持在最理想的資金成本。如果成功，證據將表現在現金流量成長、股東權益報酬率提高，以及股東的總報酬率增加。

管理法則：理性的管理

淨現金流量的成長使可口可樂能夠增加給股東的股息，並在公開市場上回購公司股票。一九八四年，該公司授權進行第一次回購，宣布將回購六百萬股股票。到了一九九二年，該公司繼續每年回購四．一四億股股票，總投資五十三億美元。這占了一九八四年初公司流通股的二五％以上，是一次很好的投資。根據一九九三年十二月三十一日的收盤價，回購的股票價值為一百八十五億美元。

一九九二年七月，可口可樂宣布，到二〇〇〇年將回購一億股股票，占公司已發行股份的七．六％。值得注意的是，該公司在繼續大力投資海外市場的同時，將能夠實現這一個目標。葛蘇達聲稱，由於該公司產生現金的能力很強大，可以達成回購的目標。

財務法則：業主盈餘

一九七三年，業主盈餘（淨收入加上折舊／攤銷，並減去資本支出）為一．五二億美元。到一九八〇年，業主盈餘為二．六二億美元，年複合成長率為八％。從一九八一年到一九八八年，業主盈餘從二．六二億美元成長到八．二八億美元，年均複合成長率為一七．八％。業主盈餘的成長也反映在可口可樂的股價上。分析這十年期間的股價，可口可樂從一九七三年到一九八二年的總報酬率平均年增率為六．三％。從一九八三年到一九九二年，可口可樂股價的總報酬率平均年增率為三一．一％。

價值法則：確定價值

當巴菲特在一九八八年首次購買可口可樂時，有人問他：「可口可樂的價值有多少？」該公司的股票價格是盈餘的十五倍、現金流量的十二倍，比市場平均水準高出三〇%和五〇%。忠於葛拉漢教導的價值投資人紛紛悲嘆抗議，聲稱巴菲特已經背棄了大師。四年後，在一九九二年波克夏年報中，巴菲特做出了澄清：價值不是由倍數所決定的，而是由未來現金流量的現值決定的。

巴菲特為可口可樂支付了五倍的帳面價值。他願意這樣做，因為可口可樂具有非凡的經濟商譽。該公司的股本收入為三一%，但資本再投資相對較少。當然，巴菲特告訴我們，可口可樂的價值與任何其他公司類似，是由預計在公司生命週期內產生的淨現金流量，並按適當的利率折現來決定的。

一九八八年，可口可樂的業主盈餘相當於八．二八億美元。當時三十年期美國國債（零風險利率）的殖利率將近九%。如果可口可樂一九八八年的業主盈餘以九%的折現率來計算（請記住，巴菲特沒有在折現率上增加股權風險溢價），可口可樂的價值將達到九十二億美元。當巴菲特收購可口可樂時，該公司的市場價值為一百四十八億美元，這顯示巴菲特可能買貴了。但九十二億美元代表的是可口可樂當時業主盈餘的折現價值。由於市場願意為可口可樂支付比九十二億美元高出六〇%的價格，這表示買家認為，可口可樂的部分價值在於其未來的成長機會。

當一家公司能夠在不需要額外資本的情況下增加業主盈餘時，透過無風險報酬率和業主盈餘預期成長之間的差異，來對業主盈餘進行折現是合適的。透過分析可口可樂，我們發現，從一九八一年到一九八八年，業主盈餘以年增率一七．八％的速度成長，高於無風險報酬率。

當這種情況發生時，分析師會使用稱為戈登成長模型（Gordon growth model）的兩階段折現模型。當一家公司在短短幾年內大幅成長，但之後持續緩慢成長，就可以用這種方法計算未來盈餘。

我們使用這個兩階段模型，來計算可口可樂未來現金流量在一九八八年的現值。一九八八年，可口可樂的業主盈餘為八．二八億美元。如果我們假設，可口可樂能夠在未來十年內，以每年一五％的速度增加業主盈餘（這是一個合理的假設，因為成長率低於該公司之前的七年平均水準），那麼到第十年，業主盈餘將等於三十四．五億美元。進一步假設，從第十一年開始，該公司的成長率將減緩為每年五％。使用九％的折現率（當時的長期債券殖利率）來計算，就可以算出一九八八年可口可樂的內在價值為四百八十三．八億美元。

我們可以使用不同的成長率推定，來重複這個演算過程。如果我們假設，可口可樂的業主盈餘可以在十年內成長一二％，之後的年增率為五％，以九％為折現率來計算，那麼該公司的現值將是三百八十一．六億美元。如果十年內的年增率是一〇％，之後是五％，現值就會是三百二十四．五億美元。如果我們假設，公司只有五％的穩定成長率，可口可樂的價值也至少有二百零七億美元。

價值法則：以吸引人的價格買進、一美元的前提

一九八八年的秋天，可口可樂公司董事長唐納德．奇奧不得不注意到，有人在大量購買該公司的股票。在一九八七年股市崩盤一年後，可口可樂的股票仍然比崩盤前的高點低了二五％。但可口可樂的股價終於跌到了低點，因為「有個神祕的投資人正在大量收購股票」。當奇奧發現正在購買的買方來自中西部時，他立即想到了他的朋友巴菲特，並決定要打電話給他。

「嗨，華倫啊，最近在忙些什麼？」奇奧問道：「你不會正好在買可口可樂的股票吧？」巴菲特愣了一下，然後說：「是啊，但在我揭露持股之前，如果你能保持沉默，我會很感激的。」[200]如果巴菲特要買可口可樂的訊息傳出來，那將會引發購買熱潮，最後會推高股價，而且他還沒有買完波克夏想持有的部位。

一九八九年春天，波克夏的股東終於得知，巴菲特花了十．〇二億美元買了可口可樂的股票。他拿了波克夏投資組合的三分之一來下注，現在擁有該公司七％的股份。這是迄今為止波克夏最大的一筆投資，而華爾街則是一頭霧水。

從一九八〇年葛蘇達掌控可口可樂開始，該公司的股價每年都在上漲。在巴菲特購買第一股可口可樂之前的五年裡，股價年均上漲了一八％。這家公司的運氣非常好，以至於巴菲特無法以低廉的價格買進任何股票。在這段期間，標準普爾指數也在上漲。可口可樂和股市都沒有給巴菲特低價買進股票的機會。

儘管如此，巴菲特還是勇往直前了。

一九八八年和一九八九年，在巴菲特購買期間，可口可樂的市值平均為一百五十一億美元。但我們對可口可樂內在價值的估計從二百零七億美元（假設業主盈餘成長率為五％）、三百四十二美元（假設十年的成長率為一〇％，之後成長率為五％）、三百八十一億美元（假設十年成長率為一二％，之後成長率為五％）到四百八十三億美元（假設十年成長率為一五％，之後成長率為五％）。因此，巴菲特的安全邊際，也就是內在價值的折現，可能低至保守的二七％或高達七〇％。

在波克夏開始投資可口可樂的十年後，該公司的市場價值從二百五十八億美元成長到一千四百三十億美元。在這段期間，該公司產生了二百六十九億美元的利潤，向股東支付了一百零五億美元的股息，並保留了一百六十四億美元作為投資用途。該公司每保留一美元，就創造了七．二〇美元的市場價值。一九九九年底，波克夏最初對可口可樂投資的一〇．二三億美元，價值已經來到一百一十六億美元。在標準普爾五百指數中投資的相同金額，則價值為三十億美元。

巴菲特說，最好的企業是，在很長一段時間內，以可持續的高報酬率，運用越來越多的資本。在巴菲特看來，這是對可口可樂的完美描述。該公司是世界上最被廣泛認可和最受尊敬的知名品牌。很容易理解為什麼巴菲特認為可口可樂是世界上最有價值的特許經營事業。直到三十六年後，他才看到了蘋果。

蘋果公司

一九七一年，第一個微處理器的架構師馬西安．泰德．霍夫（Marcian "Ted" Hough）推出了英特爾（Intel）的四〇〇四晶片，並在此過程中發起了第五次技術革命，這被稱為資訊和技術時代。[201]微處理器是一種電腦晶片，是執行電腦處理所涉及的指令和任務的元件。第五次革命的新技術包括微處理器、電腦、軟體應用程式、智慧型手機和控制系統。新的基礎設施包括全球數位通訊設備，包括電纜、光纖、無線射頻和衛星，以提供網際網路、電子郵件和其他電子服務。

當華爾街競相將第五次科技革命的發明轉化為貨幣的表達方式時，巴菲特卻袖手旁觀。新科技公司迅速湧入市場，其中包括戴爾電腦（Dell Computer）公司、微軟（Microsoft）公司、思科系統（Cisco Systems）公司和美國線上（America OnLine）公司。投資人和財經媒體不斷地催促巴菲特，要關注那些表現優異的股票。他的回答總是一樣的：科技公司不在他的理解能力範圍內，所以在分析這些公司時，他沒有競爭優勢。巴菲特說：「我可以把所有時間都花在思考明年的技術上，但在分析這些公司方面，我仍然不是全國排名第一百個、第一千個，甚至第一萬個最聰明的人。」[202]

實際上，阻止巴菲特購買科技公司的原因不是他不了解這些公司——他對它們都太了解了。困擾他的是預測未來現金流量的難度。技術行業固有的持續破壞和創新特性，使這些計算變得很困難。巴菲特對預測可口可樂、美國運通、寶僑（Procter & Gamble）和沃爾瑪

（Walmart）的未來經濟表現，會更自在一些。

直到二〇一一年的秋天，在英特爾的新微處理器釋出四十年後，巴菲特宣布他一直在買IBM的股票。IBM成立於一九一一年，被認為是美國科技行業的基礎。但在一九九〇年代初，IBM幾乎破產，在一九九二年虧損了五十億美元，這是任何一家美國公司在一年內虧損最多的錢。如果沒有郭士納（Lou Gerstner）和彭明盛（Sam Palmisano）的管理長才，今天可能就沒有IBM了。

到二〇一一年底，波克夏已經買了六千三百九十萬股IBM股票，約占該公司的五．四%。這是一次投入一百零八億美元的大膽收購，是巴菲特有史以來對個別股票一次最大收購。波克夏的股東可能認為，他們會獲得關於IBM先進資訊處理技術競爭優勢的速成課程，但他們得到的是關於管理才能和如何思考IBM策略的課程。

當郭士納於一九九三年加入IBM擔任執行長時，他的任務是要來扭轉這家陷入困境的公司。因此，他賣掉了低獲利率的技術資產，並積極轉向軟體領域。

二〇〇二年出任執行長的彭明盛則賣掉了個人電腦業務，使IBM不僅專注於軟體，還專注於諮詢服務和網際網路。郭士納和彭明盛在各自任職期間回購了一半以上的IBM流通股，這證明IBM已經恢復了產生現金的能力。此外，彭明盛在管理公司的十年期間，將普通股股息從〇．五九美元提高到三．三〇美元，成長幅度高達四六〇%。

吸引巴菲特加入IBM的不僅是郭士納和彭明盛合理分配資本的技能，也是資訊科技服務業在本質上具有防禦性的想法，可以提供相對穩定和可預測的成長前景。資訊科技業是具有韌性的，因為它的收入是經常性的，並與大公司和政府的既定預算掛鉤。在巴菲特看來，因為公司和政府很少更換供應商，IBM的資訊科技服務業務具有護城河般的性質。

儘管有新的策略計畫，IBM還是在努力提升收入。銷售額下降的原因之一是，其他公司以更便宜的成本提供相同水準的資料儲存和軟體服務，市場競爭非常激烈。亞馬遜網路服務（AWS）、微軟 Azure 和 Google 雲端平台（GCP）提供的雲端運算服務的興起，正在吸走為IBM帶來獲利的客戶。在近六年的收入下降後，IBM的股價跌至一百四十美元，低於波克夏的一百七十美元購買價格

在二〇一六年的年報中，波克夏的普通股投資組合中新增了蘋果公司的六千一百萬股。巴菲特仍然擁有IBM股票，成本基礎為一百三十八億美元，市值為一百三十五億美元。但對蘋果的購買卻沒有提出任何解釋。在投資組合持有部位下面，巴菲特簡單地寫道：「表格上的一些股票是陶德．康布斯（Todd Combs）或泰德．魏斯勒（Ted Weschler）負責的，他們與我一起管理波克夏的投資。」陶德．康布斯於二〇一〇年加入波克夏。兩年後，泰德．魏斯勒加入團隊。每個人負責波克夏投資組合資金中的大約一百億美元，約占總額的二〇%。當時，人們認為是陶德或泰德買進了蘋果的股票。

然後在二〇一七年，終於真相大白。對蘋果的投資擴大到一．六六億股，成本基礎為二百億美元。IBM的投資不再列出。第二年，波克夏又增加了八千九百萬股蘋果股票，總投資達到二．五五億股，成本基礎為三百六十億美元，市值為四百億美元。蘋果現在是巴菲特的股票了。從IBM轉到蘋果，代表了科技業的權力交替。這兩家科技業巨頭曾經是親密的

競爭對手，但現在已經分道揚鑣。IBM專注於為最大的客戶提供企業軟體解決方案。蘋果崛起後，很快就成為主要的消費電子產品供應商。

業務法則：簡單易懂

蘋果公司由史蒂夫·沃茲尼克（Steve Wozniak）、史蒂夫·賈伯斯（Steve Jobs）和羅納德·韋恩（Ronald Wayne）於一九七六年四月一日創立，目的是要銷售由沃茲尼克設計的新型蘋果I（Apple I）個人電腦。該公司於一九七七年註冊為蘋果電腦（Apple Computer）公司，並於一九八〇年十二月十二日以「AAPL」的股票代號上市，市值為一七·七八億美元。

蘋果歷史上的一個重大時刻發生在一九八四年一月二十二日，第十八屆超級杯的第三季度期間。由雷利·史考特（Ridley Scott）執導的電視廣告宣布，蘋果的麥金塔（Macintosh）電腦正式上市。這支名為「一九八四」的廣告被譽作電視史上最偉大的廣告之一，被認為是蘋果成功故事的分水嶺事件。確立桌面排版變成一般人容易使用的辦公功能，蘋果的麥金塔個人電腦也發揮了關鍵作用。

多年後的二〇〇一年，該公司開設了最早的兩家蘋果門市（在維吉尼亞州和加州）來展示產品。今天，蘋果在全球擁有五百多家門市。同一年，蘋果推出了iPod，這是一種可攜式媒體播放器，取代了當時受歡迎但播放卡帶的索尼隨身聽（Sony Walkman）。iPod在六年內賣出超過一億台。兩年後，蘋果推出了iTunes商店，這是一項音樂服務，只需九十九美分即可下載可與 iPod 整合的歌曲。五年內，iTunes 的下載量超過五十億次，成為全球最大的音樂零售商。

然後，在二〇〇七年，在麥金塔世界（Macworld）發表會上，史蒂夫・賈伯斯介紹了蘋果所謂的「遊戲規則改變者」：一款名字不起眼的全新手機。[203] iPhone 在銷售的前三十小時內售出了二十七萬支，這表明蘋果現時已經從強調電腦，轉型為消費電子巨頭。接下來的二〇一〇年，蘋果推出了一款名為 iPad 的大螢幕媒體裝置，稱作平板電腦。它執行與 iPhone 相同的觸控作業系統，iPhone 上的所有應用程式在 iPad 上都相容。蘋果在第一天就賣出了三十萬部 iPad，到第一週結束時賣出了五十多萬部。二〇一四年，該公司推出了一款名為 Apple Watch 的智慧手錶。起初，這款手錶非常受歡迎，因為它可以撥打和接聽電話，還可以追蹤健康和健身資訊。二〇一六年底，一款可以與 iPhone、iPad 和 Apple Watch 一起使用的無線耳機 AirPods，正好及時在假期上市。

在這段期間，蘋果和微軟被視為主要的技術競爭對手。最初，蘋果的電腦及其專有作業系統 iOS 是該公司的主要經濟驅動力。同樣的，微軟專注於並繼續透過銷售其具有圖像化介面的軟體，Microsoft Windows 作業系統，來獲得市場占有率。但蘋果後來脫離了這條路，它將過去的電腦和電腦軟體擴充到為大眾精心設計和價格高昂的消費電子產品。這一招起作用了。當蘋果在二〇一〇年推出 iPad 時，其市值自一九八九年以來首次超過了微軟。

令人震驚的是，這家市值三兆美元的公司的所有消費性電子產品，可以輕鬆地放在一張小早餐桌上作全系列的展示。而這只是故事的一半。另一半，據一些人的估計，是公司總價值的一半，就在蘋果服務（Apple Services）上。這是一種訂閱服務，包括 Apple One、Apple TV+、Apple Music、Apple Arcade、Apple Fitness+、Apple News+、Apple Podcasts、Apple Books、Apple Care、iCloud 和 Apple Credit Card。在這個陣容中，App Store 是最重要的。這是一個數位發行平台，個人可以在其中購買和下載適用於 iPhone 和 iPad 的數位軟體和應用程式。該公司對外部開發者設計的應用程式收取三〇%的費用，以作為獲得蘋果客戶的回報。對於訂閱的應用程序，蘋果在第一年收取三〇%的費用，並在隨後的幾年中降至一五%。簡而言之，App Store 可以源源不斷地賺錢。

二〇二三年，蘋果服務，包括 App Store，創造了超過八百億美元的收入，占蘋果四千億美元總銷售額的近二〇%，對淨收入的貢獻率要高得多。僅該公司就擁有超過十億的數位服務付費訂閱者，是從前一年的八・六億訂閱者成長而來。截至二〇二二年底，蘋果的活躍使用裝置，包括 iPhone、Mac 和 iPad 已經超過二十億台，與去年同期相較成長了一一%。全世界八十億人口中，大約有二六%的人擁有蘋果產品。

財務法則：股東權益報酬率

當巴菲特第一次收購蘋果股票時，許多人都感到困惑，想知道為什麼波克夏想收購一家類似諾基亞（Nokia）或摩托羅拉（Motorola）的公司，這兩家手機製造商曾經風光一時，但已經沒落。然而在另一種「無法解釋是因為無法描述」的情形中，蘋果不是摩托羅拉或諾基亞，而是路易威登（Louis Vuitton）。在紐約第五大道和巴黎香榭麗舍大街上，蘋果門市毗鄰路易威登商店，是有原因的。蘋果是手機精品製造商，消費者非常喜愛它的產品。簡而言之，蘋果 iPhone 已經成為一種階級符號。

巴菲特逐漸意識到，蘋果是一款非常有價值的產品，人們正在圍繞 iPhone 建立起自己的生活。「八歲和八十歲的人都是如此。人們想要這種產品，」巴菲特說：「而且他們不想要最便宜的產品。」[204] 平均來說，蘋果的智慧型手機銷量約占全球智慧型手機銷量的一五％，卻獲取了全球智慧型手機利潤的八五％。

蘋果的第二個增值部分是其快速成長的服務業務，包括 App Store。蘋果的服務業務是公司成長最快的部分，也是過去幾年蘋果股票表現高於平均水準的主要原因。長期以來，投資人專注於蘋果的硬體業務（筆記型電腦、iPhone、iPad，以及可穿戴裝置，手錶和 AirPods），幾乎不太重視服務的業務。事實上，當波克夏在二〇一六年首次收購蘋果時，市場對公司的隱含成長沒有賦予任何價值。一旦蘋果服務的成長速度趨於明顯，而且穩步成為公司總收入的更大部分（因為成長速度快於硬體），人們對蘋果未來成長率的看法就發生了變化。到了二〇二〇年，蘋果企業三分之一以上的價值要歸功於其未來的成長。[205] 蘋果高獲利的消費電子產品，加上資本服務業務的快速成長，和非常高的報酬率，使該公司取得了無人能比的獲利能力。

二〇一六年，波克夏收購蘋果的那一年，該公司的股東權益報酬率為三七％，是非常了不起的數字。這個數字在二〇二〇年達到九〇％，在二〇二一年甚至達到驚人的一四七％。同樣的，蘋果的淨有形資產報酬率也有類似的軌跡：股東權益報酬率從二〇一六年的三四%，達到二〇二一年的一五〇%。

一家公司如何做到可以擁有三位數的股東權益和淨有形資產報酬率？首先，與去年同期相比，報酬率快速成長可以歸因於蘋果服務的快速成長，這是一項三位數股本報酬率類型的業務。第二個原因，也是一個沒有被充分理解的原因，是蘋果不需要有形資產來經營其業務。[206]該公司的應收帳款、庫存和固定資產遠遠超過了應付帳款和應計未付款。

價值法則：確定價值

當陶德．芬克爾（Todd Finkle）帶著一群岡薩加大學（Gonzaga University）學生去奧馬哈拜訪巴菲特時，他問道：「你如何評估一家公司的價值？」巴菲特回答：「現金流量折現模型。」[207]這就是巴菲特在一九九二年向波克夏股東介紹威廉斯時簡要說明的相同方法。芬克爾使用兩階段的戈登成長模型來評價蘋果，根據前十年的成長率是八%，然後永久剩餘成長率是二%，折現率為一〇%來計算，他發現蘋果接近公允的價值。[208]事實上，在分析蘋果時，許多用於評估蘋果價值的股息折現模型，都很難發現公允價值的顯著折扣，也就是安全邊際。然而，從二〇一六年底到二〇二三年六月三十日，蘋果的總報酬率成長了六一八%，年化報酬率為三五%。在同一時期，標準普爾五百指數上漲了一二三%，年化報酬率為一三%。顯然，市場對蘋果的普通股定價錯誤。

蒙格表示，他從未見過巴菲特使用正式的股息折現模型。相反的，他是在腦子裡做了大部分的計算，然後根據外在因素調整估值，包括管理階層的資本配置和其他財務因素。我們將在下個階段講述提姆．庫克（Tim Cook）合理的資本配置決定。在這裡，我們將研究對價值產生種大影響的另外兩個經濟因素，這些因素超出了標準股息折現模型對公司內在價值的影響。

首先是無形投資對確定公司價值的影響。學者、作家和投資策略師麥可．莫布斯（Michael Mauboussin）就無形投資的概念撰寫了大量的文章。[209] 莫布斯指出，一家公司能夠成長的方式是透過以獲利衡量的投資可以獲得良好的回報。他提醒我們，投資可以是有形的，也可以是無形的。有形投資是可以觸碰和感覺的固定硬資產。想想實體商店、設備和卡車。無形資產則是沒有實體的存在，例如研發成本、軟體和藥品的化學成分。

莫布斯解釋說，兩者之間的區別在於，對於有形資產，一次只有一家公司可以使用該資產。但擁有無形資產，就可以讓大量的人同時使用該資產。那些擁有無形資產的公司會因強大的規模經濟而受益。想想軟體。雖然設計原始軟體程式的成本很高，但由於共享成本低廉，單位成本會顯著下降。而且有數百萬客戶可以同時使用新軟體。

莫布斯發現，比起依賴有形資產的公司，依賴無形投資的公司成長得更快。莫布斯說：「隨著投資的總體組合從有形到無形的轉變，我們應該期望，贏家的成長率比我們在基準利率資料中看到的更快。」[210] 現在想想蘋果。無形投資報酬率的成長速度比有形投資報酬率更快，公司的成長率就會提高。只要公司無形投資的回報仍然有高需求，而且避免過時，這種情況將維持不變。這對蘋果來說尤其重要，因為蘋果業務的服務部分主要就是依賴無形投資，在整個公司中所占比例也越來越大。

關於無形投資的另一個重要考慮因素，是這些投資與有形投資的會計處理方式。根據工業革命之初誕生的公認會計原則，公司的有形投資成本不是透過損益表支出的，而是在資產負債表上作為資產的資本，然後在有形資產的生命週期內貶值，有時是五年、十年或二十年，根據投資的類型而定。相反的，一般公認會計原則規定，公司對無形投資的投資必須透過損益表進行支出，所以不會出現在資產負債表上。因此，與主要依賴有形投資的公司相比，擁有大量無形投資的公司通常以更高的本益比和帳面價值進行交易。

蘋果的年度無形投資是多少？大約三百億美元，全數費用化列入當期損益表，而不計入資產負債表。然而，無形投資確實可以提高公司的內在價值。例如，蘋果估計在二〇二四年將賺取九百五十億美元，即每股六美元。二〇二三年底，股票是以遠期本益比的三十一倍進行交易，遠高於標準普爾五百指數預估的二十倍。但是，如果我們將無形投資列為資本，而不是放入損益表將其列為當期支出，該公司將產生一千二百五十億美元的收入，每股銷售盈餘為八美元，是預估盈餘的二十三倍。即使以五年的時間來攤提蘋果的無形投資，二〇二四年的盈餘就是一千一百九十億美元，而不是九百五十億美元，遠期預估盈餘則為每股七・六二美元，而不是每股六美元。然後，蘋果股票將以遠期本益比的二十四倍進行交易，而非三十一倍。

當然，無形投資可能非常賺錢，也能增加公司的內在價值，特別是蘋果。但在傳統的一般公認會計原則分析中，找不到為蘋果創造價值的無形投資。正如巴菲特經常建議的那樣，在對公司進行估值時，公認會計原則的會計作業是你開始的地方，而不是你結束的地方。莫布斯還指出，羅素三千指數（Russell 3000）涵蓋了絕大多數的美國股票，這些公司的無形投資在二〇二〇年接近一．八兆美元，是總額為八千億美元有形投資的兩倍多。對投資人來說，重要的是要明白，在會計基礎上，股市不再是一個經常拿蘋果與蘋果相比的世界了[211]，還需要更多的深入分析。

第二個重要考慮因素是了解無形投資對資本報酬率的經濟影響。莫布斯解釋：「無形投資的調整對某些行業的影響比其他行業更大。」他說：「正是有形投資和無形投資的混合，決定了影響的程度。」

莫布斯指出，對製藥和生物技術、網路軟體和服務以及網際網路零售等行業來說，根據無形投資進行調整的投資資本報酬率（return on invested capital，簡稱ROIC）會更高。莫布斯寫道，有一點是肯定的，「把無形投資列為資本可以提升公司的投資資本報酬率」[212]。

為了更理解資本報酬率高的公司和資本報酬率低的公司之間的估值差異，我們需要回到莫布斯的觀點。一九六一年，金融專業人士莫頓．米勒（Merton Miller）和法蘭科．莫迪利安尼（Franco Modigliani）發表了一篇題為〈股息政策、成長和股票估值〉的論文。莫布斯認為，這篇論文「迎來了現代的估值時代」。[213]米勒和莫迪利安尼問了一個相當簡單的問題：「市場**到底**用什麼來評估公司價值？」他們衡量盈餘、現金流量、未來創造價值的機會和股息。他們學到了什麼？令人意外的是，這些衡量方式都可以彙整成同一個模型。他們確定，股票的價值是未來自由現金流量的現值，正如威廉斯所描述的那樣，而且巴菲特也支持，這是確定內在價值的一個無可爭議的模型。但接下來，他們說的話值得我們關注。

為了幫助投資人掌握未來現金流量對估值的影響，米勒和莫迪利安尼提出了一個將公司分為兩部分的公式。一家公司（事業）的價值等於「穩定狀態的價值，加上未來創造的價值」。他們將公司的穩定狀態價值定義為，稅後淨營業利潤（常態化）除以資金成本再加上額外現金。莫布斯解釋說：「使用永續年金法計算的公司穩定狀態價值，是假設當前的稅後淨營業利潤是可持續的，而且增量投資既不會增加也不會減少價值。」[214]

談到未來創造的價值，米勒和莫迪利安尼計算公司的未來價值，是公司投資乘以資本報酬率，減去資金成本乘以超出資金成本的增額投資，能夠帶來收益的預期期間。換句話說，在現金報酬率占公司投資資本的報酬率高於資金成本的前提下，企業未來創造的正向價值會變成隨時間推移而產生的現金。是的，這很拗口。但米勒和莫迪利安尼只是將巴菲特在許多場合說過的事列成表格而已。最值得擁有的公司，即能夠創造最大未來價值的公司，就是一家能夠透過增量資本產生高報酬率（高於資金成本），然後將現金利潤重新投資回公司，以長期產生高資本報酬率的公司。正是公司的複利效應產生了高資本報酬率，而這正是時間一久要累積財富最重要的因素。

接下來，莫布斯幫助我們了解，米勒和莫迪利安尼的未來價值創造與本益比之間的關係。這裡的核心論點是，一家投資收入高於資金成本的公司就可以創造價值。投資收入低於資金成本的公司則會破壞股東價值。一家產生相當於資金成本的報酬率的公司，無論成長多快或多慢，都不會創造或破壞股東價值。[215]

投資人幾乎不會認為，快速成長的業務真的會毀掉他們的投資。但請考慮以下計算：莫布斯告訴我們，假設資金成本為八％，全部股權融資為期十五年，一家資本報酬率為八％的公司，估值就是本益比的十二．五倍。無論公司是每年成長四％、八％或一○％，這個倍數依然是關鍵，既不會增加也不會減少股東價值。但是，一家只賺取四％資本報酬率的公司，在資金成本為八％時，以四％的成長率計算，只值本益比的七．一倍；或以六％的成長率計算時，則為三．三倍，然後隨著成長率越快，就會立刻開始損害股東價值。最後，以八％的資金成本獲得一六％的資本報酬率的公司，若以四％的成長率計算，估值則為本益比的一五．二倍；六％的成長率，則為一七．一倍；八％的成長率，則為一九．四倍；若以一○％的成長率計算，則為二二．四倍。

有兩個觀察對於理解很重要。首先，一家獲得一○○％資本報酬率的公司，會比一家獲得一五％資本報酬率的公司更有價值，後者是標準普爾五百指數的平均資本報酬率。為什麼？因為獲得一○○％資本報酬率的公司就有更多錢可以重新投資到公司中。只要增量投資，報酬率仍然遠高於資本成本，高資本報酬率就可以作為公司內在價值的渦輪增壓器。

第二個考慮因素是銷售成長的作用。如前所述，如果有兩家公司獲得相同的資本報酬率，但其中一家比另一家成長更快，那麼市場將更重視成長較快的公司。

這就引出了一個問題：如果蘋果在一○○％的資本報酬率的情況下，當成長率為八％的時候，那麼它值多少錢？這裡的第一課是，如果一家本益比看似頗高的公司，如果它的資本現金報酬率超過資金成本，實際上可以成為一個了不起的價值主張。其次，一旦公司的收益高於資金成本，它成長得越快，就越有價值。一言以蔽之，當一家公司的收益高於資金成本時，銷售成長就成為決定內在價值成長的切換開關。

讓我們退後一步，思考一下蘋果的估值。是的，以業主盈餘成長率為八%的標準股息折現模型去計算，可能不會揭露蘋果股票被嚴重低估的現象。但是，只要調整無形資產的投資，並計算其投資的資本報酬率，蘋果股票就顯然是被低估了。如果該公司的服務部門已經以最快的速度創造了最高的資本報酬率，並成為業務中占比更大的一部分，那麼在未來的幾年中，蘋果內在價值的成長可能會進一步加速，這並非不可能的事。

管理法則：理性的管理

提姆．庫克於一九九八年加入蘋果公司，擔任全球營運資深副總裁。二〇一一年，蘋果聯合創辦人兼總裁兼執行長史蒂夫．賈伯斯去世後，庫克被任命為執行長。

作為領導者，史蒂夫．賈伯斯的風評是一個要求嚴厲而強硬的人，喜歡微觀管理，而庫克擔任執行長時，採取的是一種較為放手的風格，他在蘋果鼓吹並實行一種更協力合作的文化。他曾經說過，他的領導焦點是人、策略和要求。「如果你把這三件事做對了，」他解釋說：「世界就是個很棒的地方。」[216]

當庫克在二〇一一年成為執行長時，蘋果的市值為三千五百億美元。十幾年後，它成為世界上第一家三兆美元的公司。毫無疑問，庫克對蘋果全球營運的經驗和執行能力，從過去到現在都是蘋果崛起成為世界上最有價值公司的主要原因。管理一家擁有全球供應鏈的全球科技公司並非容易的事。但庫克擁有另一種經常被忽視的天賦，在促成蘋果的價值提升方面同樣重要：合理地分配資本，因為這與回購股票、提高股息和管理資產負債表有關。

二〇一一年底，蘋果有二百六十三億股流通股。二〇二三年九月三十日，該公司有一百五十七億股流通股。在庫克之前，蘋果從未進行過有系統的股票回購計畫，但在庫克的領導下，該公司啟動了金融史上最令人讚嘆的一個企業成就。

在十一年半的時間裡，蘋果逐步回購了一百零六億股股票，將該公司的流通股減少了四〇%。以美元計算，庫克的股票回購計畫已經回購了五千九百二十億美元的股票。這是什麼概念？五千九百二十億美元的蘋果股票，比標準普爾五百指數中的第九大公司聯合健康集團（UnitedHealth Group）更大，其市值只有四千六百八十億美元。[217]

在同一時期，蘋果也向股東支付了一千四百億美元的股息，使股東的股息和回購股票總報酬達到七千三百二十億美元，幾乎相當於波克夏七千八百四十億美元的市值。

在蘋果成為第一家市值達到一兆美元、二兆美元，然後是三兆美元的公司期間，股東獲得了七千八百四十億美元的回報。此外，蘋果在二〇二三年第二季度結束時，公司的債務是一千一百億美元，直接可以被一千六百六十億美元的現金抵消，使該公司基本上沒有債務，資產負債表上有五百六十億美元的可自由支配現金。

歷史上沒有一家公司曾經接近蘋果所達成的財務報酬率和目標。

業務法則：長期前景看好

當投資人在考慮公司的長期前景時，最好去判斷：一、現有業務的「黏著」程度，這意味著現有客戶是否可能繼續成為客戶；二、在新產品的新市場獲得新客戶的機會；三、管理階層是否願意繼續將公司的報酬還給股東，即公司的所有人。

當被問及為什麼要投資蘋果時，巴菲特回答說：「我們實際上是押注於以 iPhone 為首的蘋果產品生態系統。我看到這些特徵，讓我覺得它很特別。」[218] 以他獨特的風格，巴菲特使用「**生態系統**」一詞，來簡要說明蘋果透過長期獲取高報酬率來創造競爭優勢，進而增加股東財富的能力。總而言之，蘋果的生態系統就是巴菲特所謂的護城河。

在科技界，生態系統包括了可以強化數位體驗的無縫協作裝置。蘋果的生態系統一般常被稱為封閉生態系統，因為公司可以完全控制軟體（iOS 系統）和硬體（Mac、iPhone、iPad）。蘋果在建立和加強其生態系統方面的成就在於，它不是圍繞著單一裝置進行設計，而是圍繞著生態系統來設計產品。蘋果開發、維持生態系統，並從中提取價值的能力，使其成為世界上最有價值的公司。

數位生態系統的一個顯著特徵是收益遞增的經濟概念，這與我們長期以來遵循的收益遞減法則完全相反。在一般的經濟理論中，這個熟悉的法則指出，在其他因素——即需求——保持恆定的同時，再增加一個生產要素，在某個時間點將逐漸降低每個生產單位的報酬率。換句話說，收益遞減法則確定了獲利水準低於投資資金的點。之後就不再會有複合的高資本報酬率。

然而，有些公司卻能表現出**收益遞增法則**，這意味著，領先者傾向於進一步領先，而失去優勢者傾向於繼續失去優勢。報酬率減少是實體世界的一個特徵，而收益遞增則與以知識

為主的經濟世界有關。 219

收益遞增法則在科技數位行業尤其重要。正在經歷報酬率不斷成長的公司，具有某些屬性，這些屬性進一步鞏固了它們在行業中的主導地位。總的來說，這些屬性創造了所謂的**網路效應**。因為人們更喜歡連結到更大的網路，而不是較小的網路。如果有兩個相互競爭的網路，一個有二千五百萬個會員，一個有五百萬個會員，新成員將傾向於選擇更大的網路，因為它更可能滿足他們與其他成員聯絡的需求，也提供更多服務和福利。

網路效應的一個顯著特徵就是，隨著越來越多的人使用，產品或服務的價值會提高。我們可能會說，網路效應實際上是需求方的規模經濟。因此，為了要發揮網路效應，快速壯大非常重要。這可以阻礙形成競爭的局面。

研究網路效應的有趣之處在於，一旦某個人加入網路，就會明白強大心理力量的作用。它從**正向回饋**開始。正向經驗給我們帶來快樂或滿足，我們會想要一再去重溫這種體驗。在使用科技產品（iPhone、iPad、Apple Watch）時，有正向經驗的人就會有再繼續使用該產品的傾向。與科技投資相關的人類心理學中，另一個促使該行為的部分稱為**鎖定**。當我們學會做某件事的某種方法時，我們就沒有興趣再去學習另一種方法。科技產品，特別是軟體作業系統，一開始可能很難掌握，然而一旦我們可以熟練地使用某種產品或軟體，就會強烈抗拒更換另一種產品或軟體。與鎖定密切相關的心理是**路徑依賴**，這樣就可以更輕鬆地重複相同的技術任務。即使競爭對手的產品被認為更優越且更便宜，但消費者仍會對自己使用技術的方式感到滿意。

所有這些因素——網路效應、正向回饋、鎖定和路徑依賴——都會導致高**轉換成本**。有時候，轉換成本真的就是字面上的意義，因為轉換技術和軟體會花太多錢，因此無法說服客戶去改變。但在許多情況下，這些屬性中的任何一個，特別是與其他屬性結合作用，都會在客戶身上產生心理勸阻作用，這是一種高轉換成本的形式。

現在，話雖如此，請退後一步，想想蘋果產品的二十一億使用者，其中有十億人也訂閱了蘋果服務。他們是否願意丟棄當前的產品，去接受新的不同產品的成本，同時還因此要學習一個新的作業系統？

巴菲特告訴我們，具有長期前景的最佳公司就可以稱為擁有**特許經營性質**——一家銷售市場需要或想要的產品或服務的公司，並且沒有密切的替代品。巴菲特還表示，他相信，看出新的特許經營事業的投資人，將得到下一波的龐大財富。現在我們了解了蘋果的特點和優勢，再加上轉換產品帶來的心理阻力，人們堅信，蘋果就相當於巴菲特所謂特許經營事業的現代標的物。

儘管如此，在建構公司的內在價值時，僅僅安撫現有客戶是不夠的。還必須注意引入更新、更好的產品和服務，並進攻新的市場。蘋果不僅成為新型電子裝置的領先創新者，還致力於推出現有產品的更新版本和更好版本。

二〇〇七年至二〇二三年間，蘋果發表了三十八款不同的 iPhone 機型，包括二〇二三年九月推出新款的 iPhone 15 和 iPhone 15 Pro，以及六款不同的 Mac 筆記型電腦。二〇二四年，蘋果將開始銷售混合實境耳機的 Apple Vision Pro，這是自二〇一五年推出 Apple Watch

以來，蘋果在另一個主要類別中的首款產品。

蘋果的服務業務以及App Store繼續以兩位數的速度成長。服務業務產生了七一％的高獲利率，大約是蘋果硬體部門的兩倍。蘋果財務長盧卡斯．梅斯特里（Lucas Maestri）說：「從許多方面來說，服務業務對我們來說很重要。它強化了我們的生態系統，〔而且〕它很重要**的原因，是**因為它使公司的整體業務減少了對產品效能的依賴。」[220]當iPhone或iPad的銷售因經濟成長衰退或新產品推出前暫停而放緩時，服務業務依然繼續推動蘋果位居領先地位。為了不落人後，蘋果繼續悄悄地研究可以與OpenAI以及其他公司競爭的人工智慧（AI）工具。這家公司已經建立了自己的框架，以便為其生態系統建立大型語言模型，這並不令人感到意外。

撇開新產品、新服務和人工智慧的出現不談，也許蘋果最大和最令人興奮的近期機會是新市場。二〇二三年底，美洲占蘋果收入的四二％，歐洲占二五％，中國占二〇％，其餘亞太地區占一三％。亞太市場中墊底的是印度，它只占蘋果收入的二％，營業額大約六十億美元。但這個情況沒有維持太久。印度是世界上人口最多的國家，也是世界上最大的民主國家，到二〇二七年，它預計成為世界第三大經濟體，僅次於美國和中國。二〇二三年四月十八日，蘋果在孟買開設了第一家蘋果門市，兩天後在新德里開設了第二家門市。印度是蘋果未來十五年最重要的機會，印度的經濟潛力就如同十五年前的中國。

最後，蘋果股東將從公司所有有利的長期前景中受益，同時也可以放心庫克會繼續將作為蘋果股東的報酬返還給其所有人。在二〇二二年推出九百億美元股票回購計畫一年後，蘋果在二〇二三年第二季財務報告中宣布了另一項回購計畫。「鑑於我們對蘋果的未來，以及我們所看到的股票價值的信心，」梅斯特里表示：「我們的董事會已批准額外撥款九百億美元用來回購股票。」[221]

遺漏的錯誤與第二次機會

亞馬遜上市後不久，巴菲特就遇到了傑夫．貝佐斯。二〇〇三年，波克夏擁有四．五九億美元的亞馬遜債券。當時，巴菲特只透過網際網路購買三樣東西：《華爾街日報》、線上橋牌和亞馬遜的書籍。巴菲特說：「我不知道亞馬遜的體重會長到一百五十磅還是三百磅，但我確實知道一件事，它們並沒有厭食症。這個人（貝佐斯）將擺在我們面前的事情——賣書——與新技術結合起來，並在幾年內創造了世界上最大的品牌之一。」[222]

十五年後，巴菲特仍在讚美貝佐斯。對一個人來說，從無到有地建立一家世界上最大的企業，過程就像奧林匹克運動會一樣。巴菲特指出，貝佐斯已經做了兩次，首先是線上零售，然後是亞馬遜網路服務，這是世界上最大的隨選雲端運算平台，客戶對象為個人、公司和政府，收費方式為按照使用量隨用隨付。「我一直很佩服傑夫。」巴菲特說：「我一直是個沒買的笨蛋。我總認為他很特別，但我沒有意識到可以從賣書發展到現在這個局面。他真是有遠見，而且以不可思議的方式執行出來。」[223]

蒙格較為保留。蒙格說：「我們比大多數的人老一點，而且我們不像其他人那麼靈活。」巴菲特補充說，他和蒙格從小就研究約翰．洛克菲勒（John Rockefeller）和安德魯．卡內基

（Andrew Carnegie），他們是二十世紀兩位最偉大的企業家和歷史上最富有的人。他們從未預料到，人們可以用如此少的資本建立起一兆美元市值，且產生數十億美元盈餘的公司。對他們來說，這是無法想像的事。

在同一次會議上，蒙格放過了自己沒有買進亞馬遜的決定，但他表示他「不買 Google 感覺就像個蠢貨」。Google 現在被稱為 Alphabet，於二○○四年以每股八十五美元的價格上市，也是今天世界上最大的公司之一，價值超過一兆美元。多年來，巴菲特和蒙格一直看著蓋可向 Google 送支票，以支付消費者為了解公司的保險而在搜尋引擎上點選網頁的費用。蒙格說：「我們只是袖手旁觀，」這是他對巴菲特有時稱為「遺漏的錯誤」的說法。然後他補充道：「也許蘋果就是我們的補償。」[224]

保留盈餘的價值

巴菲特在一九八○年的波克夏年報中，特別以斜體字指出：「**波克夏的保留盈餘價值不取決於我們是否擁有一○○%、五○%、二○%或一%的公司。相反的，這些保留盈餘的價值取決於它們的用途，以及該用途的後續盈餘水準。**」[225]

一般來說，斜體字被廣泛用於強調，目的是引起讀者注意，確保它從周圍的句子中凸顯出來。但巴菲特在寫董事長信函時並不常使用斜體字，所以當他真的用到時，就很重要。我們應該仔細閱讀他用斜體表示的任何內容，然後將他的話輸入到我們自己的思維中。

在本報告中，巴菲特首先編寫了一個關於一般公認會計原則的簡短教學，因為它涉及在不同所有權下整合企業的銷售、支出和收益。巴菲特用公認的簡單術語解釋說，對於波克夏擁有超過五〇%股份的公司，每家公司的盈餘按比例直接計入波克夏報告的營運收益。而在非控制企業（擁有不到二〇%的股份）中，波克夏只能報告收到的股息（如果支付的話）。

巴菲特將一九八〇年描述為波克夏「不尋常」的一年，原因很簡單：這是「產生不尋常結果的第一年」。我們的〔非控制〕持股〔普通股〕大幅增加，加上這些部分持股公司的盈餘成長，也就是這些公司去年保留的盈餘（未作為股息支付）超過了波克夏公司報告的年度營業利潤總額。[226]

換句話說，波克夏普通股投資組合的保留盈餘，高於波克夏獨資企業的盈餘。由於保單快速成長，波克夏保險業務蒸蒸日上，這意味著，巴菲特在保費增加（保險浮存金）的支持下，大幅擴大了普通股投資組合。因此，由於一般公認會計原則的會計核算，巴菲特指出，這「只允許我們不到一半的收入『冰山』浮出表面，讓人一目了然」。也就像波克夏即將發生的狀況的一種跡象，巴菲特預先警告說：「在企業界，這樣的結果是相當罕見的。但就我們而言，它可能會反覆出現。」[227]

巴菲特接下來向波克夏的股東保證，沒有必要驚慌：「由於波克夏在保險領域的資源集中，資產也相對集中〔普通股〕，其中許多公司將相對較少比例的盈餘拿來支付股息。這意味著，他們的盈餘能力只有一小部分是記錄在我們當前的營運收益中。」

但不要害怕，巴菲特說：「雖然我們報告的營運收益只反映了從這些公司〔普通股〕獲得的股息，但我們的經濟利益取決於他們的盈餘，而不是他們的股息。」

為了闡明他的觀點，他告訴波克夏的股東：「如果有一棵樹生長在我們部分擁有的森林裡，但我們沒有在財務報表中記錄這棵樹的成長狀況，我們仍然擁有這棵樹的一部分。」[228]四十年後，巴菲特為波克夏新股東和老股東的利益宣講了同樣的道理：保留盈餘的價值。

在波克夏二〇一九年的年報中，巴菲特介紹了一位經濟學家，艾德加・羅倫斯・史密斯（Edgar Lawrence Smith）。史密斯畢業於哈佛大學，後來在洛迪克森公司（Low, Dixon & Company）擔任投資經理，他完全接受當時的主流觀點，即債券是比股票更好的長期投資。但當他開始撰寫我們今天所熟知的《長線投資獲利金律》（*Common Stocks as Long Term Investments*）一書（於一九二四年出版）時，一切就變了。史密斯在書中指出，他找不到在任何二十年期間，一個分散型普通股的投資組合報酬率低於類似的分散型債券投資組合。在當時，這是一個真正激進的想法，因為人們普遍認為長期債券優於股票，史密斯也因此贏得了極大的關注。

著名的英國經濟學家和哲學家凱因斯是許多評論這本書的人之一。顯然，史密斯給他留下了深刻的印象，他隨後就邀請史密斯加入著名的皇家經濟學會。在評論中，凱因斯寫道：

> 我把史密斯先生最重要的，當然也是最新穎的觀點留到了最後。管理良好的工業公司通常不會將所賺取的利潤全部分配給股東。如果不是每年，也會在景氣好的年份裡，他們會保

留部分利潤，並將其重新投入公司。因此，**有一個複利因素**支持著穩健的工業投資。多年來，一家穩健的工業公司，其資產實際價值會以複利的方式增加，這與支付給股東的股息完全不同。[229]

「隨著聖水的灑下，」巴菲特說：「史密斯不再默默無聞。」[230]

巴菲特承認他感到很困惑，為什麼可以增加股東價值的保留盈餘複利效果，投資人卻似乎完全無法理解這個概念。巴菲特寫道：「畢竟，卡內基、洛克菲勒和福特等企業巨人，早就積累了不可思議的財富，這已經不是什麼祕密了，他們都保留了很大一部分的公司盈餘，用來挹注成長，以產生更大的利潤。在整個美國，長期以來，都有小資本家遵循同樣的策略致富。」[231]

超過了六十五年，巴菲特一直堅定地指出，投資普通股和擁有一〇〇%的公司股份之間沒有區別。「查理和我並不認為，〔波克夏的普通股投資組合〕是股市賭注的集合——會因『華爾街』評等下調、獲利未達預期、預期聯準會的行動、可能的政治發展、經濟學家的預測，或其他任何可能成為當前主題而終止的賭注。」[232]

從理智上來說，在波克夏，除了時思糖果沒有股票價格，其獲利完全由波克夏計算，而蘋果有股價，但其獲利並不計入波克夏公認會計準則的每股盈餘，擁有時思糖果和蘋果沒有任何投資上的差異。巴菲特進一步解釋說：「正如我之前強調的，查理和我將波克夏持有的有價證券視為**公司**的集合。雖然我們無法控制普通股的營運，也不會獲得會計利益（股息除外），但我們確實按比例分享了他們長期的繁榮。」[233]

巴菲特說：「看不見的東西也不應該被忘記：那些未記錄的保留盈餘通常會為波克夏創造價值——很多價值。」這是一個經常被擁有普通股的個別投資人忽視的教訓，特別是那些沒有堅持夠長時間而能從保留盈餘的複利效果中受益的人。巴菲特解釋說：「正如我們（之前）指出的，在美國的歷史上，保留盈餘一直在推動美國的公司發展。多年來，對卡內基和洛克菲勒有效的方法，也為數百萬名股東發揮了神奇的力量。」[234]

第 5 章

管理多家公司的投資組合

投資人應該表現得像他有一張終身決策卡，
上面只有二十個孔的機會。
每做出一次投資決定，他的卡就會被打一個孔，
而他的餘生就少了一個機會。
——巴菲特

巴菲特不做投資組合管理，至少不是傳統意義上的管理。當代的投資組合經理人非常清楚他們擁有的股票數量、每支股票的權重、行業和部門的分散，以及他們的投資組合相對於績效基準的最新表現。大多數投資組合經理人對個別股票的美元金額都看成一樣的權重。他們也關注在各式各樣的行業投資了多少錢，包括週期性消費品、必需消費品、醫療保健、金融、技術、工業、能源、材料和公用事業。巴菲特也知道所有這些統計資料，但他沒有浪費時間去思考這個問題。

好萊塢給了我們一個當代投資組合經理人在工作中的一種視覺上的刻板印象。他們把手機貼在耳朵上，把眼睛黏在電腦螢幕上，密切地盯著價格不斷變化的紅色和綠色閃爍訊號。每當其中一台電腦閃爍，他們就會表現出痛苦的表情，即使股價的下跌幅度其實很小。巴菲特完全沒有那種狂熱。他說話輕柔，在平靜中採取行動，而這樣的平靜是來自強大的信心。他不需要看很多個電腦螢幕，他對市場每分鐘的變化不感興趣。巴菲特不是用幾分鐘、幾小時、幾天、幾週或幾個月來思考，而是用幾年來思考。他不需要持續監控數百家公司，因為他的普通股投資組合只包含精選的少數公司。他曾說：「我們只關注少數優秀的公司。」[235]這種方法稱為**集中投資法**（focus investing），會大幅簡化管理投資組合的工作，並會增加產生高於平均水平、贏過市場報酬率的可能性。

集中投資法是一個非常簡單的想法，然而，像大多數簡單的想法一樣，它建立在一個具有相互關連概念的複雜基礎上。在本章中，我們更仔細地研究了集中投資法所產生的影響。目的是給你一種巴菲特所描述的、新的投資組合管理的思考方式。公平起見地警告：這種獨特的投資組合管理方法很可能與你一直學到的關於投資股市的方法相反。

今日投資組合管理：兩種選擇

投資組合管理的現狀陷入了兩種競爭策略之間的拉扯：一、主動的投資組合管理；二、指數型投資。

主動的投資組合經理人會不斷買賣股票。典型的共同基金擁有一百多支股票，投資組合周轉率超過一〇〇％，這意味著，大多數的共同基金每年會買賣整個投資組合。這種瘋狂的買賣行為是為了讓他們的客戶滿意，因為在任何一天，客戶都可能會問：「我的投資組合怎麼樣了？是否超越了市場的表現？」如果答案為「是」，客戶通常會把錢留給這個投資組合經理人。如果沒有，這個投資組合經理人可能就會失去客戶和管理中的資產。

相比之下，指數型投資是一種買進並持有的方法。它會組裝並持有廣泛而分散的股票投資組合，該投資組合旨在模仿特定基準的行為，如標準普爾五百指數。在這種情況下，投資人最後是擁有五百家公司。

主動的投資組合經理人認為，憑藉他們卓越的股票挑選技能，他們的表現可以勝過指數型基金。就指數策略師而言，歷史是站在他們這一邊的。最新的統計資料顯示，七九％的主動型經理人在三年內的表現低於基準；八八％在五年內的表現低於基準；九三％在十年內的表現低於基準。[236]主動的投資組合經理人要面對高昂的投資管理費用，以及不斷買賣股票的高昂交易成本。需要克服很高的障礙，才能超越市場的表現——那時他們甚至尚未從股票選擇中獲得回報。指數型投資人交易成本低、管理費最低，支出明顯較少。但請注意一點：即使一檔支出最少的指數型基金，永遠不會比它所模仿的指數差太多，但也永遠無法超越市場的表現。

從投資人的角度來看，這兩種策略的基本吸引力是一樣的：透過分散將風險降至最低。透過持有代表市場許多行業和部門的大量股票，投資人希望創造一個溫暖的保護毯，以防止把所有的錢都放在市場的某個領域，萬一發生災難，就可能會發生可怕的損失。他們的想法是這樣的：在正常時期，分散型投資組合中的一些股票會下跌，而另一些股票會上漲，就讓我們祈禱，上漲的股票可以補償到下跌的股票。

我們聽到**分散**的口號已經很久了，以至於我們對其不可避免的結果，即對於普通的投資報酬率已經麻木無感了。雖然主動型投資組合和指數型投資組合確實都做到了分散，但總的來說，這兩種策略都不會產生出色的績效。投資人必須問自己的問題是：我對平均報酬率滿意嗎？我能做得更好嗎？

關於指數與主動型投資組合管理策略的辯論，巴菲特有什麼看法？根據這兩個選擇，巴菲特會毫不猶豫地建議指數型投資組合，特別是假設投資人對大多數股票固有的短期價格波動感到緊張，或者可能對所擁有的公司的經濟特性知之甚少，或者兩種情況都有。巴菲特說：「透過對指數型基金進行周邊投資，一無所知的投資人實際上可以超越大多數的投資專業人士。」[237]然而，巴菲特很快就指出，還有第三種選擇，一種型態非常不同的主動型投資組合管理策略，可以明顯增加戰勝市場的機率。

第三選擇：集中投資法

在波克夏的一九九一年年報中，巴菲特解釋了他如何處理投資組合管理：「如果我的商業可能性範圍局限在奧馬哈的私人公司，我會首先嘗試評估每一家公司的長期經濟特徵；其次，評估負責管理該公司的人員素質；第三，嘗試以合理的價格購買一些最好的公司。我當然不希望我在鎮上的每一家公司都擁有相同的股份。那麼，為什麼波克夏在與更大範圍的上市公司打交道時，要採取不同的方式呢？」[238]

波克夏的投資組合管理方法稱為**集中投資法**，其本質可以非常簡單地這樣說明：選擇一些可能長期產生高於平均水準的經濟報酬率的優秀公司，並將大部分的投資組合資金集中在這些公司的普通股中，並有毅力地在短期市場波動期間保持穩定。

如果嚴格遵循巴菲特投資之道的原則，投資人一定會找到對集中型投資組合有意義的優秀公司。巴菲特說：「查理和我不是挑股票的人，而是挑公司的人。我們持有公開交易的股票，是基於我們對其長期業務表現的期望，而不是因為我們將它們視為熟練買賣技巧的工具。」[239]要理解為什麼有人會選擇管理集中型投資組合而不是分散型投資組合，能清晰描述

「挑公司」與「挑股票」之間的關鍵差異非常重要。

三十年前，巴菲特寫道：「我們不斷尋找具有可理解的、持久而令人垂涎的經濟特性，以及由有能力、以股東為導向的管理階層經營的大型公司。這種關注並不會保證結果，因此我們都必須以合理的價格購買，並從公司的績效來驗證我們的評估。而這種尋找超級明星的投資方式，為我們提供了真正成功的唯一機會。」[240]

巴菲特隨後坦言：「考慮到我們運用的資金很大，查理和我根本不夠聰明，無法透過巧妙地買賣不是非常出色的公司，來獲得真正的結果。我們也不認為，許多人可以透過從一朵花飛到另一朵花，來達成長期的投資成就。事實上，我們認為，對積極交易的機構冠上『投資人』這個名稱，就像把一個一再投入一夜情關係的人稱為浪漫的人。」[241]

還記得巴菲特給「一無所知」的投資人的建議嗎？他說的是：留在指數型基金。但更有趣的是他接下來說的話：「如果你是一個**知識淵博**的投資人，能夠理解公司的經濟特性，然後找到五到十家擁有重要的長期競爭優勢，且定價合理的公司，那麼傳統的分散布局對你來說就毫無意義。因為這很容易直接損害你的投資結果，並增加你的風險。我不明白，為什麼這種投資人會選擇把錢投到他第二十個最喜歡的公司中，而不是直接將這筆錢加到他的首選中——他最了解的企業，風險最小，獲利潛力最大。」[242]

在巴菲特看來，如果投資人可以專注於一些出色的投資，而不是從一個平庸的想法跳到另一個平庸的想法，他們會得到更好的服務。他認為，他的成功可以追溯到幾項出色的投資。如果你在巴菲特的職業生涯中，淘汰掉他的十幾項最佳決策，他的投資績效也不會比平均水準更好。為了避免成為平均水準，同時避免增加產生高於平均水準的投資結果的機率，巴菲特建議：「投資人應該表現得像他有一張終身決策卡，上面只有二十個孔的機會。每做出一次投資決定，他的卡就會被打一個孔，而他的餘生就少了一個機會。」[243]如果投資人以這種方式約束自己，巴菲特認為，他們就會耐心等待，直到一個好的機會浮出檯面。

傳統的分散投資還有一個缺點。這個方法會大幅增加你在不了解業務的情況下買公司股票的可能性。針對這一點，巴菲特提到了經濟學家、第一批做集中投資的人之一，凱因斯。巴菲特寫道：「凱因斯在投資上的才智足以媲美他在思想上的才智，他在一九三四年八月十五日曾寫了一封信給商業夥伴F．C．史考特（F. C. Scott），這封信說明了一切。」巴菲特引用了凱因斯的信：

> 隨著時間的推移，我越來越相信，正確的投資方法是將相當大的金額投入到某個企業中，人們認為自己對這家公司有所了解，而且完全相信這家公司的管理。分散到太多的公司，而自己對這些公司所知很少，也沒有特別信任的理由，是一種錯誤的做法……一個人的知識和經驗絕對是有限的，在任何時候，我個人覺得我可以**完全**信任的，很少有超過二到三家企業。[244]

費雪對巴菲特思想的影響已得到充分的注意，實際上，費雪也以集中型投資組合而聞名。他一向是寧願持有少數他非常了解的傑出公司，而非持有大量他不太了解的傑出公司。

費雪在一九二九年股市崩盤後不久就開始了他的投資交易業務，他記得產生好的投資結果有多麼重要。「在那時候，根本沒有犯錯的空間。我明白對公司的了解越多，我的情況就會越好。」[245]他一般的原則是，會將投資組合限制在不到十家公司，其中三到四家通常占總投資額的七五%。

費雪在《非常潛力股》中寫道：「〔投資人〕似乎從未想過，在沒有充分了解的情況下購買一家公司，可能比不夠分散來得更危險，更不用說他們的顧問了。」[246]直到九十一歲，費雪依然沒有改變想法。「厲害的股票非常難找，」他說：「如果不是這樣，那麼每個人都會擁有它們。我知道我想擁有其中最好的，或者根本不擁有。」[247]你可以將費雪的投資組合管理方法總結為「基於一個不尋常但有洞察力的概念，也就是少即多」。[248]

費雪對巴菲特的影響可以從他的信念中看出，當你遇到一件吸引人、可獲利的投資時，唯一合理的做法就是進行大額投資。巴菲特贊同這個想法，他在一九七八年寫道：「我們的政策是集中我們的持有部位。當我們對一家公司或其價格不夠熱衷時，我們會避免買一點這個或那個。」相反的，他解釋說：「當我們確信其有吸引力時，我們就認為要買進有意義的數量。」[249]他後來談到：「每次投資，你都應該有勇氣和信念，將至少一〇%的淨資產投入股票。」[250]

多年來，我們可以舉出好幾個例子，巴菲特不僅將一〇%的投資組合押在一支股票上，而且在某些情況下，還押注更多。一九六三年，他將巴菲特有限合夥公司二五%的資產投資於美國運通，得到的淨利潤為二千萬美元。一九七四年，他將波克夏股票投資組合的二〇%

以上投資於華盛頓郵報公司。一九七六年，他將投資組合的二五％投資於蓋可的普通股和特別股。一九八九年，他對可口可樂公司投資了十億美元，占波克夏投資組合的三〇％多一點。然後，在二〇一八年，巴菲特最積極的收購是對蘋果的三百五十億美元投資，占波克夏一千七百二十億美元投資組合的二〇％以上。很難想像任何其他投資組合經理人會下如此鉅額的單一賭注。任何其他管理著一千七百二十億美元的投資組合經理人，也不會像波克夏在二〇一八年底的普通股投資組合那樣，只擁有十五個主要持股。

對此，巴菲特回應說：「我們採取的投資策略，絕不會跟隨一般的分散投資教條。很多投資權威可能會因此認為，這個策略一定比傳統投資人使用的策略更危險。我們不同意。我們認為，如果集中政策能夠提高投資人對一家公司的思考強度，以及他在購買該公司之前對其經濟特徵所必須感受到的舒適程度（理應如此），那麼集中政策很可能會降低風險。」[251]

除了管理一個集中型投資組合，巴菲特的成功很大程度上要歸功於他的投資組合並不積極操作。他一整年都不購買或出售波克夏主要持股的任何一股，也會覺得很滿足。「懶散到近乎懶惰，」他曾經打趣道：「始終是我們主要的投資風格。」[252] 因此，他機靈地提醒我們，過度積極的投資是降低投資人回報的扒手。投資組合的高周轉率會增加交易成本，並增加所繳納的稅款，進而減少購買和持有優秀公司的複利效應。正如我們將了解的，精心挑選的集中型投資組合，結合低周轉率的紀律，最適合累積長期的財富。

巴菲特維爾的超級投資人 253

儘管自一九五六年成立巴菲特合夥公司以來，巴菲特一直是一個專注的集中型投資人，但我相信，檢視其他有志一同的集中型投資人的績效回報和投資組合屬性，也會很有幫助，這些人包括查理．蒙格、管理紅杉基金的比爾．盧恩，以及在蓋可管理投資組合的盧．辛普森，當然還有巴菲特本人。他們每一個人都管理集中且周轉率低的投資組合。從他們的績效紀錄中，我們可以學到很多關於集中投資的知識。但在開始這項研究之前，讓我們從第一個集中型投資人開始談起。

投資人凱因斯

大多數的人都認可凱因斯對經濟理論的貢獻。他們可能不知道的是，凱因斯除了是一位偉大的總體經濟思想家之外，還是一位傳奇的投資家。有關他投資能力的證明可以在劍橋大學國王學院切斯特基金（Chest Fund）的績效紀錄中找到。

一九二〇年之前，國王學院的投資僅限於固定收益證券。然而，當凱因斯在一九一九年底被任命為第二財務官時，他說服受託人成立一個單獨的基金，該基金將只包含普通股、貨幣和商品期貨。這個單獨的帳戶後來就變成了切斯特基金。從一九二七年被任命為第一財務官到一九四六年去世，凱因斯獨力負責這一個投資組合。

一九三八年，凱因斯為切斯特基金編寫了一份完整的政策報告，概述了他的投資原則：

一、精挑細選一些（我強調的部分）投資，並考慮其與當時的替代投資，以及未來幾年可能的實際和潛在內在價值相比的廉價性。

二、堅定不移地持有這些相當大的單位，無論情況好壞，也許持續幾年，直到它們履行了承諾，或者顯然是買錯了。

三、用於平衡的投資部位。也就是要包含各種風險，如果可能的話，還要包括相反的風險，儘管個別持有的股票數量很大（我強調的部分）[254]。

我對凱因斯投資政策的解讀是，他就是一個集中型投資人。他故意將股票限制在少數精挑細選的標的，並依靠基本分析來估計他的投資相對於價格的價值。他的偏好是管理低周轉率、大額賭注的投資組合。但他也認識到風險分散的重要性。他的策略是投資於具有各種經濟前景的優質、可預測的企業。

凱因斯的表現如何？瀏覽表5.1，這顯示了他的股票選擇和投資組合管理技能非常出色。在十八年的期間，與英國持平的市場報酬率相比，切斯特基金的平均年報酬率為一三．二％。考慮到這段期間還包括大蕭條和第二次世界大戰，我們可以說凱因斯的表現紀錄是非凡的。

即使如此，切斯特基金也經歷了一些痛苦的時期。在三個獨立的年份（一九三〇年、一九三八年和一九四〇年）中，投資組合的下降幅度明顯超過了整個英國股票市場。從基金財富的巨大波動來看，顯然該基金的波動性一定比市場大。[255]的確，如果我們衡量切斯特基金

表 5.1　凱因斯年度投資績效紀錄

年度	年度百分比變化	
	切斯特基金（%）	英國股市（%）
1928	0.0	0.1
1929	0.8	6.6
1930	–32.4	–20.3
1931	–24.6	–25.0
1932	44.8	–5.8
1933	35.1	21.5
1934	33.1	–0.7
1935	44.3	5.3
1936	56.0	10.2
1937	8.5	–0.5
1938	–40.1	–16.1
1939	12.9	–7.2
1940	–15.6	–12.9
1941	33.5	12.5
1942	–0.9	0.8
1943	53.9	15.6
1944	14.5	5.4
1945	14.6	0.8
平均報酬率	13.2	–0.5
標準差	29.2	12.4
最小值	–40.1	–25.0
最大值	56.0	21.5

的標準差，我們發現它的波動性幾乎是一般市場的兩倍半。毫無疑問，該基金的投資人經歷了「顛簸的旅程」，但最終，他們是以很大的優勢領先於市場。

為了避免你以為凱因斯擁有總體經濟背景、具有判斷市場時機的技能，請進一步注意他的投資政策：

> 事實證明，在交易週期的不同階段，我們還無法從一般系統性的普通股買進與買出活動得到好處。由於這些經驗，我很清楚，由於各種原因，大規模轉變的想法是不切實際的，而且確實是不可取的。大多數賣得太晚與買得太晚的人，以及買賣太頻繁的人，會產生沉重的開支，並發展出過於不穩定和投機的心態。如果這種狀態很普遍，除了加劇波動規模之外，還會帶來嚴重的社會不利因素。[256]

巴菲特合夥公司

巴菲特合夥公司在一九五七年到一九六九年之間運作，它的報酬率令人咋舌，又有些不尋常。令人咋舌的是，在這段期間，巴菲特合夥公司的表現比道瓊工業平均指數的平均年報酬率高了二十二個百分點。不尋常的是，它連續十三年超越道瓊指數，沒有一年是負報酬，而且能夠以較小的波動性達到這些成績。請注意，在表5.2中，巴菲特的標準差（這是表達價格波動的一種方式）是低於道瓊指數的。巴菲特以他典型的自嘲方式說：「我認為無論怎麼看，都是令人滿意的。」[257]

表 5.2　巴菲特合夥公司年度投資績效紀錄

年度	年度百分比變化	
	巴菲特合夥公司（%）	道瓊工業平均指數（%）
1957	10.4	–8.4
1958	40.9	38.5
1959	25.9	20.0
1960	22.8	–6.2
1961	45.9	22.4
1962	13.9	–7.6
1963	38.7	20.6
1964	27.8	18.7
1965	47.2	14.2
1966	20.4	–15.6
1967	35.9	19.0
1968	58.8	7.7
1969	6.8	–11.6
平均報酬率	30.4	8.6
標準差	15.7	16.7
最小值	6.8	–15.6
最大值	58.8	38.5

他是怎麼做到的？他是如何避開與集中型投資組合相關的波動性？我的腦海中浮現出兩種可能的解釋。首先，他擁有價格以不同方式波動的股票，只是我確信他的目標不是故意建立一個低變異（low-variance）的投資組合，而是一個在經濟特性上分散的投資組合。另一種可能性更大的解釋是，巴菲特謹慎而嚴格地只購買內在價值大幅折扣的股票，因此限制了他的價格下跌風險，同時為合夥公司帶來了所有上漲的收益。

蒙格合夥公司

巴菲特經常被稱為全世界最偉大的投資人，這個頭銜對他自然當之無愧。然而，波克夏多年來取得的傲人績效其實不僅來自巴菲特一個人，也來自於他的公司合夥人兼副主席蒙格的明智建議。雖然波克夏的投資表現是由董事長決定的，但我們永遠不要忘記，蒙格本人也是一位傑出的投資人。曾參加過波克夏年度會議，或在各種訪談中讀過蒙格想法的股東，都可以意識到他智慧的廣度和深度。

蒙格接受過律師訓練，在他和巴菲特相遇時，他在洛杉磯的律師事務所生意興隆。巴菲特後來說服蒙格轉行開始投資，他的投資才華展現的結果可以在表5.3中看到。巴菲特解釋說：「他的投資組合集中在極少數的證券上，因此，他的紀錄波動性更大，但它是基於相同的價值折現方法。」

蒙格是一位價值投資人，他喜歡更好的公司，而不是廉價的股票。但他只會關注售價低於內在價值的公司。巴菲特說：「他願意接受績效中更大的起伏，而且他剛好是一個精神集中的人。」[258]

請注意，巴菲特在描述蒙格的表現時沒有使用「風險」一詞。如果使用風險（價格波動）的標準投資管理定義，就可以說蒙格合夥公司的風險極高，標準差幾乎是市場的兩倍。但超越市場平均年報酬率高出十八個百分點，並不是一個危險之人的表現，而是精明投資人的表現，表示他能夠專注於一些售價低於內在價值的優秀股票。

表 5.3　蒙格合夥公司年度投資績效紀錄

年度	年度百分比變化	
	蒙格合夥公司（%）	道瓊工業平均指數（%）
1962	30.1	–7.6
1963	71.7	20.6
1964	49.7	18.7
1965	8.4	14.2
1966	12.4	–15.8
1967	56.2	19.0
1968	40.4	7.7
1969	28.3	–11.6
1970	–0.1	8.7
1971	25.4	9.8
1972	8.3	18.2
1973	–31.9	–13.1
1974	–31.5	–23.1
1975	73.2	44.4
平均報酬率	24.3	6.4
標準差	33.0	18.5
最小值	–31.9	–23.1
最大值	73.2	44.4

紅杉基金

巴菲特第一次見到比爾．盧恩時，是在一九五一年，當時兩人都在哥倫比亞大學上葛拉漢的證券分析課程。這兩個同學一直保持連繫，而巴菲特也對這位同學這些年來的投資表現十分欽佩。一九六九年，當巴菲特結束合夥公司時，他連繫了盧恩。「我問比爾，是否願意設立一個基金，來管理我們所有的合夥公司，所以他設立了紅杉基金。」

他們兩個人都知道，當時是創辦共同基金的困難時期，但還是奮力向前。當時的股票市場分裂為兩層市場。大多數的熱錢都被吸引到「漂亮五十」（nifty fifty）股票，即IBM、寶麗萊（Polaroid）和全錄（Xerox）等熱門公司，將經典的價值股遠遠拋在後面。儘管對價值投資人來說，一開始比較難進行績效比較，但正如巴菲特所言：「我很高興地說，我的合夥人不僅在很大程度上留在他的身邊，而且還增加了資金，並取得了令人高興的結果。」[259]

紅杉基金是真正的先驅，也是第一個依照集中投資原則運作的共同基金。紅杉持有的早期公開紀錄清楚顯示，盧恩和他的合夥人瑞克．卡尼夫管理著一個高度集中、低周轉率的投資組合。平均而言，紅杉資本擁有六到十家公司，占投資組合的九〇%以上。即使如此，投資組合的經濟多元性仍然是廣泛的。盧恩經常指出，儘管紅杉是一個集中型投資組合，但它擁有各式各樣的公司，包括商業銀行、製藥、汽車和產物保險公司。

從很多方面來說，比爾．盧恩的觀點在共同基金經理人中都是獨一無二的。一般來說，大多數的投資都是從一些關於投資組合管理的先入為主的觀念開始，然後用來自不同行業和部門的各種股票來填充投資組合。在盧恩卡尼夫公司，他們的想法是選擇最好的公司，然後再圍繞這些選擇形成投資組合。

當然，選擇最好的公司需要高水準的研究，在這一點上，盧恩卡尼夫公司的表現再次脫穎而出。該公司被譽為資金管理領域最出色的公司之一。它避開了華爾街經紀人提供的研究報告，並靠自己進行深入的公司調查。「我們公司不太注重頭銜，」盧恩曾經說：「但如果我們這樣做了，我的名片上就會寫著『比爾．盧恩，研究分析師』。」

表 5.4　紅杉基金年度投資績效紀錄

年度	年度百分比變化	
	紅杉基金（%）	標準普爾五百指數（%）
1971	13.5	14.3
1972	3.7	18.9
1973	–24.0	–14.8
1974	–15.7	–26.4
1975	60.5	37.2
1976	72.3	23.6
1977	19.9	–7.4
1978	23.9	6.4
1979	12.1	18.2
1980	12.6	32.3
1981	21.5	–5.0
1982	31.2	21.4
1983	27.3	22.4
1984	18.5	6.1
1985	28.0	31.6
1986	13.3	18.6
1987	7.4	5.2
1988	11.1	16.5
1989	27.9	31.6
1990	–3.8	–3.1
1991	40.0	30.3
1992	9.4	7.6
1993	10.8	10.0
1994	3.3	1.4
1995	41.4	37.5
1996	21.7	22.9
1997	42.3	33.4
平均報酬率	19.6	14.5
標準差	20.6	16.4
最小值	–24.0	–26.4
最大值	72.3	37.5

盧恩解釋說，這種想法在華爾街並不常見。「通常，人們是從『分析師』的工作開始自己的職業生涯，但渴望晉升到更有聲望的『投資組合經理人』職位，這被認為是一個獨特且更高階的職位。相反的，我們始終相信，如果你是一名長期投資人，分析師的工作非常重要，投資組合管理的工作自然會隨之而來。」[260]

這種獨特的方法對基金股東的服務效果如何？表5.4概括了紅杉基金一九七一年至一九九七年的投資表現。

在這段期間，紅杉資本的平均年報酬率為一九・六%，而標準普爾五百指數的平均年報酬率為一四・五%。和其他集中型投資組合一樣，紅杉也經歷了有點坎坷的情況，但取得了高於平均的報酬率。在這段期間，股票市場的標準差（這是表達價格波動的一種方式）為一六・四%，而紅杉資本為二〇・六%。有些人可能會認為風險較高，然而，考慮到盧恩卡尼夫公司在選擇公司時的謹慎和盡職調查，傳統的風險定義（即價格波動）並不適用在他們的身上。

盧・辛普森：蓋可

除了波克夏收購了汽車保險公司蓋可之外，巴菲特還幸運地得到了盧・辛普森這個人才，來管理蓋可的投資組合。我們在第四章中談到了辛普森的資歷與背景。他的普通股選股過程與巴菲特相似，他只購買由能幹的經理人管理，且價格合理的高報酬率企業。辛普森與巴菲特還有一些共同點。他會將投資組合集中在幾支股票上。蓋可價值數十億美元的股票投

表 5.5 辛普森年度投資績效紀錄

	年度百分比變化	
年度	蓋可股票（%）	標準普爾五百指數（%）
1980	23.7	32.3
1981	5.4	–5.0
1982	45.8	21.4
1983	36.0	22.4
1984	21.8	6.1
1985	45.8	31.6
1986	38.7	18.6
1987	–10.0	5.1
1988	30.0	16.6
1989	36.1	31.7
1990	–9.1	–3.1
1991	57.1	30.5
1992	10.7	7.6
1993	5.1	10.1
1994	13.3	1.3
1995	39.7	37.6
1996	29.2	37.6
平均報酬率	24.7	17.8
標準差	19.5	14.3
最小值	–10.0	–5.0
最大值	57.1	37.6

資組合，通常持有不到十支股票。

一九八〇年至一九九六年期間，蓋可投資組合的股票平均年報酬率為二四．七%，而市場報酬率為一七．八%（見表5.5）。巴菲特表示：「這些不僅是了不起的數字，而且同樣重要的是，它們是以正確的方式做到的。辛普森一直投資於被低估的普通股，這些股票單獨來看，不太可能給他帶來永久性的虧損，但整合起來接近零風險。」[261]再次強調，在巴菲特看來，風險的估計與股價波動無關。而是基於隨著時間的推移，一家公司將產生可觀利潤的確定性。辛普森的表現和投資風格與巴菲特的思維方式非常契合。巴菲特表示：「盧採取與我們波克夏相同的保守集中投資方式，他的加入對我們來說是一個重大的加分。」[262]

巴菲特維爾的超級投資人，即凱因斯、巴菲特、蒙格和辛普森，顯然擁有相同的明智的投資方法。他們一致認為降低風險的方法就是，只在存在安全邊際，即公司內在價值與股價之間具有一個有利的差距時才買股票。他們還認為，將投資組合集中在有限數量的高機率事件（high-probability event），不僅可以降低風險，還有助於產生遠高於市場報酬率的回報。

儘管如此，當我們指出這些成功的集中型投資人時，許多人仍然持懷疑態度認為，也許這些成就是因為他們有密切的職業關係。這些投資人選擇了不同的股票。巴菲特於一九五六年開始管理他的投資組合。蒙格在一九六二年緊隨其後，儘管他們各自擁有藍籌印花公司，但在他們各自的投資組合中，大部分的股票都是不一樣的。蒙格並未持有盧恩所持有的公司。盧恩並未持有辛普森所持有的公司，也沒有人持有凱因斯所持有的公司。

懷疑論者說，這可能是真的，但你只提供了五個集中型投資人的例子。五個觀察結果不足以得出具有統計意義的結論。在一個擁有數千名投資組合經理人的行業中，五個成功案例可能只是偶然的機會。

這話也算中肯。如果我們要消除巴菲特維爾的五位超級投資人只不過是統計偏差的觀念，我們需要研究更廣泛的領域。不幸的是，可供研究的集中型投資人並不多。那我們是如何進行的呢？我們只好進入統計實驗室，以設計一個包含一萬二千個投資組合的世界。

三千位集中型投資人

使用 Compustat 普通股回報資料庫，我們篩選出了一千二百家顯示可衡量數據的公司，及其一九七九年至一九八六年的收入、盈餘和股東權益報酬率，分組如下：[264]

- 包含二百五十支股票的三千個投資組合
- 包含一百支股票的三千個投資組合
- 包含五十支股票的三千個投資組合
- 包含十五支股票的三千個投資組合

現在我們有了三千個觀察值，數學家定義這樣的資料集具有統計學意義。接下來，我們

圖 5.1　10 年期間（1987 至 1996）年平均報酬率

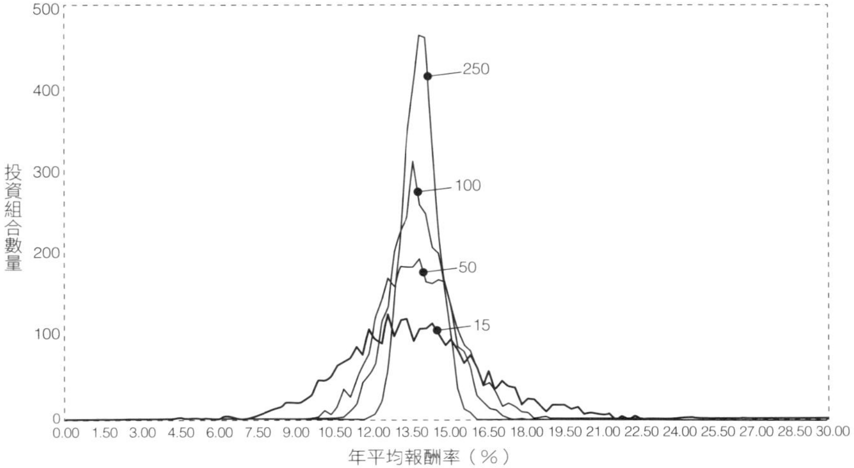

	15 支股票 (%)	50 支股票 (%)	100 支股票 (%)	250 支股票 (%)	標準普爾指數 (%)
平均值	13.75	13.87	13.86	13.91	15.23
標準差	2.78	1.54	1.11	0.65	
最小值	4.41	8.62	10.02	11.47	
最大值	26.59	19.17	18.32	16.00	

計算每組中每一個投資組合在兩個操作期間（十年和十八年）內的平均年報酬率，並繪製了這些報酬率的分布圖，分別如圖 5.1 和 5.2 所示。然後，我們將四個投資組合組的報酬率，與同期的整體股市（標準普爾五百指數）進行比較。完成了這一切之後，我們得到了一個重要的發現——在每一種情況下，當我們減少投資組合中的股票數量時，報酬率就開始增加，產生高於市場表現的可能性。

我們從十年的期間開始看起，並深入一些了解（見圖 5.1）。四個投資組合組都

圖 5.2　18 年期間（1978 至 1996）年平均報酬率

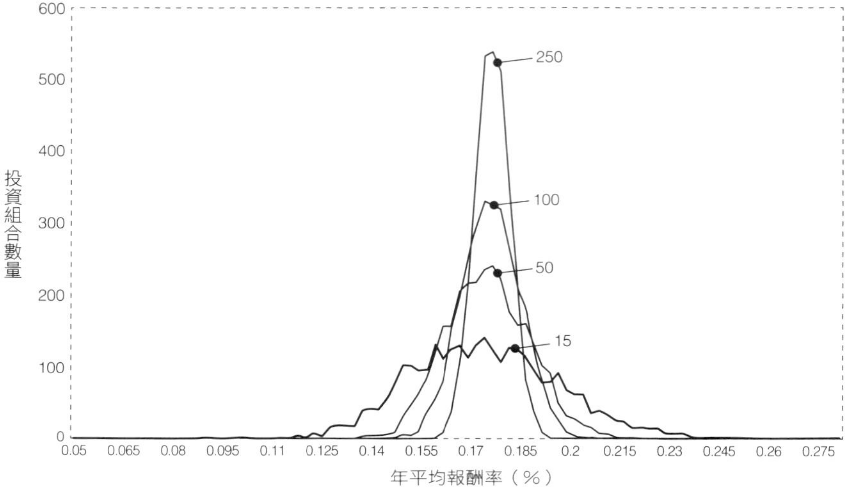

	15 支股票 (%)	50 支股票 (%)	100 支股票 (%)	250 支股票 (%)	標準普爾指數 (%)
平均值	17.34	17.47	17.57	17.61	16.32
標準差	2.21	1.26	0.88	0.52	
最小值	8.77	13.56	14.71	16.04	
最大值	25.04	21.80	20.65	19.20	

有平均年報酬率大約一三・八%。同期標準普爾五百指數的平均報酬率略高，為一五・二%。請記住兩個要點：標準普爾五百指數是由最大的公司所組成的資本化加權指數，所考慮的期間是大市值股票表現特別好的時期。在我們的研究中，投資組合的權重相同，它們不僅包括大市值股票，還包括中小型公司。我們可以說的是，這四組「實驗性質的」投資組合，表現與廣大的市場大致相當。

當我們檢視最小／最大值，即每一個組中表現最好和表現最差的投資組合時，這項研究開始變得更加有趣。以下是我們的發現：

- 在二百五十支股票的投資組合中，最佳報酬率為一六%，最差報酬率為一一・四%。
- 在一百支股票的投資組合中，最佳報酬率為一八・三%，最差報酬率為一〇%。
- 在五十支股票的投資組合中，最佳報酬率為一九・一%，最差報酬率為八・六%。
- 在十五支股票的投資組合中，最佳報酬率為二六・五%，最差報酬率為四・四%。

特別值得注意的是，在第四組，也就是十五支股的投資組合，**只有**在這組中，最佳報酬率大幅高於標準普爾五百指數。

在較長的（十八年）期間，也發現了相同的相對趨勢（見圖5.2）。比起大型而分散的投資組合，較小而集中的投資組合表現出更高的高點和更低的低點。這些結果引導出兩個必然的結論：

- 擁有一個集中型投資組合，你更有機會比市場做得更好。
- 擁有一個集中型投資組合，你也更有機會比市場做得更差。

為了說服懷疑論者，以強化第一個結論，我們在整理十年期的資料時，發現了一些值得注意的統計資料：

- 在三千個二百五十支股票的投資組合中，有六十三個超越了市場表現。
- 在三千個一百支股票的投資組合中，有三百三十七個超越了市場表現。
- 在三千個五十支股票的投資組合中，有五百四十九個超越了市場表現。
- 在三千個十五支股票的投資組合中，有八百零八個超越了市場。

我認為這是強有力的證據，顯示隨著投資組合中股票數量的減少，超越大盤的可能性就會增加。一個二百五十支股票的投資組合，你打敗市場的機會是五十分之一。一個十五支股票的投資組合，你有四分之一的機會超越市場表現。

另一個重要的考慮因素：在我們的研究中，我們沒有考慮管理費和交易費用的影響。顯然，當投資組合周轉率變高時，成本也會變高。如果將這些已實現的支出納入資料中，投資組合的年化報酬率將轉移到圖表的左側，使其更難超過市場報酬率。

第二個結論只是強化了明智選股的重要性。巴菲特維爾的超級投資人也是有天分的公司挑選人，這絕非巧合。如果你沒有選擇合適的公司，你的績效就會很差。話雖如此，我們認為，超級投資人之所以能夠獲得巨額回報，是因為他們願意將投資組合集中在他們最好的公司上。

衡量績效的更好方法

《財星》雜誌的作家約瑟夫．諾切拉（Joseph Nocera）觀察到，專業資金經理人向客戶推薦的建議，即「買進並持有」，與這些經理人對自己投資組合的做法，即「買進─賣出、買進─賣出、買進─賣出」，兩者之間存在明顯的不一致。為了強調他對這種雙重標準的個人觀察，諾切拉引用了晨星（Morningstar）公司的唐．菲利普斯（Don Phillips）的話，他說：「〔資金管理〕行業的所作所為，與它告訴投資人所做的事情之間呈現巨大的脫節。」[265]

顯然問題變成了：如果投資人被建議要明智地購買和持有，為什麼經理們每年都要瘋狂地買賣股票？諾切拉說，答案是「該行業的內部動力，使投資組合經理人無法超越短期地看待投資」。為什麼？因為管理投資組合的專業工作，已經變成了一場毫無意義的短期遊戲，大家只關心誰在當天的表現最好。

投資組合經理人需要產生引人注目的短期績效數字，這是巨大的壓力。不意外的，那些數字會吸引很多人的注意。每三個月，主要財經刊物都會發布共同基金的季度績效排名。在過去三個月中做得最好的基金會位居榜首，並受到金融評論員的讚揚。投資人也一直在尋找「熱手」（hot hands）[267]的頂級投資組合經理人，從不關心已有學術證據顯示，投資組合經理人**短期**表現的一段好運，不會比機率的結果更好。[268]

簡而言之，對短期績效的關注主導了資金管理行業。我們不是處在一個長期衡量投資組合經理人的環境中。從許多方面來看，我們是被一個強調短期成果而不是長期回報的行銷機

表 5.6　巴菲特維爾的超級投資人於一段時間內的績效百分比

	績效年數	表現不佳年數	表現不佳年數占比（%）
凱因斯	18	6	33
巴菲特	13	0	0
蒙格	14	5	36
盧恩	27	10	37
辛普森	17	4	24

制所奴役，這必定會績效不佳。業界已經陷入惡性迴圈，似乎沒有出路。但正如我們所了解的，有一種方法可以提高投資績效。殘酷的諷刺是，隨著時間的推移，最可能提供高於平均水準的報酬率的投資組合管理策略，似乎與我們通常強調短期的評判績效方式並不相容。

烏龜與兔子

哥倫比亞大學商學院校友尤金・沙漢（V. Eugene Shahan）寫了一篇題為〈短期績效與價值投資是否互相排斥？〉的文章。回答了我們現在提出的相同問題：根據短期表現來衡量資金經理人的能力是否合適？

沙漢指出，除了巴菲特本人以外，許多被描述為「葛拉漢和陶德維爾的超級投資人」的投資組合經理人，都具有不可否認的熟練技能，以及不可否認的投資成就。他們也都面臨短期表現不佳的時期。在烏龜和兔子的資金管理版本中，沙漢寫道：「主要關注短期績效的投資人很可能達成短期績效，卻犧牲了長期的成果，這可能是人生中的另一個諷刺。」[269]

巴菲特維爾的超級投資人也是如此。表5.6顯示，他們經歷了

表 5.7　巴菲特維爾的超級投資人表現不佳的時間

	表現落後標準普爾指數的連續年數
凱因斯	3
巴菲特	0
蒙格	3
盧恩	4
辛普森	1

表 5.8　巴菲特維爾的超級投資人最差的相對表現

	表現不佳期間的最差相對表現（%）
凱因斯	–18
巴菲特	N/A
蒙格	–37
盧恩	–36
辛普森	–15

幾個困難時期。只有巴菲特再次與巴菲特合夥公司一起毫髮無傷地撐過了績效競賽。

管理切斯特基金十八年的凱因斯，在市場上有三分之一的時間表現不佳。事實上，他在管理基金的頭三年表現不如市場，落後市場十八個百分點。

紅杉基金的故事也很類似。在研究的標記期間，紅杉有三七%的時間表現不佳（見表5.7）。與凱因斯類似，盧恩也在過程中遇到過困難。

「多年來，」盧恩寫道：「我們三不五時就淪為表現不佳之王。我們在一九七〇年代初期創立紅杉基金時，願景還很模糊，並連續四年表現低於標準普爾指數，就像遭受中國水刑的折磨一樣。」到一九七四年底，紅杉資本落後市場高達三十六個百分點（見表5.8）。

表 5.9　集中（15 支股票）投資組合——10 年資料（1987 至 1996）

超越／落後標準普爾五百指數的年數	投資組合數量	百分比
10–0	0	0.00
9–1	1	0.12
8–2	20	2.48
7–3	128	15.84
6–4	272	33.66
5–5	261	32.30
4–6	105	13.00
3–7	21	2.60
2–8	0	0.00
1–9	0	0.00
0–10	0	0.00

「我們當時躲在桌子底下，不接電話，也懷疑暴風雨是否會結束。」[270] 暴風雨確實結束了。到一九七六年的年底，紅杉資本在五年半的時間內領先市場五〇%，到一九七八年，紅杉資本的收益上漲了二二〇%，而標準普爾五百指數則上漲了六〇%。

即使是蒙格也無法躲過集中投資不可避免的績效波動。十四年來，蒙格有三六%的時間表現不佳。和其他集中型投資人一樣，他也遭遇了一連串的厄運。從一九七二年到一九七四年，蒙格落後市場三十七個百分點。十七年來，辛普森有四年表現不佳，即二四%的時間表現不佳。他最差的相對表現發生在一年的期間，當時他落後市場十五個百分點。

順便說一句，在分析我們實驗的集中型投資組合的績效結果時，我們看到了同樣的趨勢（見表5.9）。在持有十五支股票的三千個集中型投資組合中，有八百零八個在十年期間（一九八七至一九九六年）超越了市場表現。然而在這八百零八名贏家中，令人驚訝的是，有九七%的集中型投資組合都經歷了一些表現不佳的時期，例如四年、五年、六年，甚至十年中的七年。

如果凱因斯、蒙格、盧恩和辛普森是投資組合行業的新秀，在當今的環境中開始他們的職業生涯，你認為凱因斯、蒙格、盧恩和辛普森會發生什麼事？他們很可能會被解雇，這對他們的客戶來說將是重大的損失。是的，根據「集中策略有時確實要忍受好幾年表現不佳」的論點，我們遇到了一個非常現實的問題。若僅以價格績效為唯一的衡量標準，我們如何判斷，我們正在觀察的是一個非常聰明的投資組合經理人，他正在度過糟糕的一年（甚至糟糕的三年），但從長遠來看，他會表現出色；或者他是一個無能的投資組合經理人，正在開始一段漫長的績效不佳之路？如果只用價格表現來判斷，我們是分不出來的。

學者和研究人員已經投入了大量的精力，試圖確定哪些基金經理人、哪些策略最可能隨著時間的推移而戰勝市場。《財務金融學刊》（*Journal of Finance*）發表了幾篇知名大學教授研究的文章，所有文章都提出了同一個基本問題：共同基金的表現是否存在某種模式？這些學者共同為這個問題帶來相當多的智慧和數據分析，但他們的發現並未給出完美的答案。

其中四項研究涉及**持久性**（persistence）一詞，即投資人傾向於選擇具有最佳近期績效紀錄的基金，因為他們認為基金經理人的紀錄是未來績效的指標。這創造了一種自我實現的動能，引導今年的資金去追隨表現最好的共同基金。當這種動能以一年為單位來衡量時，我們將這描述為「熱手」現象（透過購買去年的獲勝者來挑選明年的獲勝者）。這一切都是透過觀察共同基金在不久前的過往表現，來試圖預測哪些共同基金在不久後的將來會表現良好。但能做到嗎？這就是這些研究試圖發現的內容。

在前兩項獨立的研究中，南加州大學工商管理學院的馬克・卡哈特（Mark Carhart）和普林斯頓大學的伯頓・馬爾基爾（Burton Malkiel）並未發現持久性與未來表現之間存在任何有意義的相關性。[271]在第三項研究中，哈佛大學甘迺迪政治學院的三位教授（達里爾・亨利克斯〔Darryll Hendricks〕、賈延道・帕托〔Jayendau Patel〕和理查・澤克豪斯〔Richard Zeckhauser〕）研究了十五年的數據並得出結論：購買今年的「熱手」經理人，似乎不能保證明年就能擁有「熱手」共同基金。[272]

這些學者分別進行研究後得出了相同的結論：似乎沒有任何重要證據可以幫助投資人，根據前幾年的表現來確定明年的最佳表現者。從一檔熱門基金跳到另一檔熱門基金，並不能幫助投資人建立自己的淨資產。當**熱**是由價格表現來決定時，就是不能。即使如此，儘管有壓倒性的學術證據，投資人仍然繼續使用只有價格表現的統計數據來做出決策。

第四篇《財務金融學刊》的研究是由埃默里大學（Emory University）金融財務學教授阿米特・哥亞（Amit Goyal）和亞利桑那州立大學金融財務學教授桑希爾・瓦侯（Sunhil Wahal）撰寫，他們從績效持久性的理論觀察，轉向那些實際為投資組合經理人提出建議的人所犯的重大錯誤。哥亞和瓦侯分析了二〇〇一年至二〇〇四年期間，由一千四百七十五家投資管理公司所管理的六千二百六十個機構投資組合（institutional portfolio）。他們發現，負責招聘和解雇投資組合經理人的顧問，採用的是一個相當簡單的方法。他們會解雇最近表現低於他們基準的經理人，並持續聘用表現優於基準的經理人。這個簡單的指標只有一個問題：這不是一個明智的決定。在隨後的幾年中，許多被解雇的經理人最後的表現其實勝過新聘的經理人。[273]

每一年，投資人都會退一步評估其投資組合經理人的表現。表現優異的經理人名列前茅；表現不佳的人則排名墊底。你可能會認為，更換經理人是個深思熟慮的決定——評估**結果**（績效報酬率），同時了解投資的**過程**，以及促進報酬率的策略。但不幸的是，事實並非如此。

並不是說結果不重要，結果當然重要。但是每一年只想要贏家的執著，一定會讓投資人的投資組合受到傷害。它迫使投資人成為績效追逐者，這會導致一個現象，只有在某個策略奏效後，才去買這個策略，並避免落後的策略。但如果不了解策略是如何促進結果，投資人很容易去買採用不佳過程卻取得良好績效的策略。這其實就是所謂的「**狗屎運**」（dumb luck）。相反的，良好的投資過程有時也會帶來不好的結果，即所謂的「**壞運氣**」（bad break），[274] 我們在研究巴菲特維爾超級投資人的回報時，注意到了這一件事。

前銀行業高層兼美國財政部長羅伯特·魯賓（Robert Rubin）說得最好：「任何個人決策都可能是想法很糟糕，卻成功了；或思考周延，卻沒成功。但隨著時間的推移，更深思熟慮的決策將帶來更好的結果。透過評估決策過程的周延度，而非以結果論，可以帶來更深思熟慮的決策。」[275]

我們完全可以想像巴菲特對這些學術研究的看法。對他來說，這個故事的寓意很明確：我們必須放棄把價格當作唯一衡量標準的堅持，我們必須改掉做出短期判斷這種適得其反的習慣。

但如果價格不是最好的衡量標準，我們該用什麼來代替呢？「沒有」並不是一個好的答案。即使是買進並持有的投資組合經理人，也不會建議你閉上眼睛不去理會。我們必須找到另一個衡量績效的基準。幸運的是，確實有一個，它是巴菲特判斷其持有的普通股績效及波克夏營運部門績效的根本基礎。

替代性的績效基準

巴菲特曾經說過，他「不在乎股市休市一、兩年。畢竟，它每週六日都會休市，這並沒有讓我感到困擾。」[276]巴菲特表示，確實，「活躍的交易市場是有用的，因為它會定期為我們提供令人垂涎的機會，但這絕不是必要的」。[277]

要充分理解這一個說法，你需要仔細思考巴菲特接下來所說的話：「我們持有的證券長期暫停交易，不會比世界圖書（World Book）或范奇海默（Fechheimer）（兩家波克夏持有的公司）缺乏每日報價更困擾我們。我們的經濟命運最後將取決於我們所擁有公司的經濟命運，無論我們的所有權是部分（以普通股的形式），還是全部。」[278]

如果你擁有一家公司，而且沒有每日報價來衡量其績效，你如何確定你的投資進展？你可能會衡量銷售額和收益的成長，或營業利潤的改善，或是股東權益報酬率的變化。你只需要讓經濟學來決定你公司的內在價值是增加還是下降。在巴菲特看來，衡量私人公司績效的意見與衡量上市公司績效的意見，並沒有什麼不同。巴菲特解釋說：「查理和我讓我們的有價股票透過其經營績效，而不是透過每日甚至每年的報價，來告訴我們，我們的投資是否成功。市場可能會暫時忽視我們的公司的成就，但最終還是會得到市場的證實。」正如葛拉漢所說：「從短期來看，市場是一台投票機，但從長期來看，它是一台秤重機。此外，只要公司的內在價值以令人滿意的速度成長，公司的成就獲得認可的速度就沒有那麼重要。」[279]

透視盈餘

為了幫助股東理解波克夏普通股投資組合的價值，巴菲特在一九九〇年波克夏年報中引入了「**透視盈餘**」（look-through earnings）一詞。波克夏的透視盈餘是其完全持有企業的營業收益，加上其普通股投資的保留盈餘的總和，減去如果波克夏實際申報保留盈餘而必須繳納的預留稅額。請記住，波克夏持有的普通股的保留盈餘是公司年度盈餘的一部分，不會以股息的形式分配給股東，而是重新投資回公司。

透視盈餘的概念最初是巴菲特為了波克夏股東的利益而設計的，以幫助他們理解當公司保留部分盈餘用於再投資於公司時所產生的價值創造。巴菲特提醒股東，波克夏從其持有的普通股中獲得的保留盈餘，因為沒有按照公認會計準則報告，可能會被「遺忘」，但儘管如此，仍然非常值得注意，因為它們可以增加波克夏底層的內在價值。

對於那些尋求了解其投資組合經濟進展的集中型投資人來說，透視盈餘也是一個思考周延的指導原則，因為三不五時就可能會發生股票價格脫離其底層公司財務回報的狀況。巴菲特同意：「我們也相信，投資人可以從關注自己的透視盈餘中受益。為了計算這些，他們應該確定在投資組合中持有的股票的基本盈餘，並將其總計起來。」

巴菲特繼續說道：「每個投資人的目標應該是建立一個投資組合（實際上是一家『公司』），從現在起十年左右的時間裡，該投資組合將為他帶來盡可能高的透視盈餘。」

巴菲特說，重要的是，「我已經告訴過你，如果我們的內在價值要以每年約一五％的速度成長，那麼隨著時間的推移，透視盈餘就必須以每年約一五％的速度成長」。[280]因此，巴菲特建議投資人以他們的普通股投資組合為例，想像他們正在經營自己的迷你波克夏。

巴菲特表示，自一九六五年（巴菲特控制波克夏的那一年）以來，該公司的透視盈餘幾乎以與波克夏市值相同的速度成長。然而，兩者不一定會步調一致。在許多情況下，盈餘都會領先於價格（當葛拉漢著名的市場先生過度沮喪時）。在其他時候，價格的波動遠遠超過盈餘（當市場先生無法控制地過度興奮時）。重點是要記住，這種關係會隨著時間的推移而發揮作用。巴菲特建議，最要緊的是，「這種方法將迫使投資人思考長期的公司前景，而不是短期的市場前景。這種觀點可能會改善結果」。[281]

波克夏的量尺

當巴菲特考慮增加一項投資時，他會先查看自己已經擁有的資產，看看新購買的資產是否更好。波克夏今天擁有的一個用來比較可能的收購對象的經濟量尺，都可以應用在完全持有企業或普通股上。蒙格表示：「巴菲特所說的話對幾乎所有投資人都非常有用。」「對於一個普通人來說，你已經擁有的最好的東西應該成為你的量尺。」接下來發生的事是增加投資組合價值最關鍵，卻被廣泛忽視的祕密之一。蒙格解釋說：「如果（你正在考慮購買的）新公司沒有比你已知的公司更好，那麼它就沒有達到你的門檻。這樣做可以篩掉你看到的九九％的內容。」[282]

你已經有了可以使用的、你所擁有的經濟基準——一把量尺。你可以用幾種不同的方式定義自己的個人經濟基準，例如銷售成長、透視盈餘、股東權益報酬率或安全邊際。當你購買或出售投資組合中的公司時，你不是提高，就是降低了你的經濟基準。優秀的投資組合經理人，即長期持有證券，並相信未來股價最終與基本經濟相符的人，其工作就是找到提高基準的方法。「他得要是一個具有洞見的思想觀察家，」蒙格說：「但一般來講，商學院基本上沒有教這些。」[283]

如果你退一步思考一下，標準普爾五百指數其實就是一把量尺。它由五百家公司組成，每家公司都有自己的財務報酬率。為了隨著時間的推移超越標準普爾五百指數，也就是提高自己的基準，你必須建構和管理一個經濟狀況優於指數平均加權經濟狀況的公司投資組合。

你不應該誤以為，僅僅因為集中型投資組合在價格上有時會落後於股票市場，你就可以免除持續的績效審查責任。採用經濟基準，儘管市場變化無常，你仍然必須捍衛你的個人選擇。誠然，集中型投資組合經理人不應該成為股市反覆無常的奴隸，但你應該一直周延思考與了解在你投資組合中的公司的所有經濟動向。畢竟，如果集中型投資人沒有在投資組合中掌握正確的經濟學原理，市場先生就不太可能找到機會對他的選擇給予豐厚的獎勵。

像樹懶一樣移動的兩個好理由

集中投資一定是一種長期的投資方法。如果我們問巴菲特，他認為理想的持股期是多久，他會回答「永遠」——只要公司繼續產生高於平均水準的經濟表現，而且管理階層以理性的方式分配公司的盈餘。巴菲特解釋說：「不活動對我們來說是一種明智的行為。」「我們和大多數的公司經理人都不會因為預期聯準會的折現率將有小幅變動，或者因為一些華爾街專家反轉了他對市場的看法，就幻想要狂熱地交易高獲利率的子公司。那麼，為什麼我們應該以不同的方式處理我們在優秀公司中的少數持有部位？成功投資上市公司的藝術，與成功收購子公司的藝術，本質上沒有什麼不同。在每種情況下，你只是想以合理的價格得到一家具有優秀的經濟特性，以及有能幹而誠實的管理階層的公司。」

然後再回頭去監控你所擁有的公司的經濟特性，巴菲特告訴我們：「此後，你只需要監控這些品質是否被維持下去就可以了。」[284]

如果你擁有一家平庸的公司，你就需要轉手；如果不轉手，你最後就會擁有長期表現不佳的公司。但如果你擁有一家優秀的公司，你最不想做的一件事就是賣掉它。以下是巴菲特的說法：

> 如果執行得當，〔集中、周轉率低的〕投資策略往往會讓執行者最後擁有一些證券，而這些證券將在其投資組合中占據很大一部分。
>
> 如果這位投資人遵循購買一些傑出的大學球星其未來收入二〇％權益的政策，他也會得

到類似的結果。其中少數人將繼續成為NBA明星，而投資人從他們身上獲得的收益，很快就會成為主要的權利金來源。只因為他最成功投資的一部分已經主宰了他的投資組合，就去建議這位投資人應該出售這些投資，就像是建議公牛隊（Bulls）要把麥可．喬丹（Michael Jordan）拿去交易，只因為他對球隊變得非常重要。[285]

對於那些習慣於定期積極買賣股票的人來說，這種懶惰的資金管理方法可能看起來很奇怪，但除了以高於平均的速度增加資本之外，這個方法確實有兩個重要的經濟效益：

- 它有助於降低交易成本
- 它增加了稅後報酬

每一個優勢本身都是極有價值的，而它們的綜合效益更是巨大的。

降低交易成本

平均而言，共同基金每年的投資組合周轉率超過一〇〇%。周轉率是指一個投資組合中的活動量。例如，如果投資組合經理人每年出售和回購投資組合中的所有股票一次，周轉率就是一〇〇%。每年出售和回購所有股票兩次，就有二〇〇%的周轉率。但是，如果經理人在一年內只出售和回購一〇%的投資組合（意味著平均持有期間為十年），周轉率就是很低的一〇%。

在對三千五百六十檔國內股票基金的審查中，總部位於芝加哥的共同基金研究公司晨星發現，與周轉率較高的基金相比，低周轉率的基金產生了更好的報酬率。晨星研究發現，在十年內，周轉率低於二〇%的共同基金，在這段期間的報酬率比周轉率超過一〇〇%的基金高出一四%。[286]

這是一種很明顯，但也很容易被忽略的「常識」，其作用的結果是：交易次數過多會增加經紀成本，也會因此降低你的淨報酬率。

稅後報酬

低周轉率的基金還有另一個重要的經濟優勢：推遲資本利得稅的正面影響。出人意料的是，本來應該增加回報的周轉率，其實也會增加應納稅額。當投資組合經理人出售一支股票並用另一支股票取代時，他的想法一定是這筆交易將會提高基金的報酬率。但在許多情況下，出售股票意味著實現資本利得。因此，未來每一個新的投資選擇的表現，都必須比其所取代的股票相關的資本利得稅更好，並產生比市場更好的報酬率。

如果你有一個免稅帳戶（個人退休帳戶，或美國延後課稅的福利計畫〔401k〕），就不必為銷售利得而納稅。但是，如果你在個人應稅帳戶中擁有股票，那麼任何已實現的收益都要繳交資本利得稅。你出售的股票越多，如果越賺錢，稅單金額就越高。

即使你的共同基金或投資組合的年終績效有不錯的報酬率，但在你為已實現的收益繳納稅款時，你的稅後淨報酬率可能會使你的總報酬率降低到基準報酬率以下。投資人需要了解的是，他們主動管理的投資組合或共同基金所提供的報酬，是否足以支付應繳稅款，而且還能產生高於基準的報酬率。

除了免稅帳戶的情形，稅收是投資人面臨的最大費用。稅收會高於經紀佣金，也高於管理費用，這是管理投資組合的一個費用比率。事實上，稅收已經成為投資組合報酬率不佳的一個主要原因。《投資組合管理雜誌》（*Journal of Portfolio Management*）有篇題為〈你的超額報酬大到足以支付稅額嗎？〉的文章，作者羅伯特．傑佛瑞（Robert Jeffrey）和羅伯特．阿諾特（Robert Arnott）說：「這就是壞消息。」他們接著寫道：「好消息是，有一些策略可以減少這些通常被忽略的稅收後果。」[287]

簡而言之，這個關鍵策略涉及另一個經常被低估的常識概念：未實現收益的巨大價值。當股票價格上漲**但未出售**時，價值的增加就是未實現的收益。在出售股票之前，你無需繳納資本利得稅。如果你保留這個收益不動，你的資金錢滾錢的效果更大，因為你正在讓一筆更大的未實現資本收益發揮複利效果。

總體而言，投資人常常低估了這種未實現收益的巨大價值——巴菲特把這稱為「財政部的無息貸款」。為了闡明他的觀點，巴菲特讓我們想像一下，如果你購買一項價值可以每年翻倍的一美元投資，會發生什麼事。如果你在第一年年底出售投資，你將獲得〇．六六美元的淨收益（假設你處於三四％的稅率級別）。第二年，你再投資一．六六美元，到年底價值就會翻倍。如果投資繼續每年翻倍，而且你繼續出售、納稅，並將收益再投資，那麼在二十年後，你在繳納一萬三千美元的稅款後，將獲得二萬五千二百美元的淨收益。然而，如果你購買了一項價值每年可以翻倍的一美元投資，而且直到二十年之後才出售，那麼你在繳納大約三十五萬六千美元的稅款之後，將得到六十九萬二千美元。

冷靜地觀察一下這些數字，可以清楚看出一些結果。如果你不要每年都拿走收益，只是讓你的錢發揮複利效果，你最後可以得到更多的利潤。但在同一時間，二十年後要繳的一次性稅單金額，將會讓你大吃一驚。這可能是人們本能地認為每年最好要轉換收益，以便控制稅款的一個原因，但這個想法錯了。大多數投資人未能理解的是，未實現收益的複利效果以及每年繳納較少的資本利得稅之間，隨著時間的推移將存在重大的差異。

傑佛瑞和阿諾特在文章中，計算了周轉率開始對投資組合產生負面影響的點。令人驚訝的是，答案是違反直覺的。對投資組合造成最大稅收損害的時間點，是發生在開始轉手時，然後隨著周轉率增加而減少。傑佛瑞和阿諾特寫道：「傳統觀點認為，任何在一%到二五%範圍內的周轉率，屬於較低的類別，因此無關緊要，但任何高於五〇%的周轉率則被視為較高類別，而且可能會造成相當大的稅收後果。然而現實恰恰相反。」[288]

傑佛瑞與阿諾特的研究表明，在二五%的周轉率下，投資組合所產生的稅收是周轉率一〇〇%的投資組合所產生稅收的八〇%。他們的結論是，關注較低範圍內的周轉率，比關注較高範圍內的周轉率更重要。為了獲得較高的稅後報酬，投資人需要將平均年投資組合周轉率保持在〇%到二〇%之間。

什麼策略最適合低周轉率？一種方法是被動、低周轉率的指數型基金。另一個是主動管理、集中、低周轉率的投資組合。「這聽起來像是婚前諮詢建議，」傑佛瑞和阿諾特寫道：「也就是說，試著建立一個可以長期忍受的投資組合。」[289]

高主動比例型投資

一九七八年，巴菲特讓大家知道，他的投資組合方法是集中他的普通股部位，他認為購買有價值的金額比購買一點這個或那個更能獲利。一九九九年，我們寫了關於集中投資的好處。[290]今天，學者們也已經充分參與相關研究。關於集中型投資組合的最著名思想家是K・J・馬丁・克雷默斯（K. J. Martijn Cremers）和安蒂・佩塔吉斯托（Antti Petajisto）。但現在已經不再稱為集中投資，現在稱為**高主動比例型投資**（high active-share investing）。

二〇〇九年，克雷默斯和佩塔吉斯托當時都在耶魯管理學院國際金融中心，兩人共同撰寫了一篇關於投資組合管理的開創性論文〈你的基金經理人有多主動？〉，文中首先提出了一個定義。主動比例（active share）是指投資組合與基準有差異的百分比，計算方式為，將投資組合與基準在持有標的與權重的差異，以列表方式計算。與基準沒有相同標的名稱的投資組合，就是具有一〇〇%的主動比例。持有部位和組合權重與基準完全相同的投資組合，就是具有〇%的主動比例。如果一個投資組合的主動比例為七五%，就意味著，有二五%的持有部位與基準的持有部位相同，其餘七五%的持有部位與基準不同。

從一九八〇年到二〇〇三年，克雷默斯和佩塔吉斯托研究了二千六百五十檔共同基金。他們發現了什麼？那些被定義為八〇％或更高的高主動比例的投資組合，在扣除費用之前，是以二％至二．七％贏過其基準指數；在扣除費用之後，則以一．五％至一．六％的幅度贏過其基準指數。[291] 此外，那些主動比例較低的基金通常被稱為祕櫃式指數型基金（closet indexer），因為它們是與基準市場非常相似的主動管理型投資組合，在扣除費用之後也無法超過指數表現。

現在人們了解到，主動比例最高的投資組合表現優於其基準，而主動比例最低的投資組合則表現不佳。今天，主動比例被認為是基金績效的一種預告指標。

再此順帶說一下，克雷默斯和佩塔吉斯托指出，追蹤誤差波動性（tracking error volatility），即用來測量投資組合經理人報酬率和指數報酬率間差異之標準差的方式，不能預測未來報酬率。經理人是否擁有低追蹤誤差或高追蹤誤差的投資組合，只是意味著，投資組合中正在發生的價格行為，而不是投資組合與基準相比的差異。

在一篇後續論文中，克雷默斯與羅格斯商學院的安庫爾．帕里克（Ankur Pareek）一起為《金融經濟學期刊》（*Journal of Financial Economics*）寫了一篇題為〈耐心的資本表現更優異：不頻繁交易的高主動比例經理人的投資技能〉的文章。在文中，作者研究了高主動比例且低周轉率的投資組合績效，換句話說，就是投資人採取「買進並持有」策略的集中型投資組合。他們觀察到，「在高主動比例的投資組合中，即其持有部位與基準差異很大，只有那些具有耐心策略（持有時間超過兩年，意味著周轉率低於五〇％）的平均表現優於大盤」。重要的是，他們發現，周轉率高的高主動比例投資組合，實際上表現比大盤差。[292]

克雷默斯、佩塔吉斯托和帕里克共同明確表示，最糟糕的投資組合管理策略是交易頻繁且分散的投資組合。戰勝市場的最佳方法，是擁有由買進和持有股票的經理人所管理的高主動比例投資組合，這與巴菲特為波克夏所管理的投資組合類型完全相同。

「在今天的投資管理中，」蒙格說：「每一個人不只希望賺錢，也希望每年的結果路徑不會偏離標準路徑太多，上漲的情況除外。從一個理性消費者的角度來看，整個系統是瘋狂的，而且吸引了許多有天分的人從事對社會沒用的活動。」蒙格表示，對所謂追蹤誤差（績效與市場報酬率相差太遠）的恐懼「束縛了整個產業」。[293]

我們了解到，強勁的短期績效不一定能辨識出優秀的投資組合經理人，就像疲弱的短期績效不一定能將他們排除在外一樣。我們用來判斷能力的時間範圍通常太短，因此無法得出任何有意義的結論。而對於投資人來說，使用其他經濟基準（例如透視盈餘）來衡量一個人的投資進展，就是一種思考周延的方法，特別是當股價偏離預期回報時。

我們也了解到，低周轉率可以透過兩種簡單、明顯的方式轉化為更高的報酬率。首先，更少的交易意味著更低的交易成本。其次，不要忽視未實現資本利得的價值。集中投資不僅讓你有機會獲得超越市場的回報，而且也是將未實現收益透過複利效果化為主要獲利的最佳機會。

「波克夏的系統並不瘋狂，」蒙格解釋道：「我會說，波克夏正在適應投資問題的實際狀況。」[294]

第6章

並非主動管理沒有效果

從短期來看，市場是一台投票機，
但從長期來看，它是一台秤重機。
——葛拉漢

在一九九七年的波克夏股東大會上，蒙格向股東提出了一個重要問題。他說，波克夏的投資風格「非常簡單，但沒有很多人仿效」。這位哲學家補充道：「我不知道為什麼卓越的大學沒有教授我們的方法，資金管理機構也沒有實踐我們的方法。這是一個非常有意思的問題，」他沉思著。「如果我們的方法如此正確，為什麼這麼多的地方都在做錯的事？」[295]

真的，為什麼會這樣？在一個投資人會被出色策略所吸引的世界裡，為什麼波克夏的模仿者如此之少？是的，確實有少數追隨者，但從占全球資金管理行業的百分比來看，遵循波克夏投資方法的公司數量實在少之又少。

不滿的投資人已經有越來越多的抱怨，說主動型投資組合的管理成本太高、交易太多、表現不佳的太多。許多人已轉向被動的指數型投資，其他人則採用了高成本的替代性方法，包括應用量化演算的對沖基金、私募股權，以及承諾帶來財富，但結果有待商榷的創業投資。總而言之，有數千億美元已經從為了更好的投資報酬率而採取主動、只做多的投資組合經理人那裡清算出來了。

但是，並非主動管理沒有效果，而是**大多數主動操作的經理人，其所使用的策略是行不通的**。投資人如何失望而幻想破滅地來到這個十字路口，值得花時間去理解。

如果你問人們，他們對投資的歷史了解有多少，我猜大多數的人會從一九二九年著名的股市崩盤開始講起。第一次世界大戰後的十年，又被稱為咆哮的二〇年代（Roaring Twenties），這個時期的經濟活動有雙重特徵：累積龐大的財富，以及投機活動。其中的投機活動最後引發了美國歷史上最大的股市崩盤事件。

其他人可能會回答，美國的投資活動實際上開始於一七九二年五月十七日，當時有二十四家股票經紀商聚集在華爾街六十八號門外的一棵梧桐樹下，共同簽署了一項協議，後來被稱為梧桐樹協議（Buttonwood Agreement），該協議創立了現在的紐約證券交易所。但歷史愛好者會告訴你，實際上，投資時鐘開始於一六〇二年的阿姆斯特丹證券交易所。該交易所是荷蘭東印度公司（Dutch East India Company）的發明，不僅允許股份公司（joint stock company）從投資人那裡吸收資本，還允許投資人買賣他們的股票。因此，現代的投資活動大約有四百二十五年的歷史。

今天，標準的投資管理方法，稱為現代投資組合理論（Modern Portfolio Theory，簡稱MPT），則只有四十年的歷史。這個理論的根源，其實可以追溯到一九五二年，大約七十年前。然而你可能還記得，在最初的三十年，除了學術界，還沒有任何人對這個方法有過深入的思考。

現代金融的大祭司

現代投資組合理論假設投資人厭惡風險，而且在選擇兩個具有相同預期報酬率的投資組合時，個人一定會選擇風險較小的投資組合。了解這一點，投資人可以建立一個反映其風險承受能力的最佳股票和債券投資組合，而此風險承受能力的定義為：承受價格波動的情緒能力。正如我們將看到的，現代投資組合理論是關於股票價格的彈性，以及個人因應壞消息的能力。更直白地說，標準的投資管理方法的動力，是以解決心理不適為首要目標，這個目標被認為比達成更高的投資報酬率更重要。

現代投資組合理論的核心是，相信投資組合的整體風險和回報比單項投資的風險和回報更重要。換句話說，在現代投資組合理論中，整體變得比各個部分更重要。多年來，為了引導投資人以最小的焦慮實現目標，也已經發展出了許多策略。但我們即將發現，這些策略全都無法找到實現該目標的答案，因為它們強調了錯誤的問題。

現代投資組合理論將投資人的好情緒置於投資報酬率之上，而把投資報酬率排在第二位。因此，基於風險承受能力的定義，標準的主動型投資組合管理通常無法勝過被動的指數型基金。既然沒有增加任何價值，也難怪投資人會對主動管理感到不滿。

由於錯誤考量了對績效表現至關重要的因素，現代投資組合理論已經為自己的滅亡埋下了種子。這個建立在不牢靠基礎上的理論，如今隨著投資人紛紛撤資而搖搖欲墜。

我們是如何陷入這種弄巧成拙的心態中的？這個問題要從哈利·馬克斯·馬可維茲（Harry Max Markowitz）開始說起，他於一九二七年八月二十四日出生於芝加哥。從各方面來看，他都是一個優秀的年輕人。他會拉小提琴，也很認真學習。他的興趣包括物理、數學和哲學。據說他的英雄是蘇格蘭哲學家大衛·休謨，他最喜歡的文章是〈對於理解作用的一些懷疑〉，休謨在該文中區別了「觀念的關係」和「事實的問題」。296

馬可維茲就讀於芝加哥大學，這是他唯一申請的一所大學，在那裡他獲得了文科學士學位，並繼續攻讀經濟學研究生。在研究生期間，馬可維茲被芝加哥大學的考爾斯研究與經濟學委員會（Cowles Commission for Research and Economics）吸引。這是阿爾弗雷德·考爾斯（Alfred Cowles）於一九三二年成立的委員會，因為考爾斯之前訂閱了多項投資服務，但這些服務都沒有預測到一九二九年的股市崩盤，考爾斯開始想要確定，這些做市場預測的人是否能夠真正預測市場的未來方向。在一項有史以來最詳細的研究中，該委員會分析了一九二九年至一九四四年之間的六千九百零四項預測。考爾斯以一種輕描淡寫的方式指出，研究結果「未顯示出有預測股市未來走向能力的證據」。[297]

要決定博士論文主題時，馬可維茲選擇了考爾斯委員會新任主管的雅各布·馬沙克（Jacob Marschak）教授作為他的金融財務學指導教授。一天下午，馬可維茲坐在馬沙克的辦公室外面，向坐在附近的一位年長、相貌出眾的紳士做了自我介紹。在隨後的閒聊中，這位男士提到自己是一名股票經紀人，並建議馬可維茲可以考慮寫一篇關於股票市場的論文。當馬可維茲向他的指導教授提到這個想法時，馬沙克興致高昂地同意了，然後提醒他的學生，考爾斯本人對市場也頗感興趣。[298]

雅各布·馬沙克的專業領域是經濟學，並不是股票市場，因此他將馬可維茲引介給商學院院長、《財務金融學刊》的共同主編馬歇爾·凱徹姆（Marshall Ketchum）。凱徹姆要馬可維茲到大學圖書館去閱讀威廉斯的《投資價值理論》，你可能已經認出，這本就是巴菲特用來確定公司內在價值而研究的那一本書。[299]

馬可維茲立即產生了興趣。他對威廉斯用於股票估值的淨現值（net present value，簡稱

NPV）模型感到著迷，但也感到困惑。馬可維茲認為，威廉斯使用淨現值模型的建議，從邏輯上講，會促使投資人持有僅由幾支股票組成的投資組合，也可能只有一支。他認為，明智的投資人當然不會只持有一或兩支股票。對世界上可能發生的事情的不確定性，會主張不要冒這樣的風險。

更深入地說，儘管威廉斯在思考風險時，已經把葛拉漢的安全邊際考慮進來，但馬可維茲看不出威廉斯控制風險的方法。威廉斯在書的序言中建議，讀者應選擇售價低於淨現值的股票，並避免以高於淨現值的價格出售股票。他寫道：「投資價值，無論定義為未來股息或未來息票和本金的現值，對每個投資人來說，都是具有實際意義的。因為它是一個臨界值，超過這個價值，投資人就無法在不增加風險的情況下購買和持有。」[300]

除此之外，威廉斯沒有對風險管理進行詳細的闡述。即使如此，令人費解的是，馬可維茲也沒有提到威廉斯的確建議應購買低於價值的股票以管理風險。儘管這樣，馬可維茲仍非常專注於投資人應該同時關心風險和報酬的想法。經過其他人的改進，他最終提出的理論是，投資人的風險完全是股票價格波動性的函數。這個對「投資風險」的理解成為現代投資組合理論的第一個支柱。

一九五二年三月，正在攻讀博士學位的研究生馬可維茲撰寫的〈投資組合選擇〉一文發表在《財務金融學刊》。兩年後，馬可維茲獲得了經濟學博士學位。這篇文章不長，只有十四頁，而且以學術期刊的標準來看，也算不上引人注目。只有四頁文本（其餘部分都是圖表和數學方程式），並只有三個引用文獻，分別是威廉斯的《投資價值理論》（一九三八年）、約翰・理查・希克斯（John Richard Hicks）的《價值與資本》（*Value and Capital*，一九三九年），以及詹姆斯・維克多・烏斯賓斯基（James Victor Uspensky）的《數學機率導論》（*Introduction to Mathematical Probability*，一九三七年）。從馬可維茲的角度來看，不需要花很多篇幅就能解釋他所認為的一個簡單概念：風險和報酬是密不可分的。身為一名經濟學家，他相信量化兩者之間的關係，從而確定不同報酬水平所需的風險程度，是可能的。

為了說明他的觀點，馬可維茲簡單地畫了一個權衡圖（trade-off graph），縱軸是預期報酬，橫軸是風險。從左下角到右上角畫出一條線，稱為效率前緣（efficient frontier），這是現代投資組合理論的主要內容。線上的每一個點代表潛在報酬和相應風險等級之間的交叉點。最有效率的投資組合，就是在某個特定風險水準下可以提供最高報酬的投資組合；而低效率的投資組合，則是投資人面臨一定程度的風險，卻沒有提供相應的預期報酬水準。馬可維茲表示，投資人的目標是根據自己的風險承受能力來選擇投資組合，同時限制或避開低效率的投資組合。

變異：量化風險和報酬

然而，馬可維茲引入的滑坡謬誤[301]認為，風險的最佳衡量方式是變異，即價格的波動性。馬可維茲在論文的第一段中寫道：「我們認為，投資人確實（或應該）將預期報酬率視為想要的事，將報酬率的變異視為**不想要**〔此處為本書作者加以強調〕的事。」[302]馬可維茲接著說：「這條規則有很多合理的觀點，既可以作為投資行為的準則，也可以作為投資行為的假設。我們根據『預期報酬率—變異報酬率』規則，以幾何方式說明信念和投資組合選擇之間的關係。」[303]

馬可維茲指出：「『收益率』（yield）和『風險』等術語經常出現在財務著作中，但不一定使用得很精確。」他建議：「如果將『收益率』一詞替換為『預期收益率』或『預期報酬率』，將『風險』替換為『報酬率的變異』，表面含義也幾乎沒有改變。」[304]

如果你停下來思考馬可維茲的推理，對於一個二十五歲的研究生來說，在沒有任何相應的經濟解釋或證據表明，具有高變異的資產實際上會帶來永久的資本損失時，就斷言那件令人不快的事（即價格波動會令人感到不愉快）實際上是**風險**，這是一個非常重大的思想跳躍，也可以說非常自以為是。另外值得注意的是，馬可維茲忽視了公司價值的問題，因為它與股價有關，眾所周知，這是葛拉漢投資方法的核心。馬可維茲不是將風險等同於資本損失，只是將風險等同於價格差異。

目前我們尚不清楚，為什麼馬可維茲沒有引用，且他的指導教授或論文委員會也沒有建議他去參考當時的主要教科書《有價證券分析》。一九五一年，就在馬可維茲論文發表的一年前，葛拉漢和陶德的傑作已經出版了第三版。馬可維茲也沒有提到葛拉漢的《智慧型股票投資人》，這是一本當時很受歡迎的投資書籍，早在三年前就受到了廣泛的評論。葛拉漢提出了一個重要觀點，即短期的報價損失與永久的資本損失是不同的兩件事。在這兩個不同的情況中，馬可維茲忽略了威廉斯和葛拉漢談及風險管理的觀點。

馬可維茲風險理論的基礎是資產的價格表現方式。根據馬可維茲的說法，投資組合的風險取決於其所持有股份的價格差異，而沒有提到標的公司價值的財務風險。隨著馬可維茲思想的每一步發展，就更遠離了對股票價值的理解，而更接近只根據其底層股票的價格波動來建立投資組合。因此，馬可維茲方法的主要目標就變成了管理一個基於價格的投資組合，而不是基於公司的投資組合。

一開始，馬可維茲的方法顯示，投資組合的風險只是其所有個股的加權平均變異數。雖然變異數可以衡量單一股票的風險程度，但兩個變異數（或一百個變異數）的平均值，並不能告訴你關於兩支股票（或一百支股票）的投資組合風險程度。為了衡量整個投資組合的風險，馬可維茲將「共變異數」（covariance）公式引入投資組合管理理論。

共變異數可以衡量一組股票的變動方向。當兩支股票的價格無論出於何種原因傾向於一起變動時，它們呈現出來的情形就是共變異數較高。兩支走勢相反的股票，則共變異數較低。在馬可維茲的思想當中，投資組合的風險不是個股的變異，而是所有持股的共變異數。股票價格越是朝同一個方向波動，投資組合的風險就越大。相反的，低共變異數股票的投資組合，風險就較小。馬可維茲認為，建構低共變異數的投資組合，應該是投資人的一個首要目標。

眾所周知，巴菲特採取的公司導向投資方法，目標並不是要建立一個低波動性和低共變異數的投資組合，而是要投資於各自能夠產生高經濟報酬率的公司（股票），每一家公司都是各自獨立的。

夏普：定義波動性

一九五九年，馬可維茲根據他的博士論文出版了他的第一本書《投資組合選擇：投資的有效分散》（*Portfolio Selection: Efficient Diversification of Investment*）。兩年後，一位名叫威廉・夏普（William Sharpe）的年輕博士生找到了當時在蘭德研究院（RAND Institute）從事線性規劃（linear programming）工作的馬可維茲。夏普需要一個論文題目，他在加州大學洛杉磯分校的一位教授建議他去找馬可維茲。隔一年，一九六三年，夏普的論文發表了，題為〈投資組合分析的簡化模型〉。夏普完全承認自己對馬可維茲思想的依賴，但他提出了一個更簡單的方法，可以避免無數的共變異數計算（covariant calculation）。

夏普認為，所有證券都與某些底層基本因素有共同的關係。對於任何一個特定的證券來說，這個因素可以是股票市場、國內生產毛額，或其他一些價格指數，只要是影響該證券表現最重要的一個因素。使用夏普的理論，分析師只需要衡量該證券與主要基本因素的關係，大幅簡化了馬可維茲的方法。

夏普認為，構成股票價格的基本因素，也就是對該股票表現影響最大的因素，正是股票市場本身。同樣重要但影響力較小的是股票的產業群體和獨特特徵。夏普的論點是，如果某一支特定股票的價格比整個市場的波動性更大，那麼該股票將使投資組合變得更多變，因此風險更大。相反的，如果股票價格的波動性低於市場，那麼添加該股票將使投資組合的多變性、波動性和風險變小。根據夏普的方法，簡單透過個別證券的加權平均波動性，就能輕鬆確定整個投資組合的波動性。

夏普的波動衡量指標被賦予了一個名稱——貝塔係數（beta factor）。貝塔被描述為整個市場和個別股票不同價格波動之間的相關程度。當股票價格完全隨著市場而上漲和下跌時，其貝塔值為一．〇；如果股票的上漲和下跌是市場的兩倍，其貝塔值為二．〇；又如果股票價格的波動僅為市場波動的八〇%，則貝塔值為〇．八。僅根據這些資訊，夏普就能夠確定投資組合的加權平均貝塔值。他的結論完全符合了馬可維茲對價格差異的看法，即任何貝塔值大於一．〇的投資組合，風險將高於市場；任何貝塔值低於一．〇的投資組合，風險就會比市場小。

年輕的巴菲特會如何看待現代投資組合理論最早期的教導？讓我們回想一下。一九五一年，當馬可維茲研究和撰寫論文專書《投資組合選擇》時，巴菲特還在哥倫比亞大學就學，正在參加葛拉漢的春季投資研討會。當夏普於一九六三年發表論文時，巴菲特已經管理巴菲特合夥公司七年了，也公布了出色的投資結果。當時，馬可維茲和夏普都警告說，股票價格波動的危險性是投資人應該嚴加警惕的。但就巴菲特而言，他從葛拉漢那裡吸取了教訓，他實際上是被價格波動所**吸引**，因為他知道，股票價格的大幅下跌可能會提高他的投資報酬率。回想巴菲特在沙拉油醜聞期間為巴菲特合夥公司買進美國運通的股票，就是個具體的例子。雖然馬可維茲和夏普試圖推廣風險就是波動性的理論，但巴菲特堅定地朝著與他們不同的方向發展。

巴菲特對現代投資組合理論有什麼看法？在波克夏的一九七五年年報中，巴菲特濃縮了他對風險和價格波動的看法。巴菲特在前一年收購了華盛頓郵報公司。這是當時波克夏最大的股權投資。一九七四年底，在殘酷的熊市中，股市下跌了五〇％。華盛頓郵報公司的股價也隨之下跌，而巴菲特依然堅定而冷靜。他在年報中寫道：「對我們來說，股市波動並不重要，除非它可能提供買進機會；公司的表現才是最重要的。針對這一點，我們對幾乎所有我們大量投資的公司所取得的進展感到非常滿意。」[305]其中當然包括華盛頓郵報公司在內。

多年後，在一九九〇年史丹佛法學院的一次講座中，巴菲特充分闡述了他對價格波動作為風險衡量標準的想法。他開始就說：「我們在一九七四年以八千萬美元的價格收購了華盛頓郵報公司。如果你問一百個分析師，當我們購買它時，該公司的價值是多少，沒有任何一個人會質疑它價值四億美元的事實。」巴菲特繼續說：「現在，根據整個貝塔理論和現代投資組合理論，認為即使公司價值四億美元，但我們如果以四千萬美元購買其股票的風險，會比以八千萬美元購買的風險更大，只因它的波動性更大。我為此感到非常困惑。」[306]

巴菲特一直認為，股價下跌其實是賺更多錢的機會，而不是要去迴避的事。根據巴菲特的投資概念，在你確定公司的內在價值之後，股價下跌就會降低你的風險，因為安全邊際變大了。「對於公司所有人來說——這就是我們對股東的看法——學術界對風險的定義完全偏離了實際的狀況，以至於導致了荒謬的結論。」[307]

巴菲特：公司導向投資法

巴菲特對風險有不同的定義。對他來說，風險是傷害或損害的可能性。他表示，風險這個因素是與公司的內在價值相關，而不是與市場持續的短期價格行為相關。在巴菲特看來，損害或傷害來自於誤判了決定公司未來獲利的主要因素，包括：一、「公司長期經濟特徵確定性的評估」；二、「管理確定性的評估，包括其充分發揮公司潛力和明智使用現金流量的能力」；三、「管理階層將公司報酬分配給股東而非自己的確定性」；四、「公司的購買價格」。[308]

現代投資組合理論與巴菲特公司導向投資法，其中的差異在於，擁有公開上市證券的投資人與私人公司所有人對風險的看法不同。人們必須去想的是，為什麼擁有可公開交易的普通股的人，他的行為會與擁有整家公司的人不同？巴菲特會說，僅僅因為公司有每日的市場價格，並不能證明「有長期經濟利益的所有人對短期價格波動感到恐慌」這種不正當的行為就是合理的。

重要的是，巴菲特告訴我們，風險與投資人的時間期限有著非常密切的關係。他解釋說，如果你今天買進一支股票，並打算明天賣出，那麼你就是做了一項有風險的交易。預測股價會在短期內上漲或下跌的機率，與預測拋硬幣的機率相同，你有一半的時間會輸。然而巴菲特也表示，如果你將時間範圍延長幾年，股票成為風險交易的可能性就會顯著下降，當然，前提是你一開始就做出了明智的買進。「如果你是問我今天早上買進可口可樂並在明天早上賣出的風險，」巴菲特說：「我會說這是一項風險非常大的交易。」[309]但從巴菲特的觀點來看，當他於一九九八年購買可口可樂，並打算持有該公司十年時，無論隨後一段時間的股市表現如何，這筆交易的風險就會變得很小。

關於現代投資組合理論的風險概念，我們最多只能說它適用於短期投資人，但對長期投資人來說毫無意義。現代投資組合理論對風險的定義——股票價格根據市場整體的波動幅度——與那些將投資組合視為貨幣市場帳戶，每當投資組合的資產淨值跌至一美元以下時就會退縮的人相關。

但這引出了一個問題，如果投資人的投資目標是長期的，為什麼他們會做出短期的反應？我們可以提出一個很好的論點：把投資組合的短期價格波動管理到最小，將不會得到最佳的長期投資報酬率。其次，也是更大的問題，為短期的價格下跌而心神不寧的投資人更可能養成投機的習慣。為了防止投資組合的價格下跌，他們會瘋狂地買賣股票，但完全是白費力氣。巴菲特像往常一樣簡潔地說：「如果投資人擔心價格波動，而錯誤地將其視為風險的衡量標準，那麼諷刺的是，他最後就可能會做出一些非常冒險的事情。」[310]

巴菲特說：「要成功投資，你不需要了解貝塔〔或〕現代投資組合理論。事實上，你最好對這些一無所知。」然後他補充說：「當然，這並不是大多數商學院的普遍觀點，它們的財務金融課程往往以此類科目為主。我們認為，投資專業的學生只需要兩門講授良好的課程：『如何評估公司價值』和『如何思考市場價格』。」[311]

公司導向的投資人會將股票市場中發生的價格波動視為週期性的機會，此外沒有其他的意義。即使真的在考慮價格差異，也考慮得很少。簡而言之，公司導向的投資人不會沉迷於不斷變化的股票價格。相反的，他們選擇專注於自己所擁有的公司的經濟進展。巴菲特說：「在商學院，波動性幾乎普遍被用來作為風險的代表。儘管這種教學假設使教學變得容易，卻完全是錯誤的。波動性遠非風險的代名詞。將這兩個術語等同起來的流行公式，會把學生、投資人和執行長帶入歧途。」[312]

重要的經驗教訓：公司導向的投資人在股票市場上操作，並不意味著他們必須崇拜現代投資組合理論的聖壇。

現代投資組合理論的第二個支柱是分散。馬可維茲在他的論文專書《投資組合選擇》中表示，他不接受威廉斯的淨現值規則（他稱為**預期報酬率規則**），原因是「未隱含分散的優越性」。馬可維茲隨後直接了當地補充說，投資人必須拒絕集中型投資組合的想法。在他看來，由於錯誤率確實存在，因此分散的投資組合一定比非分散的投資組合更好。但並非任何分散的投資組合都可以，馬可維茲認為，「還必須避免投資共變異數較高的證券」。[313]投資人應該跨行業進行分散投資，因為不同行業的公司，尤其是具有不同經濟特徵的行業，其共變異數會低於同一個行業內的公司。

馬可維茲將風險定義為價格波動，這影響了他對投資組合管理的決策。對於堅持現代投資組合理論的人來說，管理投資組合時最重要的考量，是計算出降低價格風險的最佳方法；達成高於平均的投資報酬率，這種目標絕對是次要的。我們已經在第五章中探討到巴菲特針對投資組合管理的想法，它與現代投資組合理論截然相反。值得再次提及的是：在現代投資組合理論中，投資組合管理的首要目標是抑制股市的波動，而不是達成出色的投資報酬率。巴菲特經常打趣道：「我寧願選擇一個報酬率一五%，但波動較大的投資；而不是選擇一個報酬率為一〇%，但波動較小的投資。」[314]這也難怪許多人採用的標準投資方法，無法戰勝市場。

關於現代投資組合理論對投資組合管理的建議，巴菲特能說的最好的話就是「分散可以防止無知」。他進一步說道：「如果你想確保，相對於市場而言，你不會發生任何不好的事情，那麼你就應該擁有一切。」你可能還記得，巴菲特對「一無所知的投資人」的建議就是擁有一檔指數型基金。「這沒有什麼問題，」他說：「對於那些不知道如何分析公司的人來說，這是一種完美的方法。」但這種保護是有代價的。巴菲特說：「現代投資組合理論將會告訴你，如何得到平均的績效。但我認為，幾乎任何人都可以在五年級之前就搞清楚『平均』的意義。」[315]

重新思考現代投資組合理論

馬可維茲和夏普在一九五〇年代和一九六〇年代編織出來、互相依存的現代投資組合理論，吸引了理論家和學術期刊的興趣，但華爾街並未注意到。直到一九七四年十月，大蕭條以來最嚴重的熊市在這個時間達到了頂峰，改變了這個情勢。

一九七三年至一九七四年的熊市，毫無疑問動搖了股市老派投資人的信心。經濟損失跌得太深、太廣泛，無法輕易地置之不理。一九六〇年代末，因吹捧「漂亮五十」股票而聲名鵲起的明星投資組合經理人消失了，只留下了他們的投資組合廢墟。多年來毫無意義的猜測所造成的自我傷害，實在是太嚴重了，不容忽視。

伯恩斯坦麥考利（Bernstein-Macaulay）財富管理公司的負責人彼得．伯恩斯坦（Peter Bernstein）說：「沒有人能夠毫髮無傷地脫身。」該公司親自管理著數十億美元的個人和機構投資組合，其中包括許多養老基金。伯恩斯坦表示，員工發現退休資產的下跌幅度令人震驚。許多人不得不懷疑，他們是否有能力順利退休。這種困擾在整個金融界引發深遠的影響，專業人士被要求改變管理客戶帳戶的方式。[316]

「一九七四年的市場災難讓我相信，必須有更好的方法來管理投資組合，」伯恩斯坦說：「即使我能夠說服自己放棄學者正在建立的理論結構，但是有太多來自大學的訊息，讓我無法接受我的同事們認為，這是『一大堆胡言亂語』的觀點。」伯恩斯坦很快就成為《投資組合管理期刊》（*Journal of Portfolio Management*）的創始編輯。他說，在那裡，「我的目標是在學術圈和周圍城鎮之間架起一座橋梁：用他們都能理解的語言，促進學者和從業人員之間的對話，從而豐富雙方的貢獻」。[317]

因此，有史以來的第一次，我們的金融命運不再取決於華爾街，甚至不再掌握在公司所有人手中。隨著金融業在一九七〇年代末和一九八〇年代初的發展，投資風貌將由大學教授來定義。他們出身於象牙塔，被譽為現代金融的大祭司。

儘管伯恩斯坦「促進學者與從業人員之間的對話」的意圖是善意的，但這兩個群體其實說著不同的語言。現代投資組合理論是由學者所創立，他們是股票市場的外部觀察家，他們認為股價波動是必須戰勝的惡魔。至於其他的一切，包括投資組合管理以及其後續的投資報酬率，都沒有這個目標重要。相反的，公司導向的投資人則是內部人士，他們是擁有公司或至少將股票視為公司所有權的從業人員。他們的職責不是戰勝股價波動，而是以才智提高投資報酬率。我們可以肯定地說，公司導向投資法是站在現代投資組合理論的哲學對立面。

但是公司導向投資法不是敵基督，公司導向的投資人也並非造成一九七三到一九七四年熊市的原因。這場災難是由那些偽裝成投資人的投機者所造成的，這些投機者沉迷於「漂亮五十」股票的績效回報，但他們並不知道，自己所支付的價格所獲得的價值是多少。有人說：「當你使用『價值』這個詞，而它的含義不僅僅是『價格』而已時，你就必須詳細說明它的意義。」[318]然而在一九七四年炸毀股市的投機者，對於聽取價值投資的訊息毫無興趣，更不用說試圖去理解了。

一些觀察家認為，價值陣營將從這些魯莽的投機者手中奪回控制權，並幫助推動股市重回正軌。但他們的人數很少，注意力也分散了。在這種情況下，現代金融界的大祭司們自然而然地出現了。當伯恩斯坦說有太多的研究不容忽視時，我認為他並沒有完全意識到，現代投資組合理論的教導對學術界的影響有多深多廣。各大學的論文委員會不斷地任命新的弟子（博士），這些人也很快就成為新的紅衣主教（教授），而他們終極的自身利益則驅使他們繼續招收更多的弟子。博士論文圍繞著現代投資組合理論展開，並成為越來越多的專業期刊庫的素材，這些期刊都宣揚同樣的訊息。

回顧過去，我們可以看到，席捲華爾街的學術研究浪潮來得恰逢其時。隨著一九七三到一九七四年熊市的塵埃落定，新的多頭市場正在醞釀。一如往常，經過一段夠長的沉寂時間之後，投資人開始成群結隊地返回股市。

金融界正在迅速建立投資公司，並考慮著各種投資策略。投資目標正在改寫。風險承受能力問卷也發明了，其中有超過一半的問題，是在詢問投資人對價格波動的看法。投資人的答案越厭惡風險，投資組合建議就越保守。投資公司的交易策略必須大致交代清楚，也有顧問和客戶一致同意和批准的績效標準。

現代投資組合理論很容易應用在不同規模的投資組合，這加速了它在資金管理產業的影響力。一隻巨獸已經誕生，一開始很安靜，現在被釋放出來，而它正在宣揚低價格波動、廣泛而分散的投資組合和保守的報酬率。在大多數的人充分認識到正在發生的事情之前，現代投資組合理論已經深深扎根，成為一直延續至今的投資管理標準方法。

效率市場假說

效率市場假說（Efficient Market Hypothesis），也稱為效率市場理論（Efficient Market Theory），與現代投資組合理論密切相關，是支撐現代金融的第三支柱。儘管包括經濟學家保羅．薩繆森（Paul Samuelson）在內的幾位學者，都撰寫了有關效率市場的文章，但最受讚譽的是尤金．法馬（Eugene Fama），他發展出了全面的股票市場行為理論。

法馬一九三九年出生於波士頓，少年時就讀於馬爾登天主教高中（Malden Catholic High School），並成為該校體育名人堂的榮譽得主，在足球、籃球和棒球領域都有著出色的表現。一九六〇年，他以優異的成績從塔夫茲大學（Tufts University）畢業，獲得拉丁語系語言學位，然後前往芝加哥大學當研究生，並在那獲得經濟學和金融學的商管碩士學位和博士學位。

法馬一抵達芝加哥，就開始研究股票價格的變化。他是一名狂熱的讀者，吸收了當時所有與股票市場行為有關的著作，然而他似乎特別受到法國數學家本華・曼德博（Benoit Mandelbrot）的影響。曼德博是一個特立獨行的人。他在IBM的湯瑪士華生研究中心（Thomas J. Watson Research Center）工作了三十五年，之後搬到耶魯大學，七十五歲成為耶魯大學史上最年長的終身教職教授。一路走來，曼德博獲得了超過十五個榮譽學位。

曼德博發展了分形幾何領域（fractal geometry，他創造了這個專門術語），並將其應用於物理學、生物學和金融學。分形被定義為可以分成多個部分的粗糙或碎片形狀，每個部分至少與其原始完整自我非常接近。分形的例子包括雪花、山脈、河流和溪流、血管、樹木、蕨類植物，甚至青花菜。在研究金融時，曼德博認為，由於股票價格的波動非常不規則，因此永遠不會遵循任何基本或統計的研究；此外，不規則的價格變動模式必然會加劇，從而引起大規模而劇烈的變化。

與馬可維茲和夏普一樣，法馬是金融界的新人，是一名正在尋找論文題目的研究生，他既不是市場投資人，也不是公司所有人。他就像馬可維茲和夏普一樣，是一個徹頭徹尾的學者。即使如此，他的博士論文〈股票價格的行為〉還是引起了金融界的關注。該論文發表於一九六三年，隨後摘錄於《金融分析期刊》（*Financial Analysts Journal*）和《機構投資者》（*The Institutional Investor*）。

法馬的訊息非常明確：股票價格是不可預測的，因為市場太有效率了。從本質上講，效率市場是指，在任何一個特定時間，股票價格都反映了所有可用資訊並以公允價值交易的市場。在一個效率市場中，一旦獲得市場訊息，許多聰明人（法馬稱他們為**理性利潤最大化者**）就會積極地應用這些訊息，導致價格在其他人獲利之前同步進行了調整。因此，由於股價調整得太快，對未來的預測在一個效率市場中並沒有立足之地。

市場效率：理論上

一九七〇年五月，法馬為《財務金融學刊》撰寫了一篇題為〈效率資本市場：理論和實證工作回顧〉的文章。在文中，他提出了三種不同類型的市場效率：強式、半強式和弱式。強式的市場效率是指，所有資訊，無論是公開的還是私人的資訊，都會計入當前的股票價格中。半強式認為，公開使用的資訊會立即反映在股票價格中，但私人資訊，即一些不公開的資訊，有可能幫助投資人得到高於市場的報酬率。弱式的市場效率則顯示，今天的股票價格只是反映了所有過去的價格，這些價格是廣泛可以取用的，因此不需要進一步分析。

一九八四年，哥倫比亞大學商學院舉辦了一次會議，慶祝《有價證券分析》出版五十週年。巴菲特被要求介紹葛拉漢的價值投資法。羅切斯特大學（University of Rochester）的金融學教授麥可．詹森（Michael Jensen）則代表效率市場假說進行辯論。詹森和其他學者都是法馬的弟子，他相信市場會快速而準確地對股票定價，因此主動管理是浪費時間。沒有人能打敗股市。不令人意外的是，巴菲特不這麼認為，並在題為「葛拉漢和陶德維爾的超級投資人」的演講中提供了證據。[319]

巴菲特首先扼要說明了效率市場理論的核心論點：股市是效率的，所有股票的定價都是正確的，因此任何長期戰勝市場的人，也許純粹就是幸運的。他接著說，但我認識的一些人已經做到了這件事，而且他們的成功不能簡單地用隨機的機會來解釋。

儘管如此，為了讓「必須靠運氣」的論點得到公平的聆聽，巴菲特讓觀眾想像一場拋硬幣比賽，有二・二五億美國人對他們的猜測下注一美元。每次翻牌後，輸家退出，贏家獲得所有的獎金，並進入下一輪。十場比賽結束後，剩下二十二萬名獲勝者，如果他們繼續贏得獎金，他們將獲得一千零六十四美元的獎金。再進行十次拋擲後，將產生二百一十五名獲勝者，每人獎金一百萬美元。

巴菲特繼續說道，現在，學者在分析這場全國性的比賽時會指出，拋硬幣的人並沒有表現出非凡的技能。他們會抗議說，這項活動很容易複製，讓二・二五億隻猩猩去拋硬幣也可以得到一樣的結果。

巴菲特慢慢建立了他的論據，然後承認了統計上的可能性，即猩猩可能會得到同樣的結果，完全純屬偶然。但想像一下，他問觀眾，如果在二百一十五隻獲勝的動物中，有四十隻來自同一個動物園。難道我們不想去問問動物園管理員，他平常給現在非常有錢的猩猩吃些什麼東西嗎？

巴菲特表示，關鍵在於，每當某個特定區域出現高度集中的情況時，該地點可能會繼續發生一些不尋常的事，這就值得去深入調查。如果——關鍵來了——這個獨特群體的成員，不是由他們所居住的地方，而是由他們向誰學習來界定的，結果會怎麼樣呢？

因此，我們來到了巴菲特所說的葛拉漢和陶德維爾的「知識村」（intellectual village）。他那天介紹的所有例子都集中在那些在一段時間內持續擊敗市場的人，而且不是因為運氣，而是因為他們都遵循著從同一個源頭學到的原則：葛拉漢和陶德。[320]

市場效率：實際上

如果效率市場理論是正確的，除了隨機機會之外，任何個人或團體都不可能贏過市場，而且從長遠來看，同一個人或團體當然也不可能始終如一地贏過市場。然而，葛拉漢紐曼公司在一九二六年到一九五六年期間的投資報酬率，加上「葛拉漢和陶德維爾的超級投資人」和「巴菲特維爾的超級投資人」，正是可能贏過市場的初步證據。這對效率市場理論意味著什麼？

「該理論的支持者似乎從未對不一致的證據感興趣，」巴菲特說：「顯然，不願意放棄並從而揭開神職人員神祕面紗的人，並不限於神學家。」[321]

我們可以整天談論為什麼效率市場理論站不住腳，但眾多原因可以很容易地歸納為三個較廣泛的問題。

- 投資人不一定總是理性。行為金融學的廣泛研究，包括展望理論（Prospect Theory）和短視的損失趨避理論（Myopic Loss Aversion）都顯示投資人不一定有理性的預期。
- 投資人沒有正確處理財務資訊。當這個問題與確定內在價值這個最重要的任務有關時，就會變得特別明顯，也特別關鍵。太多的投資人在這裡會依賴捷徑，他們最喜歡的捷徑就是本益比。是的，這很容易，卻是錯誤的。使用簡單的本益比本身，並不能準確估計內在價值。還需要做一些工作：首先，將業主盈餘應用於現金流量折現模型，然後調整資本報酬率和銷售成長的內在價值計算。

- 強調短期報酬率而非長期報酬率的績效標準，會導致投資組合經理人和投資人的不良行為。

促使效率市場假說的支持者不斷認為股市是有效率的，顯然是因為缺乏證據顯示，因為很少投資人（如果有的話）能夠擊敗市場。而那些真的贏過市場的人則被簡單地視為是隨機的結果，而不被認真考慮。然而，他們並沒有停下來思考這個關鍵事實：**大多數投資人未能戰勝市場的原因不在於市場效率，而是大多數投資人使用的策略是無效的**。

巴菲特認為效率市場理論的問題核心在於：它沒有為那些會分析所有資訊，並透過分析獲得競爭優勢，然後理性地執行投資決策的投資人，提供任何參考價值。巴菲特闡述：「作為一種推論，教導效率市場理論的教授們說，在股票桌上扔飛鏢所選出來的股票投資組合，其前景與最聰明、最勤奮的分析師所選的股票投資組合一樣好。」

巴菲特進一步指出：「令人驚訝的是，效率市場理論不僅受到學術界的歡迎，還受到許多投資專業人士和企業經理人的歡迎。」

在巴菲特關於效率市場理論最有洞察力的一個觀察中，他寫道：「他們觀察到市場**經常**

是有效率的，這是正確的。但接著得出市場**總是**有效率的結論，這就是錯誤的。這些主張之間的差異簡直就是白天和黑夜的差別。」[322]

順便說一句，美國經濟學家、效率市場假說的早期支持者保羅．薩繆森，也是波克夏的早期投資人。傑森．茲威格（Jason Zweig）在為《華爾街日報》撰寫的一篇題為〈來自懷疑論者：戰勝市場的教訓〉的文章中指出，薩繆森於一九七〇贏得諾貝爾獎的那一年，以每股四十四美元的平均價格投資了波克夏公司。薩繆森從康拉德．塔夫（Conrad Taff）那裡了解了巴菲特和波克夏公司。塔夫是一個私人投資者，曾就讀於哥倫比亞商學院，也是葛拉漢的學生。儘管塔夫大力宣揚巴菲特的績效紀錄，但薩繆森似乎對免稅額複利成長的想法最感興趣，因為波克夏沒有支付股息。

茲威格寫道：「薩繆森教授多年來一直在抨擊大多數基金經理人的平庸表現，他意識到某種重大變化已經發生的感覺。他很快就開始購買（波克夏）股票，並逐年增加持股。」[323] 據他的兒子說，薩繆森將他在波克夏的股份遺贈給了他的子孫和各種慈善機構。如果他保留波克夏股票，這些股票的價值將超過一億美元。「薩繆森教授（和我一樣）也這麼認為，」巴菲特說：「市場是有效率的，但並非完全有效率。」[324]

儘管如此，商學院仍然虔誠地教授著現代投資組合理論和效率市場理論，這一件事讓巴菲特感到再滿意不過了。「當然，那些接受了效率市場理論的學生和容易受騙的投資專業人士也受到了傷害，但對我們和其他的葛拉漢追隨者來說，算是一種特別的服務。」

巴菲特諷刺道：「無論是財務上的、精神上的，還是身體上的，在任何形式的競爭中，如果對手被教導說嘗試是沒有用的，那麼這就是一個巨大的優勢。從自私的角度來看，我們或許應該捐贈椅子，以確保商學院永遠在教授效率市場理論。」[325]

現在，這裡總結了兩種互相競爭的主要投資模式之間的重要差異。

所謂**標準的投資方法**接受了現代投資組合理論作為指導原則。它相信差異——即價格波動——是巨大的。因此，所有投資決策，從投資人的目標到投資組合管理，都是由一個人如何在情緒上處理股票價格的波動來決定的。投資組合要盡量廣泛而分散，以最大幅度地減少報酬率的變異，同時要提高投資組合周轉率（多次買賣）以試圖控制變異。除了高周轉率的投資組合，還要不斷努力追求短期價格表現的目標。在標準的投資方法中，玩的是短期套利的遊戲。

在公司導向的投資方法中，指導原則是股票的經濟報酬率，而股票指的就是你擁有的公司。內在價值的長期複合成長是巨大的。股票價格的波動，即報酬率的變異，通常是事後才會去考慮的。公司導向的投資組合是集中、主動比例高、周轉率低的，以便從經濟複合效果中受益。這種方法不認為短期價格表現是衡量進展的有意義指標。相反的，公司導向的投資人喜歡長期的經濟進展，以及他們所擁有公司的透視盈餘。公司導向的投資人經常引用葛拉漢的名言：「從短期來看，市場是一台投票機，但從長期來看，它是一台秤重機。」[326]

在標準的投資方法中，投資人不斷地瘋狂追逐「選票」。在公司導向的投資方法中，投資人不會那麼焦慮。相反的，他們會密切關注自己所擁有的經濟「權重」，深知天平最終會達到平衡。在公司導向的投資方法中，玩的是長期套利的遊戲。

公司導向的投資人最重要的最後一個優勢，是清楚了解投資和投機之間的差異。他們得到最好的人的調教。

投資與投機：了解差異

包括威廉斯、凱因斯、葛拉漢和巴菲特，偉大的金融思想家都輪流解釋過投資和投機之間的差異。這兩種方法之間的拉鋸戰，並不是什麼新鮮事。然而，一直誤解這些差異，會產生一種思維上的錯誤，對許多投資人來說，這種錯誤往往可能帶來毀滅性的結果。葛拉漢警告說，投資人面臨的最大危險並不是投機，這種態度已經存在了數百年，而是在沒有意識到的情況下養成了投機的習慣。這個看法非常正確。在那樣做的過程中，投資人最後會得到一個投機者的回報，還以為自己是在投資。

在《投資價值理論》第三章第七節的「投資人和投機者」中，威廉斯寫道：「為了透過投機獲利，投機者必須能夠預見價格的變化。由於價格變化與邊際意見（marginal opinion）的變化一致，追根究柢，他必須能夠預見**意見的變化**。」[327]

凱因斯也有相同的觀點。他在他最後，也是最重要的一本書，《就業、利息和貨幣的一般理論》（*The General Theory of Employment, Interest, and Money*）中寫道：「**投機**一詞是預測市場心理的活動，而**企業**一詞是預測資產在生命週期內預期收益率的活動」。

預測「市場心理」需要「預見意見的變化」，凱因斯藉此以一個有趣的類比來描述許多投資人的行為。他在書中虛構了一場選美比賽，要求參賽者從報紙上的一百張照片中，選出六張最漂亮的臉。其中的訣竅不是去選個人認為最漂亮的面孔，「而是選擇他認為最可能引起其他競爭對手興趣的面孔，而且所有的人都以相同的角度做選擇」。[328]

凱因斯認為，股票市場上也存在類似的競爭：「這不是選擇那些根據個人判斷最漂亮〔面孔〕的問題，甚至也不是選擇那些平均觀點真正認為最漂亮〔面孔〕的問題。我們已經到達第三個層次，我們是將我們的智慧用來預測平均意見對平均意見的預期。而且我相信，有些人正在實踐第四、第五和更高層次的判斷。」[329]

你可能會認為，凱因斯的選美比賽是天真的個別投資人之間進行的遊戲，他們本來就應該懂得不要去從事投機行為。或者更好的是，機構投資人的理性行為能夠迅速糾正無知的個別投資人的錯誤。但很可惜，這種事並沒有發生。在凱因斯看來：

專業投資人的精力和技能主要被消耗在其他方面。事實上，其中多數人主要關心的，不是對一項投資在它整個生命週期中的可能收益率做出卓越的長期預測，而是比大眾領先一點點時間預測傳統估值根據的變化。他們關心的，不是對一個為了「持有」而購買的人來說一項投資的真正價值，而是在大眾心理的影響之下，三個月或一年後市場對它的估價。[330]

不令人意外的是，對於投資和投機之間的差異，巴菲特與葛拉漢、威廉斯和凱因斯的觀點相同。巴菲特表示：「如果你是投資人，你就會關注資產——在我們的情況中，是指公司——會產生什麼價值。如果你是投機者，基本上，你就是在不理會公司的情況下預測價格走勢。」[331]

巴菲特警告說，如果你不考慮資產會產生什麼價值，你就會傾向於投機。然後，巴菲特斬釘截鐵地在年報中寫道：「如果你關注的是預期的價格變化、下一個買家要付的價格，你就是在做投機。」[332]

與凱因斯類似，巴菲特對機構投資人的動機也抱持非常懷疑的態度，機構投資人本應是市場上所謂的明智投資（smart money）。他寫道：「你可能會以為，擁有高薪和經驗豐富的投資專業人士的機構，將成為金融市場穩定和理性的力量。但它們不是。由機構大量持有並不斷監控的股票，估值往往是最不相稱的。」[333]

無論是機構還是零售投資者，由於金融市場的方向最終是受到投資人所推動的，因此學者長期以來一直對類似暴徒行為的心理學理論感興趣。葛拉漢提供了一個故事，以說明許多投資人的非理性行為，巴菲特後來在一九九五年年報中對波克夏的股東分享了這個故事。有一個石油勘探者在前往天堂領取獎賞時，在門口遇到了帶來壞消息的聖彼得。「你有資格住進來，」聖彼得說：「但正如你所看到的，為石油商保留的大院已經擠滿了人。沒辦法再把你擠進去。」思考了一會兒後，勘探者問聖彼得，自己是否可以對現在的居住者說句話。這對聖彼得來說似乎無傷大雅，就同意了。於是，勘探者舉起他的手放在嘴邊，並大聲喊道：「在地獄裡發現了石油！」大院的大門立刻打開了，所有的石油商列隊前往冥府。聖彼得覺得探勘者很了不起，邀請他舒舒服服地住進去。探勘者停頓了一下。「不，」他說：「我想我要和其他男孩一起去。畢竟，謠言可能有幾分道理。」[334]

讓巴菲特感到困惑的是，華爾街有這麼多受過良好教育、經驗豐富的專業人士在工作，股市中卻沒有更合乎邏輯和理性的力量。畢竟，公司經理人無法確定他們的股票價格，他們只能抱持期待，同時透過釋出公司資訊來鼓勵投資人採取理性行動。巴菲特指出，股價的瘋狂波動與機構投資人「類似旅鼠」的行為有關，而不是與他們所擁有的公司的總體經濟回報有關。

快速提供一下科普知識：旅鼠是原產於苔原地區的小型囓齒動物，以定期大量遷移到海洋而聞名。每隔三、四年，就會發生一些奇怪的事情。由於各種原因，旅鼠群中的旅鼠數量會不斷增加，直到出現類似恐慌的反應，然後牠們會集體跳入海中而亡。我們目前還不完全了解旅鼠的行為，動物學家有多種推論，但普遍認為，旅鼠之間的**擁擠**和**競爭**情勢會導致它們改變行為。

為客戶管理資產的機構市場肯定很擁擠，機構投資人之間的競爭無疑也非常激烈，因此需要一種在最短時間內為客戶創造最高報酬率的策略，即贏得資產的策略。

凱因斯表示：「預測幾個月後的傳統估值根據，而不是長期投資的預期收益率，就是一場心智的戰鬥，甚至不需要大眾中的不知情人士來餵飽專業人士的利益。專業人士之間自己就可以玩起來。」

他指出：「專業投資人被迫去關注新聞或整體氣氛將帶來的變化，這種預期經驗會對市場的大眾心理產生最大的影響。」[335]這段話非常正確。

凱因斯在一個多世紀前就寫道：「基於真正做長期預期的投資，在今天是如此的困難、近乎不切實際的事。和試圖比群眾更會猜測群眾將如何表現的人比起來，嘗試這樣做的人肯定會經歷更多的苦日子。」

最後，凱因斯指出，儘管長期投資人最能促進市場價值，但令人遺憾的是，長期投資人受到最多的批評，這是不公平的。「因為他〔長期投資人〕的行為本質，在一般人看來，應該是古怪的、非常規的、魯莽的。如果他成功了，只會證實他的行為的確魯莽。如果短期內不成功（這是很有可能的），他也不會得到多少憐憫。」

然後凱因斯補充了他最響亮的一句名言：「世俗智慧告訴我們，以傳統的方式失敗比以非常規的方式成功，更能贏得聲譽。」[336]

在《智慧型股票投資人》中，葛拉漢試圖區別股市的**時機**和**定價**之間的差異：「我們所說的時機是指嘗試預測股市的走勢。我們所說的定價是指嘗試在報價低於公允價值時買股票，並在高於公允價值時賣股票。」

葛拉漢隨後明確地表示：「我們確信，如果他〔投資人〕在預測的意義上強調時機，他最後將成為一名投機者，並獲得投機者的財務結果。」

葛拉漢與凱因斯意見一致，他補充說：「時機對投機者來說非常重要，因為他想要盡快獲利，厭惡要等待一年後股票才會上漲的想法。但對投資人來說，等待本身並不會有任何的影響。」[337]

為了鼓勵進行長期投資，葛拉漢補充說：「一個嚴肅的投資人不太可能會去相信，股市的每日甚至每月波動，會讓他變得更富有或更貧窮。」

然後，他指出一個重要的事實：「真正的投資人很少**被迫出售**他的股票，在所有其他的時間，他都可以無視當前的價格報價。」

葛拉漢在警告投資人時寫道：「那些因持股出現不合理的市場下跌，而被迫行動或過度擔憂的投資人，就是錯誤地將他的基本優勢轉為基本劣勢。如果他的股票根本沒有市場報價，他就可以免除因**其他人**誤判而帶給他帶的精神痛苦，他就會過得更好。」[338]

公司導向投資法的支持者面臨的最大挑戰是，如何在一個敵視他們成就的世界中生存。考慮到現代投資組合理論、效率市場假說的缺點，以及持續存在投機凌駕投資的現象，你會以為這些方法對貨幣管理行業的束縛會產生鬆動。但現在看起來，還需要更多的時間。在那之前，公司導向的投資人必須自在地活在平行宇宙中。

在平行宇宙中投資

在葛拉漢的職業生涯初期，他就堅信，性格是成功投資的關鍵因素。他逐漸意識到，與投機者的浮躁意見相比，商人的性格是投資獲利的基礎。即使如此，他仍然感到沮喪，為什麼一個作為成功企業所有人的個人，在購買普通股時會採取投機行為——而普通股實際上就是公司的部分所有權。對葛拉漢來說，很難理解為什麼一個從其擁有的公司中獲得經濟利益的投資人，僅僅只是因為股票市場，一個可以買賣他們在公司中的所有權利益的地方，就去選擇投機性的投資。

這些觀點之間的拔河是葛拉漢深感關切的問題。在他的一生中，他注意到了這場失敗的戰鬥，並在一九七三年寫道：「近幾十年來的股市發展，使典型的投資人更加依賴報價的過程，比以前更不認為自己只是一個企業所有人。」[339] 在他看來，不管任何時刻，當下的訊息都蓋住了更重要的、可以決定一個人長期前景的財務資料。

葛拉漢最出名的學生巴菲特也採納了同樣的想法，一點也不令人感到意外。七十多年來，將股票視為公司，一直是巴菲特投資方法的基礎。因此，我們只剩下一個難題。金融分析之父和全世界最偉大的投資人也在告訴我們同樣的事情：對於投資人的成功來說，股市的每日報價是不必要的。事實上，對大多數投資人來說，它們可能弊大於利。與此同時，世界各地的投資人都在關注股市正在發生的事情。他們每天觀看財經新聞節目，手機充滿了即時的行情，特別是個人持股的上漲和下跌資訊。

葛拉漢和巴菲特幾乎沒有想過市場，絕大多數的投資人卻想不到別的。

就當作一項心理練習，請想像：如果沒有每日的股市報價，你會如何改變你的行為？如果股市每年只開放一次，唯有那一天，投資人才能買賣普通股，而其他三百六十四天裡，股票特定資訊只有季度財務報告，以及其他被視為對公司所有人重要的新聞。你會怎麼辦？

在這個假設的世界中，我們將生活在一個新的金融維度。我們將這個地方稱為**投資領**

域。你需要了解的有關買賣股票的所有資訊，都可以在投資領域找到。你可以吸取教訓，可以獲得教育。對於那些願意從市場領域跨越到投資領域的人來說，成為成功投資人的所有要素一應俱全。如果你這樣做，你將不會孤單。自一九五六年以來，巴菲特一直生活在這樣的世界中。

當巴菲特為波克夏購買普通股時，他並非因為股價便宜而買。對他來說，股票就是一個抽象概念。「我們進行一項交易，」他說：「就好像我們正在收購一家私人公司。」這是指整個公司。此外，一旦購買了一家公司的股票，巴菲特就不會考慮將來出脫的日期，或等待更高的價格售出。「只要我們預期該公司的內在價值會以令人滿意的速度成長，我們就願意無限期持有股票。」[340]

當巴菲特投資普通股時，他看到的是一家公司。大多數的投資人只看到股票價格。他們花了太多的時間和精力來觀察、預測和期待價格的變化，但花很少的時間來了解他們現在擁有的公司。巴菲特認為，投資人和商人應該以同樣的方式看待公司，因為他們本質上想要同樣的東西。商人想買下整家公司，投資人則想要購買公司的部分股份。這兩種人都將從其所擁有企業的內在價值的成長中獲利。

無可否認，巴菲特擁有大多數其他投資人所不具備的明顯優勢。同時擁有普通股和私人公司，這給他親身參與的視角。「你能向魚解釋在陸地上行走的感覺嗎？」他問：「在陸地上的一天值得談論一千年，而經營一家公司的一天也具有完全相同的價值。」[341]多年來，巴菲特在他的商業冒險中經歷了成功和失敗，並在股市中運用了他所吸取的教訓。其他投資人多半沒有接受過同樣獨特的教育。當他們忙於預測股市時，巴菲特研究了損益表和資產負債表、資本再投資的要求，以及公司產生現金的能力。在這個過程中，他有機會向波克夏旗下公司的管理人才學習。

無論如何，強調這一點都不為過：**成為成功投資人的基礎，就是有目的地脫離股市**。在心理上，投資人必須戴上眼罩，這樣股市就不會在他們醒著的時候吸引他們的注意。它不再是你的主要關注焦點，充其量是次要的，唯有當市場價格劇烈上下波動時，才會被不定期地意識到。這是公司所有人應該將注意力轉向股票市場的唯一明智時機，目的只是要去衡量，是否可能存在買賣公司股票的獲利機會。但在其他時候，人們對每日、每週、每月的股市新聞，並不感興趣。

你可以這樣想：市場領域就是一場狂歡，充滿了不同的參與者，在不同的時間範圍內玩著不同的遊戲。有些是投資人，有些是交易員，但大多數是投機者。幾乎所有人都很容易被沒完沒了的財經新聞分散掉注意力，這些新聞告訴所有願意傾聽的人，接下來如何進行最好。但公司導向的投資人在心理上遠離了這種噪音。他們的遊戲沒有改變。當股票市場加速上漲，每個人都在盲目、狂熱地追逐短期績效時，便是公司所有人放慢腳步的時間點——一旦放慢腳步，就可以看見一切。這時你所需要的就是，不要忘記巴菲特在投資領域教我們的功課。

每當身處於市場領域時，一個當務之急就是，公司導向的投資人必須讓自己不陷入短期噪音的漩渦。他們絕對不能忽視這個事實：他們正在管理一個由創造價值的公司所組成的投資組合，這些公司全都會隨著時間而增加其內在價值。

巴菲特和蒙格「相信的紀律就是，掌握別人已經釐清的最佳方法」。蒙格曾說：「我不相信有人只是坐下來幻想，就可以想出這一切。沒有人可以那麼聰明。」[342]

巴菲特同意這一點。「我主要是透過閱讀來學習的，」他說：「所以我認為我沒有任何原創的想法。當然，我談論的是閱讀葛拉漢。我也讀費雪的書。我自己從閱讀中得到了很多想法。」他繼續說：「你可以從別人身上學到很多東西。事實上，我認為如果你基本上是向別人學習，就不需要自己生出太多的想法。你可以應用你所看到的最好的方法。」[343]

獲取知識是一個旅程。巴菲特和蒙格從他們的前輩那裡汲取了很多智慧，並將其形塑成自己獨特的知識拼圖，現在也慷慨地分享給其他人，即那些願意以新鮮、充滿活力、開放的心態做自己的功課，並盡可能學習的人。

「有些人對學習任何事物都抱持著抗拒的情緒，這是非常特別的。」蒙格說。巴菲特補充道：「真正令人驚訝的是，即使學習符合自身的利益，他們也表現得如此抗拒。」然後，巴菲特以一種沉思的語氣繼續說道：「對於思考或改變，存在著不可思議的抗拒心理。我曾經引用羅素（Bertrand Russell）的話說，大多數人寧死也不願意思考。很多人都是這樣。從財務意義上來說，這句話是非常正確的。」[344]

第7章

金錢頭腦

投資是最好的遊戲。

——巴菲特

二〇一七年五月的第一個星期六，對於關注巴菲特的人來說，這只意味著一件事：波克夏公司的年度股東大會。在投資世界，沒有什麼活動可以媲美這場盛會了。

波克夏董事長與副董事長巴菲特和蒙格會連續五個小時（不包括一小時的午休時間）回答聽眾中的股東以及代表讀者和觀眾的財經記者的提問。他們沒有提前審查問題，每一個問題都能夠得到坦率、熱情和機智的充分回答，這是這兩個人的風格特徵。主桌上除了水杯、可樂罐、時思糖果、花生脆片和兩個麥克風之外，沒有其他東西了。沒有筆記，沒有簡報資料，只有兩個樂於回答問題並談論自己想法的人。

上午的會議照常開始。[345]有一個問題是有關無人駕駛的卡車，以及其可能對伯靈頓北方聖塔菲鐵路公司或蓋可造成的威脅。另一個問題是關於波克夏與美國國際集團（American International Group）的再保險交易，以及科技股的討論。巴菲特被問到航空業的競爭性質，然後是他對可口可樂和卡夫亨氏（Kraft Heinz）食品公司的看法。

然後在上午的會議即將結束時，一位股東向巴菲特和蒙格提出了第二十八個問題。「你們兩個透過互相交流想法，在很大程度上避免了資本配置的錯誤。這種情況會持續到波克夏的未來嗎？」儘管從表面上看，這是有關資本配置的問題，但重點顯然是關心波克夏的接班問題，以及多年後將由誰負責資本配置的決策。

巴菲特首先做出回應。「針對波克夏的任何繼任者，董事會最重視的肯定是資本配置能力，以及經過驗證的資本配置能力。」巴菲特指出，許多公司的執行長都有不同的背景，包括銷售、法律、工程或製造。但一旦擔任領導職務，執行長就必須能夠做出資本配置的決定。巴菲特補充道：「如果有人在其他領域擁有豐富的技能，但實際上沒有分配資本的能力，那麼波克夏的表現就不會很好。」

然後，他的下一句話讓我從椅子上坐正了起來：

> 我曾經把這稱為「金錢頭腦」（Money Mind）。人們可以有一百二十或一百四十，或任何可能的智商。其中有些人很擅長做某一件事，有些人則擅長做另一件事，他們可以做大多數平凡人做不到的事情。但我也認識一些非常聰明，卻沒有金錢頭腦的人，他們可能會做出非常不明智的決定。這種技能（資本配置）並不符合他們的工作方式。所以我們確實想要一個人，希望他有很多天分。但我們肯定不要缺乏金錢頭腦的人。[346]

金錢頭腦。我以前從未聽巴菲特說過這些話。那一刻我才知道，研究巴菲特這麼多年，我只說對了一半。

我從未見過任何人不同意巴菲特的投資原則。這些原則就是《巴菲特勝券在握》一書中歸納的投資法則，這些原則應用於集中、低周轉率的投資組合策略時，報酬是非常可觀的。每當我問某個人是否願意以同樣的方式做投資時，答案幾乎一定是「願意」。但隨著時間的推移，我發現一些選擇像巴菲特一樣投資的投資人，正在苦苦掙扎。對許多人來說，知道自己所持有的股票是一家公司，與具備情緒上的堅韌以承受股市的短期推力與拉力，這之間的差距實在太大了。我開始明白，知道這條路和走在這條路上有很大的差別。

但在那個星期六的早上，與我的股東同伴們坐在一起時，我開始意識到，幫助人們成功投資所需的東西與投資法則關係不大，反而與養成正確的心態更有關係。儘管葛拉漢和巴菲特多年來一直在談論性格的重要性，我過往卻把它放在一邊，轉而削尖鉛筆以算清楚企業的價值。當投資股市變得越來越難，我就越去削尖鉛筆。然後，在奧馬哈那個重要的星期六早晨，我終於意識到，我忽略了最重要的建議。

讓我說得清楚一點。毫無疑問，將巴菲特的投資法則應用於低周轉率的幾支精選股票投資組合中，是達成高於平均水平報酬率的正確方法。然而，從性格上來說，在沒有良好錨定的情況下應用投資法則，可能會導致投資組合在股市的洶湧波濤中隨波逐流。毫無疑問，一個人性格和投資法則是密不可分的。兩者缺一不可。

金錢頭腦，巴菲特以他一貫的方式，精確地為一個複雜的概念命名，給了我們一個令人難忘的名字。

這個容易記住的詞彙，最淺白地說，是描述一種思考諸如明智投資等重大問題的方式。在另一個層面上，它總結了現代金融世界的整體思維。它還可以辨識出一個致力於學習並克服不相關噪音的人。

在更深的層次，金錢頭腦核心的深刻哲學和道德結構告訴我們關於一個人的各種訊息——這是個很可能在生活的許多方面取得成功的人，包括投資。

運動員、教師、藝術家

還記得巴菲特還是個小男孩時所做的聰明的商業冒險嗎？對於年紀這麼小的人來說，這是相當令人驚訝的成就，而這也成為了一個令人著迷的預告，讓我們看見他未來將成為的成年人。但我們沒有提的一件事，是他對玩遊戲的熱情。

六歲時，巴菲特發起了一場比賽，也就是彈珠比賽。他把姐妹們叫到浴室，每一個人在裝滿水的浴缸後面排列各自的彈珠。隨著他按下秒錶，他們都為自己的彈珠加油，希望彈珠能快速滑向排水塞的位置，然後年幼的巴菲特就會宣布獲勝者。巴菲特和他孩提時代的朋友鮑伯・羅素（Bob Russell）一起發明了許多遊戲，像是其中一個遊戲需要記錄經過的汽車車牌號碼，另一個是要計算字母表中的某個字母在當天的《奧馬哈世界先驅報》中出現的次數。和奧馬哈的所有男孩一樣，他喜歡棒球和內布拉斯加大學橄欖球隊。將他童年所有的遊戲連在一起的就是競爭的概念。巴菲特**熱愛**競爭。

運動員巴菲特

今天，眾所周知，巴菲特是一位熱衷橋牌的玩家。據說，他購買第一台電腦的動機，就是為了不必出門就可以在網路上打橋牌到深夜。「我總是說，如果我有三個會玩橋牌的獄友，我不介意去坐牢。」[347] 許多人都注意到玩橋牌和投資的相似之處。兩種都是機率遊戲，決策中的信心是關鍵。最棒的是，這兩款遊戲都不斷有新的牌手。解謎的過程永無止境。但巴菲特說，無庸置疑，「投資是最好的遊戲」。[348]

投資不是體力上的挑戰，但仍然是一種遊戲，一種思考遊戲。與所有遊戲一樣，投資是一場競爭，參與其中的人都有強烈的獲勝欲望。運動心理學家將運動員分為兩種類型：產品導向或過程導向型。如你所想，以產品為導向的運動員非常專注於獲勝。除了贏，他們什麼也不想。相較之下，注重過程的運動員是從更廣泛的角度看待他們的運動。他們在活動本身中找到獎勵，有些人將這稱為「出於對遊戲的熱愛」。[349]此外，以過程為導向的運動員會致力於自我改善，並透過為團隊奮鬥而獲得更深的滿足感。

投資也是一場有關過程和結果的遊戲。欣賞體育或投資的過程，意味著承認過程的重要性，而不僅僅是結果。像巴菲特這樣的偉大投資人了解並欣賞投資的漫長旅程，他們並不局限於計算短期收益或損失作為衡量自己能力的唯一標準。巴菲特的投資過程是為了比單日記分卡更重要的目的。

投資人和運動員的共同點是都追求卓越。投資人就像運動員一樣，務實、適應能力強，願意改變自己的習慣和例行公事，以提高獲勝的機會。為了做到這一點，投資人就像運動員一樣，永遠對獲取知識感興趣。

教師巴菲特

知識有兩種類型，**所知的知識**（knowledge of acquaintance），以及**關於某事的知識**（knowledge about）。所知的知識來自於體驗者，也就是實際擁有特定知識經驗的人。在這種情況下，巴菲特就是體驗者。他對投資的觀察是基於他的經驗、購買私人公司和普通股的行為。另外，**關於某事的知識**則要透過更大的知識庫，即所謂的**共享經驗**[350]，來進行驗證。哲學家和心理學家約翰．杜威（John Dewey）建議，最好採用社交和互動的學習過程。他相信最好的教育就是邊做邊學。然而，他也相信，教育經驗需要學生與環境之間的互動才能得到效果。因此，學生可以透過與共享經驗、更大的知識庫的互動而受益。

波克夏公司就是一種共享的經驗。有些人把它稱為波克夏大學。[351]這是因為巴菲特對股東的承諾而形成的局面。這個現象開始於一九七三年，當時巴菲特邀請波克夏的股東，花幾個小時向他詢問有關公司和一般投資的問題。那一年，有十幾個股東出現在國家償金公司的員工餐廳。之後的每一年，有越來越多的股東會前往奧馬哈參加年度股東大會，這讓巴菲特不得不尋找更大的地方來接待所有人。如今，波克夏年度股東大會在該市最大的場地，奧馬哈會議中心和競技場舉行，每年會有將近四萬名投資人前來朝聖。

波克夏的年度股東大會被稱為資本主義的胡士托音樂節（Woodstock）。它不僅包括週六的股東大會，還包括會前和會後舉行的幾場投資會議。每年來到奧馬哈的波克夏「學生」，從清晨到深夜，各自成群結隊地聚集在一起。關於波克夏和投資的討論從未停止。在股東大會期間，你還可以發現有一個有關波克夏所有事務的圖書館，其中的代表作就是波克夏公司從一九六五年到二〇二二年的致股東信函。巴菲特在五十七年來寫下的董事長信函，總共有九百零六頁。

波克夏大學的成就正是將「所知的知識」與「關於某事的知識」結合起來。一位財經記者曾問過巴菲特，是否預期波克夏在未來幾年的表現會贏過大盤。這位記者提出了一個假設問題：他的兒子是否也能透過投資更廣泛的標準普爾五百指數型基金來取得同樣的成績。「我認為，成為波克夏的股東，你的兒子會學到更多。」[352]體驗者巴菲特這樣回答他。

如今，居住在世界各地的股東和投資人都可以在波克夏大學進行虛擬學習。波克夏的學生可以在雅虎財經（Yahoo Finance）上觀看巴菲特和蒙格的影片。CNBC.com上有巴菲特的檔案，它包含自一九九四年以來波克夏公司股東會議的完整內容。YouTube上也有很多巴菲特和蒙格的影片。甚至還有一段影片記錄了巴菲特在一九六二年首次接受電視採訪的過程，當時他年僅三十二歲。

巴菲特成為一名教師並不奇怪。他的父親，也是他的英雄，本身就是教會和政府裡的老師。巴菲特的導師葛拉漢在哥倫比亞大學任教三十多年。他的合夥人蒙格也成為了一位思想領袖，將投資理念擴展成跨越多門學科領域、影響深遠的信念。身為一名教師，蒙格很高興地分享了他對獲得世俗智慧的重要性的想法。

一九五一年，巴菲特從哥倫比亞大學回鄉後不久，就在奧馬哈大學教授了他的第一堂課。接下來，他對巴菲特合夥公司的合夥人進行了長達十三年的教育。近六十年來，他一直在教育波克夏的忠實信徒。

美國哲學家威廉．詹姆斯認為，最好的老師是將他們的課程建立在**聯想**的概念上。「你要教學的對象，無論他們是什麼，」詹姆斯說：「他們至少都是連結機器的小部件。」[353]詹姆斯解釋說，在實際的教法中，這意味著將一件事與另一件事進行比較。雖然是看似抽象的教育理論，但這個概念在投資領域是真能應用的。當葛拉漢說「最明智的投資，就是把自己當成公司的老闆」時，他就是透過聯想進行教學；當巴菲特說投資人應該將股票視為公司的所有人權益時，也是透過聯想進行教學。對許多投資人來說，超現實的普通股突然之間就變得合理了。詹姆斯寫道，教學的目的不是要讓學生感到震驚，而是「引導他們得出樂觀而健康的結論」。[354]正如巴菲特扼要描述的，公司導向的投資就是詹姆斯「健康心靈」的一個絕佳例子。詹姆斯認為這些人的特徵就是對人生抱持開放、投入而樂觀的態度。

詹姆斯在他的專題著作《與學生交談》（*Talk to Students*）中，收錄了一篇題為〈某種盲目性〉的文章，他在文中探討了生命的意義。「每當生命的某個過程向正處於其中的人傳達某種渴望時，他們的生活就變得真正有意義起來了。」他寫道，這種渴望可以出現在各種活動中，如體育、藝術、寫作和反思。但「無論在哪發現它，都會充滿現實的狂熱（Zest）、刺痛和興奮」。[355]

狂熱的定義是具有極大的熱忱和精力。對詹姆斯來說，「狂熱是人類意義中充滿活力的內在」。[356]在描述巴菲特時，這個名稱確實非常貼切。每個與他接觸過的人都會立即被他的精力、樂觀、幽默和無限的熱忱所吸引。

在《巴菲特勝券在握》中，我在最後一段寫道：「能每天去公司工作讓他興奮，而且是出自一種真心的歡喜。『我生活中所有想要的正好就在這兒，』他說：『我愛每一天。我的意思是說，我在這兒跳著踢踏舞，並和我喜歡的人一起工作。』」[357]三十年過去了，一切都沒有改變。

我想你可能會說，**跳著踢踏舞去上班**是「狂熱」的隱喻。這也是露米斯寫的一本精彩書籍的書名，該書收錄了四十六年來有關巴菲特的八十六篇文章，其中許多是由露米斯本人所撰寫的。「當你讀完這本書時，」她寫道：「你就會看到巴菲特商業生涯的軌跡。」[358]那是一個多麼精彩的人生啊。

藝術家巴菲特

「我對自己的工作感覺非常好，」巴菲特說。「每天早上，當我走進辦公室時，我感覺自己是要去西斯汀教堂（Sistine Chapel）畫畫。還有什麼比這更有樂趣的呢？就像一幅未完成的畫。如果我想在畫布上加點藍色或紅色，我就可以做。」[359]如果波克夏是畫布，那麼資本就是藝術家巴菲特用畫筆塗抹的顏料。

西斯汀教堂的天花板是一幅大型壁畫，描繪了《創世記》中的九個不同場景。關於這一幅宏偉作品為何如此令人讚嘆，除了作品具有崇高的美感之外，還在於它是由一個人在極其困難的條件下獨自創作出來的傑作。當巴菲特將自己努力的心血比為米開朗基羅的作品時，並不是想吹噓。他個人的謙遜是深深內化的，這件事大家都知道。我認為這個說法反映了巴菲特在許多成就領域的廣泛興趣，在這方面，將波克夏的歷史視為一幅巨大的壁畫只是另一個隱喻——巴菲特特別喜歡的教學工具。

波克夏的壁畫描繪了許多場景、許多挑戰、許多事件。對任何人來說，即使是巴菲特，也很難挑出那幅壁畫中最著名的一個場景。甚至將促成波克夏財務傑作的九個最重要的場景列舉出來也是一項挑戰。許多人、公司和大大小小的投資都對波克夏產生了影響。但去了解所有這些影響，並繪製出這些整合的場景，在很大程度上是一個人的工作。歌德（Johann Wolfgang von Goethe）曾經說過：「如果沒有看過西斯汀教堂，就無法真正理解一個人能夠創造出什麼樣的作品。」同樣的，如果我們不將波克夏的故事視為出自某個人之手的藝術品，我們就無法真正形成對它的欣賞。一旦你這樣做，你就會對自己說：「這太令人讚嘆，也太令人驚訝了。我們之中的某個人竟然做到了這樣的成就。」[360]

藝術評論家蘭斯·埃斯布倫德（Lance Esplund）寫道：「我們在藝術中忘記了，真正重要和吸引我們的不是目的地，而是旅程。」藝術之旅與長期投資的「過程」相同。據說觀賞藝術需要一張舒適的椅子。為什麼是椅子？因為要正確地看待藝術，我們需要保持自在、耐心和不分心。「然後，就像藝術家一樣，」埃斯布倫德解釋說：「我們可能會發現，我們已經超越了觀看（looking）的藝術，並轉向了發現的藝術——看見（seeing）的藝術。」[361]

購買一家公司的決定很像一堂藝術欣賞課。投資人審視所有偉大商業藝術作品的品質，例如公司提供的產品和服務及其競爭地位、產生的財務回報，以及決定如何分配資金的管理作為。投資——真正的投資——是對企業藝術形式的探索。

當投資人**觀看**一支股票時，大多數人都會很快地將財務事實製成表格，卻沒有**看見**重要的問題——這是如何發生的？唯有提出這些問題，你才有真實的機會去真正理解，並洞察到未來的答案可能是什麼。正如一幅複雜的畫作，你無法只靠快速瀏覽就能完全看懂，一家公司也是如此。沒有人能夠僅僅透過統計一些會計因素、匆忙的評論或輕率的意見，來完全了解一家公司。

威廉・詹姆斯說：「生命最大的用途，就是把它花在比生命更長久的事情上。」[362]在史蒂夫・喬丹（Steve Jordon）的書《奧馬哈先知》（*The Oracle of Omaha*）的結尾，巴菲特這樣評價波克夏：「我把我的一生都投入在這裡。我相信波克夏是你能想到的最長久的公司。」[363]最初的波克夏棉花製造公司成立於一八八九年，巴菲特在一九六五年接管。我們可以說原來的波克夏已經有一百三十五歲了，儘管現代版本年輕一些，五十九歲，但與大多數大型企業的平均壽命相比，仍然非常老了。

企業長壽是理解估值並判斷一家公司的長期永續競爭優勢的核心。大多數公司的生存期並不長。一九六五年到二〇一五年間，全球市值至少二・五億美元的公司中，只有一半的存活時間超過十年。那些倖存下來並成長為財富五百強（Fortune 500）成員的公司，其壽命雖然稍微長一些，但也不是很長。如今，最大公司的平均存活期間僅為十六年。[364]

了解企業長壽的關鍵是認識到它與變革高度相關，熊彼得（Joseph Schumpeter）把這稱為「創造性破壞的狂風」。我們知道，企業壽命較短與快速創新有關。當「變革速度加快時，企業壽命就會縮短」。[365]

現在想想過去二百五十年來發生的所有經濟變革：第一次工業革命始於一七七一年，當時阿克萊特（Arkwright）的水力棉紡廠在英國克羅姆福德（Cromford）開業。第二個階段是一八二九年，即蒸汽和鐵路時代，隨著利物浦—曼徹斯特鐵路的火箭號（Rocket）蒸汽機頭測試而啟動。第三個是鋼鐵、電力和重工程時代，開始於一八七五年，當時貝塞麥

（Bessemer）鋼鐵加工廠在匹茲堡開業。第四個時代被稱為石油、汽車和大規模生產時代，開始於一九〇八年，底特律的福特（Ford）汽車組裝廠推出了第一輛T型車。今天，我們正處於資訊和電信時代。它開始於一九七一年的加州聖克拉拉（Santa Clara），當時英特爾推出了微處理器。[366] 從十八世紀末以來發生的一次次經濟動盪事件，著實令人震驚。

米開朗基羅的西斯汀教堂天花板已經有五百多年的歷史。波克夏能存活超過五個世紀嗎？很難想像。即使如此，儘管在過去二百五十年裡發生了熊彼得所謂的創造性破壞，但沒有被中斷的一件事是數學常數「*e*」——複利。因此，想像波克夏能夠再持續一百年或更長的時間，比世界上任何一家大公司都活得更久，也許不是不可能的事。

波克夏：一家美國機構

巴菲特寫道：「波克夏現在是一家規模龐大的企業集團，並不斷試圖進一步擴張。」[367] 他說，它一開始就像「只有一個招式的小馬」、「受制於注定要失敗的紡織業，然後好運來了，一九六七年買到了國家償金公司」。[368] 這次收購使波克夏公司進入了保險業。自那時起，波克夏的總浮存金（可用於投資的保費資金）從八百六十萬美元成長到一千六百五十億美元，使該公司成為全球保險浮存金的領先者。

如今，波克夏擁有數十家公司，但它很大程度上是由巴菲特口中「我們的四大巨頭」[369]

所推動的。第一巨頭一直並將繼續是保險公司的集合體，為巴菲特的投資提供了大量的浮動資金。第三大巨頭是伯靈頓北方聖塔菲鐵路公司，它是美國最大的貨運鐵路公司，鐵軌長三萬二千五百英里，遍布二十八個州，由近八千輛火車頭提供動力。第四大巨頭是波克夏能源公司（Berkshire Hathaway Energy，簡稱ＢＨＥ），波克夏於二〇〇〇年首次收購了該公司，當時獲利一．二二億美元。二十年後，波克夏能源公司創造了四十億美元的獲利。

波克夏的第二大巨頭呢？不容忽視的是，排名第二的是蘋果公司，巴菲特稱這家公司「恰好是比我們所擁有的任何一家公司更好的企業」。[370] 儘管在波克夏的一般公認會計原則收益中，只計入了蘋果公司支付的股息（每年八．七八億美元），但波克夏未報告的蘋果保留盈餘，價值是非常龐大的。波克夏擁有九．一五億股蘋果普通股，價值一千六百二十億美元，占該公司五．九%的所有權權益。

為了避免你認為擁有一家公司五．九%的股份，對波克夏的經濟利益並無實質影響，在這裡要提出來，二〇二二年時，蘋果公司每〇．一%的盈餘，就相當於波克夏可以擁有一億美元收益，只是未呈現在財報中。換句話說，擁有蘋果五．九%的股份，意味著波克夏事實上是五十九億美元盈餘的受益者，而該公司保留了其中大部分盈餘並用於回購蘋果股票，從而增加了波克夏在該公司的所有權，波克夏卻不需要花一分錢。

對於波克夏的獨特結構，巴菲特說是「購買優秀公司一部分的能力——又稱普通股——並不是大多數管理階層都可以採取的行動方針」。的確，在波克夏的歷史中，波克夏一直處於令人羨慕的地位，是因為它能夠購買獨資企業以及上市公司的普通股。他繼續說道：「股票市場每天向我們提供的公司，當然是公司的一小部分，往往比我們目前被提供的整家公司更具吸引力。」

此外，巴菲特指出：「透過持有普通股而實現的資本利得，使波克夏能夠進行某些大型收購，不然的話，這些收購將超出我們的財務能力。」

最後，他接著說：「世界是波克夏的牡蠣——這個世界為我們提供了一連串遠遠超出對大多數公司實際開放的機會。」[371] 確實如此，但我們也應該記住：波克夏在股票市場上的機會，也是個別投資人的機會。

巴菲特表示，自波克夏收購國家償金公司以來，走過的漫長歷程是「一條崎嶇不平的道路」，並且「牽涉到我們的所有人**持續**累積下來的儲蓄（保留盈餘）、複利的力量、避免**重大**錯誤，以及最重要的是，美國的順風。」巴菲特承認：「如果沒有波克夏，美國也會做得很好。反之就**不是**這樣了。」[372]

巴菲特毫不掩飾地看好美國。他從不羞於表達自己的信念，即美國為任何願意努力工作的人提供了巨大的機會。傳統觀點認為，年輕人是永遠的樂觀主義者，但隨著年齡的成長，就開始傾向悲觀情緒。但巴菲特似乎是個例外。我認為部分原因是，他在美國股市投資了八十多年。

自一九四二年三月十一日以來，距離巴菲特購買第一股股票已經過了八十二年。「當時我十一歲，我投資了我從六歲起就開始存的一百一十四．七五美元，這是我所有的錢。我買了三股城市服務特別股。我成為了一名資本家，感覺真好。」[373]

巴菲特在波克夏二〇一六年的年報中指出：「美國的經濟成就為股東帶來了驚人的利潤。在二十世紀期間，道瓊工業指數從六十六點上漲到一萬一千四百九十七點，漲幅達一七三二〇%。」現在想想，美國在這一百年來面臨了多少經濟、政治和軍事挑戰。

巴菲特認為：「美國企業——以及隨之而來的一籃子股票——在未來的歲月裡，幾乎肯定會比現在價值更多。創新、生產力提升、企業家精神和充足的資本，將會實現這一點。永遠存在的反對者可能會透過推銷他們的悲觀預測而發財，但如果他們按照自己兜售的廢話行事，就要靠老天爺保佑了。」

他補充說：「當然，許多公司會落後，有些公司會失敗。這種篩選是市場動力的產物。此外，未來幾年偶爾會出現市場大幅下跌，甚至會出現幾乎影響所有股票的恐慌。」[374]

巴菲特隨後建議：「在如此可怕的時期，你永遠不應該忘記兩件事：首先，廣泛的恐懼是你身為投資人的朋友，因為它可以提供便宜的購買機會。其次，個人恐懼是你的敵人。個人恐懼都是毫無根據的。投資人若能避免高額和不必要的成本，並長期投資一批融資保守的大型美國公司，幾乎一定會做得很好。」[375]

然後，在他最著名的一次抗議中，巴菲特提醒他的股東：「做空美國是一個可怕的錯誤，現在不是開始的時候。美國商業和創新的金雞母將繼續產下更多更大的蛋。而且，是的，美國的孩子會比父母過得更好。」[376]

在《理想國》（*The Republic*）中，柏拉圖（Plato）表揚了四種美德：**審慎**、**正義**、**堅韌**、**節制**。它們被稱為基本美德（cardinal virtue），柏拉圖認為，這些是合乎道德生活的基本素養。「**基本的**」（cardinal）這個字並不是指羅馬天主教會的樞機主教（Cardinals）。相反的，它來自拉丁語，詞根是「門鉸鏈」（door hinge）。因此，基本美德被認為對一個人的道德生活非常重要。

審慎的定義是為未來謹慎行事，審慎是思慮周延的基礎。那些相信正義的人知道如何看出什麼是適當、值得的，這是評估投資績效的關鍵技能。堅韌被定義為有勇氣面對逆境，我們都明白在動盪股市中保持堅定的重要性。最後，柏拉圖將節制定義為**健全的思維**（sound-mindedness），並且認為這是所有美德中最重要的一項。**健全思維**（Soundmindedness）這個奇妙的字眼，可能也是對金錢頭腦的完美描述。而這四項基本美德，共同構成了長期投資的關鍵。

研究過巴菲特一生的人可以看到，不僅是在投資遊戲中，更在更宏偉的人生計畫中，巴菲特是一個過著高尚生活的人。眾所周知，巴菲特的慈善事業是無與倫比的。他承諾將其九九%的淨資產捐贈給慈善組織和基金會。二〇二三年，巴菲特捐贈了四十六億美元的波克夏股票，給比爾及梅琳達蓋茲基金會（Bill and Melinda Gates Foundation）、蘇珊湯普森基金會（Susan Thompson Foundation）、霍華德巴菲特基金會（Howard G. Buffett Foundation）、薛伍德基金會（Sherwood Foundation）和NoVo基金會（NoVo Foundation）等五個慈善機構。自二〇〇六年以來，巴菲特已經捐贈了超過五百億美元的波克夏股票，超過了他在二〇〇六年底四百三十億美元的淨資產，這完全得益於其波克夏股票的持續資本增值。如今，巴菲特仍然持有價值一千一百二十億美元的波克夏股票，這意味著他將把超過一千六百億美元的財富回饋社會。歷史上沒有什麼人可以與他相提並論。

如今，波克夏正處於轉型期。二〇一八年，巴菲特宣布國家償金公司執行長阿吉特．詹恩（Ajit Jain）將出任波克夏保險業務副董事長，波克夏能源公司執行長格雷格．阿貝爾（Greg Abel）將出任非保險業務副董事長。此後有消息稱，屆時格雷格．阿貝爾將出任波克夏公司執行長。而華倫的長子霍華德．巴菲特（Howard Buffett），則有望在需要時擔任董事長一職。最後，分別於二〇一一年和二〇一二年加入波克夏的陶德．康布斯和泰德．魏斯勒，目前正在管理波克夏公司的部分投資組合。當巴菲特不再於年度股東大會上回答股東問題的那一天來到時，必要的人員已經都就位了。

即使如此，許多人仍然質疑，如果沒有巴菲特，波克夏是否還能堅持下去。「人們說巴菲特是如此的特別，波克夏公司無法在失去他的情況下生存，」多本有關巴菲特和波克夏公司的書籍作者，勞倫斯．康寧漢（Lawrence Cunningham）教授如此說：「但我要說，波克夏是如此特別，以至於沒有他也能生存，這完全要歸功於他所培養的持久文化。」[377]康寧漢相信，波克夏的持久存在於它的文化中。波克夏董事會成員蘇珊．德克爾（Susan Decker）對此表示同意。當被問及她是否認為波克夏在巴菲特之後能夠持續發展時，德克爾給出了肯定的回答：「這與文化有關。」幾十年來一直編輯波克夏公司董事長信函的老朋友露米斯也附和道：「重要的是人。」[378]

巴菲特在專業上功績非凡，但可以說他最偉大的成就是為波克夏公司的文化注入了活力。公司的核心是一個由所有者合夥人、經理人和員工所組成的社群，他們最優先關注的事，就是尋求合理分配的資本。這個主要目標就是波克夏的動力來源。為什麼有人會認為，這種情況不會在未來持續幾十個年頭？當巴菲特被問及退出時是否會終止波克夏近六十年的成就，他簡單地回答：「波克夏現在也建立了自己的聲譽了。」[379]

附錄一

波克夏與標準普爾五百指數績效比較（1965至2022年）

	年度百分比變化	
年度	波克夏每股市值	標準普爾五百指數（含股息）
1965	49.5	10.0
1966	(3.4)	(11.7)
1967	13.3	30.9
1968	77.8	11.0
1969	19.4	(8.4)
1970	(4.6)	3.9
1971	80.5	14.6
1972	8.1	18.9
1973	(2.5)	(14.8)
1974	(48.7)	(26.4)
1975	2.5	37.2
1976	129.3	23.6
1977	46.8	(7.4)
1978	14.5	6.4
1979	102.5	18.2
1980	32.8	32.3
1981	31.8	(5.0)
1982	38.4	21.4
1983	69.0	22.4
1984	(2.7)	6.1
1985	93.7	31.6
1986	14.2	18.6
1987	4.6	5.1
1988	59.3	16.6
1989	84.6	31.7
1990	(23.1)	(3.1)
1991	35.6	30.5
1992	29.8	7.6

年度	年度百分比變化	
	波克夏每股市值	標準普爾五百指數（含股息）
1993	38.9	10.1
1994	25.0	1.3
1995	57.4	37.6
1996	6.2	23.0
1997	34.9	33.4
1998	52.2	28.6
1999	(19.9)	21.0
2000	26.6	(9.1)
2001	6.5	(11.9)
2002	(3.8)	(22.1)
2003	15.8	28.7
2004	4.3	10.9
2005	0.8	4.9
2006	24.1	15.8
2007	28.7	5.5
2008	(31.8)	(37.0)
2009	2.7	26.5
2010	21.4	15.1
2011	(4.7)	2.1
2012	16.8	16.0
2013	32.7	32.4
2014	27.0	13.7
2015	(12.5)	1.4
2016	23.4	12.0
2017	21.9	21.8
2018	2.8	(4.4)
2019	11.0	31.5
2020	2.4	18.4
2021	29.6	28.7
2022	4.0	(18.1)
年度複合報酬率 收益 1965-2022	19.8%	9.9%
總收益 1964–2022	3,787,464%	24,708%

註：資料為日曆年，但以下情況除外：1965 年及 1966 年截至 9 月 30 日；1967 年截至 12 月 31 日，共 15 個月。

附錄二

波克夏公司主要普通股持股
（1977 至 2021 年）

資料來源：波克夏公司年報
1977 至 1994 年金額以千美元計，1995 至 2021 年金額以百萬美元計。

1977

股數	公司	總買進成本	總市值
934,300	華盛頓郵報公司	$10,628	$33,401
1,969,953	蓋可（可轉換優先股）	19,417	33,033
592,650	艾比傑公司	4,531	17,187
220,000	首都傳播公司	10,909	13,228
1,294,308	蓋可（普通股）	4,116	10,516
324,580	凱塞鋁業及化學公司	11,218	9,981
226,900	騎士報業	7,534	8,736
170,800	奧美集團	2,762	6,960
1,305,800	凱塞產業公司	778	6,039
	小計	$71,893	$139,801
	其餘普通股	34,996	41,992
	總計	$106,889	$181,073

1978

股數	公司	總買進成本	總市值
934,000	華盛頓郵報公司	$10,628	$43,445
1,986,953	蓋可（可轉換優先股）	19,417	28,314
953,750	西弗科保險	23,867	26,467
592,650	艾比傑公司	4,531	19,039
1,066,934	凱塞鋁業暨化學公司	18,085	18,671
453,800	騎士報業	7,534	10,267
1,294,308	蓋可（普通股）	4,116	9,060
246,450	美國廣播公司	6,082	8,626
	小計	$94,260	$163,889
	其餘普通股	39,506	57,040
	總計	$133,766	$220,929

1979

股數	公司	總買進成本	總市值
5,730,114	蓋可（普通股）	$28,288	$68,045
1,868,000	華盛頓郵報公司	10,628	39,241
1,007,500	漢迪暨哈門集團	21,825	38,537
953,750	西弗科保險	23,867	35,527
711,180	艾比傑公司	4,531	23,736
1,211,834	凱塞鋁業暨化學公司	20,629	23,328
771,900	伍爾沃茲連鎖	15,515	19,394
328,700	通用食品公司	11,437	11,053
246,450	美國廣播公司	6,082	9,673
289,700	聯合出版	2,821	8,800
391,400	奧美集團	3,709	7,828
282,500	媒體大眾公司	4,545	7,345
112,545	阿美拉達赫斯公司	2,861	5,487
	小計	$156,738	$297,994
	其餘普通股	28,675	36,686
	總計	$185,413	$334,680

1980

股數	公司	總買進成本	總市值
7,200,000	蓋可	$47,138	$105,300
1,983,812	通用食品公司	62,507	59,889
2,015,000	漢迪暨哈門集團	21,825	58,435
1,250,525	西弗科保險	32,063	45,177
1,868,600	華盛頓郵報公司	10,628	42,277
464,317	美國鋁業公司	25,577	27,685
1,211,834	凱塞鋁業暨化學公司	20,629	27,569
711,180	艾比傑公司	4,531	22,135
667,124	伍爾沃茲連鎖	13,583	16,511
370,088	平克頓企業	12,144	16,489
475,217	克里夫蘭斷崖鋼鐵	12,942	15,894
434,550	聯合出版	2,821	12,222
245,700	雷諾茲菸草集團	8,702	11,228
391,400	奧美集團	3,709	9,981
282,500	媒體大眾公司	4,545	8,334
247,039	國家底特律企業	5,930	6,299
151,104	時代明鏡公司	4,447	6,271
881,500	全國學生行銷公司	5,128	5,895
	小計	$298,848	$497,591
	其餘普通股	26,313	32,096
	總計	$325,161	$529,687

1981

股數	公司	總買進成本	總市值
7,200,000	蓋可	$47,138	$199,800
1,764,824	雷諾茲菸草集團	76,668	83,127
2,101,244	通用食品公司	66,277	66,714
1,868,600	華盛頓郵報公司	10,628	58,160
2,015,000	漢迪暨哈門集團	21,825	36,270
785,225	西弗科保險	21,329	31,016
711,180	艾比傑公司	4,531	23,202
370,088	平克頓企業	12,144	19,675
703,634	美國鋁業公司	19,359	18,031
420,441	阿卡特公司	14,076	15,136
475,217	克里夫蘭斷崖鋼鐵	12,942	14,362
451,650	聯合出版	3,297	14,362
441,522	GATX 集團	17,147	13,466
391,400	奧美集團	3,709	12,329
282,500	媒體大眾公司	4,545	11,088
	小計	$335,615	$616,490
	其餘普通股	16,131	22,739
	總計	$351,746	$639,229

1982

股數	公司	總買進成本	總市值
7,200,000	蓋可	$47,138	$309,600
3,107,675	雷諾茲菸草集團	142,343	158,715
1,868,600	華盛頓郵報公司	10,628	103,240
2,101,244	通用食品公司	66,277	83,680
1,531,391	時代集團	45,273	79,824
908,800	克朗佛斯特公司	47,144	48,962
2,379,200	漢迪暨哈門集團	27,318	46,692
711,180	艾比傑公司	4,531	34,314
460,650	聯合出版	3,516	16,929
391,400	奧美集團	3,709	17,319
282,500	媒體大眾公司	4,545	12,289
	小計	$402,422	$911,564
	其餘普通股	21,611	34,058
	總計	$424,033	$945,622

1983

股數	公司	總買進成本	總市值
6,850,000	蓋可	$47,138	$398,156
5,618,661	雷諾茲菸草集團	268,918	314,334
4,451,544	通用食品公司	163,786	228,698
1,868,600	華盛頓郵報公司	10,628	136,875
901,788	時代集團	27,732	56,860
2,379,200	漢迪暨哈門集團	27,318	42,231
636,310	艾比傑公司	4,056	33,088
690,975	聯合出版	3,516	26,603
250,400	奧美集團	2,580	12,833
197,200	媒體大眾公司	3,191	11,191
	小計	$558,863	$1,260,869
	其餘普通股	7,485	18,044
	總計	$566,348	$1,278,913

1984

股數	公司	總買進成本	總市值
6,850,000	蓋可	$47,138	$397,300
4,047,191	通用食品公司	149,870	226,137
3,895,710	艾克森石油	173,401	175,307
1,868,600	華盛頓郵報公司	10,628	149,955
2,553,488	時代集團	89,237	109,162
740,400	美國廣播公司	44,416	46,738
2,379,200	漢迪與哈門集團	27,318	38,662
690,975	聯合出版	3,516	32,908
818,872	艾比傑公司	2,570	28,149
555,949	西北企業集團	26,581	27,242
	小計	$573,340	$1,231,560
	其餘普通股	11,634	37,326
	總計	$584,974	$1,268,886

1985

股數	公司	總買進成本	總市值
6,850,000	蓋可	$45,713	$595,950
1,727,765	華盛頓郵報公司	9,731	205,172
900,800	美國廣播公司	54,435	108,997
2,350,922	比特里斯食品	106,811	108,142
1,036,461	聯合出版	3,516	55,710
2,553,488	時代集團	20,385	52,669
2,379,200	漢迪暨哈門集團	27,318	43,718
	小計	$267,909	$1,170,358
	其餘普通股	7,201	27,963
	總計	$275,110	$1,198,321

1986

股數	公司	總買進成本	總市值
2,990,000	首都／美國廣播公司	$515,775	$801,694
6,850,000	蓋可	45,713	674,725
1,727,765	華盛頓郵報公司	9,731	269,531
2,379,200	漢迪暨哈門集團	27,318	46,989
489,300	李爾西格勒公司	44,064	44,587
	小計	$642,601	$1,837,526
	其餘普通股	12,763	36,507
	總計	$655,364	$1,874,033

1987

股數	公司	總買進成本	總市值
3,000,000	首都／美國廣播公司	$517,500	$1,035,000
6,850,000	蓋可	45,713	756,925
1,727,765	華盛頓郵報公司	9,731	323,092
	總計	$572,944	$2,115,017

1988

股數	公司	總買進成本	總市值
3,000,000	首都／美國廣播公司	$517,500	$1,086,750
6,850,000	蓋可	45,713	849,400
14,172,500	可口可樂公司	592,540	632,448
1,727,765	華盛頓郵報公司	9,731	364,126
2,400,000	聯邦住宅抵押借款公司	71,729	121,200
	總計	$1,237,213	$3,053,924

1989

股數	公司	總買進成本	總市值
23,350,000	可口可樂公司	$1,023,920	$1,803,787
3,000,000	首都／美國廣播公司	517,500	1,692,375
6,850,000	蓋可	45,713	1,044,625
1,727,765	華盛頓郵報公司	9,731	486,366
2,400,000	聯邦住宅抵押借款公司	71,729	161,100
	總計	$1,668,593	$5,188,253

1990

股數	公司	總買進成本	總市值
46,700,000	可口可樂公司	$1,023,920	$2,171,550
3,000,000	首都／美國廣播公司	517,500	1,377,375
6,850,000	蓋可	45,713	1,110,556
1,727,765	華盛頓郵報公司	9,731	342,097
2,400,000	聯邦住宅抵押借款公司	71,729	117,000
	總計	$1,958,024	$5,407,953

1991

股數	公司	總買進成本	總市值
46,700,000	可口可樂公司	$1,023,920	$3,747,675
6,850,000	蓋可	45,713	1,363,150
24,000,000	吉列公司	600,000	1,347,000
3,000,000	首都／美國廣播公司	517,500	1,300,500
2,495,200	聯邦住宅抵押借款公司	77,245	343,090
1,727,765	華盛頓郵報公司	9,731	336,050
31,247,000	健力士	264,782	296,755
5,000,000	富國銀行	289,431	290,000
	總計	$2,828,322	$9,024,220

1992

股數	公司	總買進成本	總市值
93,400,000	可口可樂公司	$1,023,920	$3,911,125
34,250,000	蓋可	45,713	2,226,250
3,000,000	首都／美國廣播公司	517,500	1,523,500
24,000,000	吉列公司	600,000	1,365,000
16,196,700	聯邦住宅抵押借款公司	414,527	783,515
6,358,418	富國銀行	380,983	485,624
4,350,000	通用動力	312,438	450,769
1,727,765	華盛頓郵報公司	9,731	396,954
38,335,000	健力士	333,019	299,581
	總計	$3,637,831	$11,442,318

1993

股數	公司	總買進成本	總市值
93,400,000	可口可樂公司	$1,023,920	$4,167,975
34,250,000	蓋可	45,713	1,759,594
24,000,000	吉列公司	600,000	1,431,000
2,000,000	首都／美國廣播公司	345,000	1,239,000
6,791,218	富國銀行	423,680	878,614
13,654,600	聯邦住宅抵押借款公司	307,505	681,023
1,727,765	華盛頓郵報公司	9,731	440,148
4,350,000	通用動力	94,938	401,287
38,335,000	健力士	333,019	270,822
	總計	$3,183,506	$11,269,463

1994

股數	公司	總買進成本	總市值
93,400,000	可口可樂公司	$1,023,920	$5,150,000
24,000,000	吉列公司	600,000	1,797,000
20,000,000	首都／美國廣播公司	345,000	1,705,000
34,250,000	蓋可	45,713	1,678,250
6,791,218	富國銀行	423,680	984,272
27,759,941	美國運通公司	723,919	818,918
13,654,600	聯邦住宅抵押借款公司	270,468	644,441
1,727,765	華盛頓郵報公司	9,731	418,983
19,453,300	PNC 銀行	503,046	410,951
6,854,500	加內集團	335,216	365,002
	總計	$4,280,693	$13,972,817

1995

股數	公司	總買進成本	總市值
49,456,900	美國運通公司	$1,392.70	$2,046.30
20,000,000	首都／美國廣播公司	345.00	2,467.50
100,000,000	可口可樂公司	1,298.90	7,425.00
12,502,500	聯邦住宅抵押借款公司	260.10	1,044.00
34,250,000	蓋可	45.70	2,393.20
48,000,000	吉列公司	600.00	2,502.00
6,791,218	富國銀行	423.70	1,466.90
	總計	$4,366.10	$19,344.90

1996

股數	公司	總買進成本	總市值
49,456,900	美國運通公司	$1,392.70	$2,794.30
200,000,000	可口可樂公司	1,298.90	10,525.00
24,614,214	華特迪士尼集團	577.00	1,716.80
64,246,000	聯邦住宅抵押借款公司	333.40	1,772.80
48,000,000	吉列公司	600.00	3,732.00
30,156,600	麥當勞	1,265.30	1,368.40
1,727,765	華盛頓郵報公司	10.60	579.00
7,291,418	富國銀行	497.80	1,966.90
	總計	$5,975.70	$24,455.20

1997

股數	公司	總買進成本	總市值
49,456,900	美國運通公司	$1,392.70	$4,414.00
200,000,000	可口可樂公司	1,298.90	13,337.50
21,563,414	華特迪士尼集團	381.20	2,134.80
63,977,600	房地美	329.40	2,683.10
48,000,000	吉列公司	600.00	4,821.00
23,733,198	旅行家集團	604.40	1,278.60
1,727,765	華盛頓郵報公司	10.60	840.60
6,690,218	富國銀行	412.60	2,270.90
	總計	$5,029.80	$31,780.50

1998

股數	公司	總買進成本*	總市值
50,536,900	美國運通公司	$1,470	$5,180
200,000,000	可口可樂公司	1,299	13,400
51,202,242	華特迪士尼集團	281	1,536
60,298,000	房地美	308	3,885
96,000,000	吉列公司	600	4,590
1,727,765	華盛頓郵報公司	11	999
63,595,180	富國銀行	392	2,540
	其餘普通股	2,683	5,135
	總計	$7,044	$37,265

* 代表稅基成本，總計比一般公認會計原則記錄的成本少 15 億美元。

1999

股數	公司	總買進成本*	總市值
50,536,900	美國運通公司	$1,470	$8,402
200,000,000	可口可樂公司	1,299	11,650
59,559,300	華特迪士尼集團	281	1,536
60,298,000	房地美	294	2,803
96,000,000	吉列公司	600	3,954
1,727,765	華盛頓郵報公司	11	960
59,136,680	富國銀行	349	2,391
	其餘普通股	4,180	6,848
	總計	$8,203	$37,008

* 代表稅基成本，總計比一般公認會計原則記錄的成本少 6.91 億美元。

2000

股數	公司	總買進成本	總市值
151,610,700	美國運通公司	$1,470	$8,329
200,000,000	可口可樂公司	1,299	12,188
96,000,000	吉列公司	600	3,468
1,727,765	華盛頓郵報公司	11	1,066
55,071,380	富國銀行	319	3,067
	其餘普通股	6,703	9,501
	總計	$10,402	$37,619

2001

股數	公司	總買進成本	總市值
151,610,700	美國運通公司	$1,470	$5,410
200,000,000	可口可樂公司	1,299	9,430
96,000,000	吉列公司	600	3,206
15,999,200	H&R 金融服務	255	715
24,000,000	穆迪公司	499	957
1,727,765	華盛頓郵報公司	11	916
53,265,080	富國銀行	306	2,315
	其餘普通股	4,103	5,726
	總計	$8,543	$28,675

2002

股數	公司	總買進成本	總市值
151,610,700	美國運通公司	$1,470	$5,359
200,000,000	可口可樂公司	1,299	8,768
15,999,200	H&R 金融服務	255	643,000
24,000,000	穆迪公司	499	991
1,727,765	華盛頓郵報公司	11	1,275
53,265,080	富國銀行	306	2,497
	其餘普通股	4,621	5,383
	總計	$9,146	$28,363

2003

股數	公司	總買進成本	總市值
151,610,700	美國運通公司	$1,470	$7,312
200,000,000	可口可樂公司	1,299	10,150
96,000,000	吉列公司	600	3,526
14,610,900	H&R 金融服務	227	809
15,476,500	醫院控股	492	665
6,708,760	M&T 銀行集團	103	659
24,000,000	穆迪公司	499	1,453
2,338,961,000	中國石油	488	1,340
1,727,765	華盛頓郵報公司	11	1,367
56,448,380	富國銀行	463	3,324
	其餘普通股	2,863	4,682
	總計	$8,515	$35,287

2004

股數	公司	總買進成本	總市值
151,610,700	美國運通公司	$1,470	$8,546
200,000,000	可口可樂公司	600	8,328
96,000,000	吉列公司	600	4,299
14,350,600	H&R 金融服務	233	703
6,708,760	M&T 銀行集團	103	723
24,000,000	穆迪公司	499	2,084
2,338,961,000	中國石油 H 股	488	1,249
1,727,765	華盛頓郵報公司	11	1,698
56,448,380	富國銀行	463	3,508
1,724,200	白山保險	369	1,114
	其餘普通股	3,351	5,465
	總計	$9,056	$37,717

2005

股數	公司	總買進成本	總市值
151,610,700	美國運通公司	$1,287	$7,802
30,322,137	阿莫普萊斯金融公司	183	1,243
43,854,200	安海斯－布希	2,133	1,844
200,000,000	可口可樂公司	1,299	8,062
6,708,760	M&T 銀行集團	103	732
48,000,000	穆迪公司	499	2,084
2,338,961,000	中國石油 H 股	488	1,915
100,000,000	寶僑公司	940	5,788
19,944,300	沃爾瑪百貨公司	944	933
1,727,765	華盛頓郵報公司	11	1,322
95,092,200	富國銀行	2,754	5,975
1,724,200	白山保險集團	369	963
	其餘普通股	4,937	7,154
	總計	$15,947	$46,721

2006

股數	公司	總買進成本	總市值
151,610,700	美國運通公司	$1,287	$9,198
36,417,400	安海斯－布希	1,761	1,792
200,000,000	可口可樂公司	1,299	9,650
17,938,100	康菲石油	1,066	1,291
21,334,900	嬌生	1,250	1,409
6,708,760	M&T 銀行集團	103	820
48,000,000	穆迪公司	499	3,315
2,338,961,000	中國石油 H 股	488	3,313
3,486,006	浦項鋼鐵	572	1,158
100,000,000	寶僑公司	940	6,427
299,707,000	特易購	1,340	1,820
31,033,800	美國合眾銀行	969	1,123
17,072,192	USG 建材	536	936
19,944,300	沃爾瑪百貨公司	942	921
1,727,765	華盛頓郵報公司	11	1,288
218,169,300	富國銀行	3,697	7,758
1,724,200	白山保險集團	369	999
	其餘普通股	5,866	8,315
	總計	$22,995	$61,533

2007

股數	公司	總買進成本	總市值
151,610,700	美國運通公司	$1,287	$7,887
35,563,200	安海斯一布希	1,718	1,861
60,828,818	伯靈頓北方聖塔菲	4,731	5,063
200,000,000	可口可樂公司	1,299	12,274
17,508,700	康菲石油	1,039	1,546
64,271,948	嬌生	3,943	4,287
124,393,800	卡夫食品	4,152	4,059
48,000,000	穆迪公司	499	1,714
3,486,006	浦項鋼鐵	572	2,136
101,472,000	寶僑公司	1,030	7,450
17,170,953	賽諾菲一萬安特	1,466	1,575
227,307,000	特易購	1,326	2,156
75,176,026	美國合眾銀行	2,417	2,386
17,072,192	USG 建材	536	611
19,944,300	沃爾瑪百貨公司	942	948
1,727,765	華盛頓郵報公司	11	1,367
303,407,068	富國銀行	6,677	9,160
1,724,200	白山保險集團	369	886
	其餘普通股	5,238	7,633
	總計	$39,252	$74,999

2008

股數	公司	總買進成本	總市值
151,610,700	美國運通公司	$1,287	$2,812
200,000,000	可口可樂公司	1,299	9,054
84,896,273	康菲石油	7,008	4,398
30,009,591	嬌生	1,847	1,795
130,272,500	卡夫食品	4,330	3,498
3,947,554	浦項鋼鐵	768	1,191
91,941,010	寶僑公司	643	5,684
22,111,966	賽諾菲－萬安特	1,827	1,404
11,262,000	瑞士再保險公司	733	530
227,307,000	特易購	1,326	1,193
75,145,426	美國合眾銀行	2,337	1,879
19,944,300	沃爾瑪百貨公司	942	1,118
1,727,765	華盛頓郵報公司	11	674
304,392,068	富國銀行	6,702	8,973
	其餘普通股	6,035	4,870
	總計	$37,135	$49,073

2009

股數	公司	總買進成本	總市值
151,610,700	美國運通公司	$1,287	$6,143
225,000,000	比亞迪股份有限公司	232	1,986
200,000,000	可口可樂公司	1,299	11,400
37,711,330	康菲石油	2,741	1,926
28,530,467	嬌生	1,724	1,838
130,272,500	卡夫食品	4,330	3,541
3,947,554	浦項鋼鐵	768	2,092
83,128,411	寶僑公司	533	5,040
25,108,967	賽諾菲－萬安特	2,027	1,979
234,247,373	特易購	1,367	1,620
76,633,426	美國合眾銀行	2,371	1,725
39,037,142	沃爾瑪百貨公司	1,893	2,087
334,235,585	富國銀行	7,394	9,021
	其餘普通股	6,680	8,636
	總計	$34,646	$59,034

2010

股數	公司	總買進成本	總市值
151,610,700	美國運通公司	1,287	6,507
225,000,000	比亞迪股份有限公司	232	1,182
200,000,000	可口可樂公司	1,299	13,154
29,109,637	康菲石油	2,028	1,982
45,022,563	嬌生	2,749	2,785
97,214,684	卡夫食品	3,207	3,063
19,259,600	慕尼黑再保險公司	2,896	2,924
3,947,554	浦項鋼鐵	768	1,706
72,391,036	寶僑公司	464	4,657
25,848,838	賽諾菲－萬安特	2,060	1,656
242,163,773	特易購	1,414	1,608
78,060,769	美國合眾銀行	2,401	2,105
39,037,142	沃爾瑪百貨公司	1,893	2,105
358,936,125	富國銀行	8,015	11,123
	其餘普通股	3,020	4,956
	總計	$33,733	$61,513

2011

股數	公司	總買進成本	總市值
151,610,700	美國運通公司	$1,287	$7,151
200,000,000	可口可樂公司	1,299	13,994
29,100,937	康菲石油	2,027	2,121
63,905,931	IBM	10,856	11,751
31,416,127	嬌生	1,880	2,060
79,034,713	卡夫食品	2,589	2,953
20,060,390	慕尼黑再保險公司	2,990	2,464
3,947,555	浦項鋼鐵	768	1,301
72,391,036	寶僑公司	464	4,829
25,848,838	賽諾菲	2,055	1,900
291,577,428	特易購	1,719	1,827
78,060,769	美國合眾銀行	2,401	2,112
39,037,142	沃爾瑪百貨公司	1,893	2,333
400,015,828	富國銀行	9,086	11,024
	其餘普通股	6,895	9,171
	總計	$48,209	$76,991

2012

股數	公司	總買進成本	總市值
151,610,700	美國運通公司	$1,287	$8,715
400,000,000	可口可樂公司	1,299	14,500
24,123,911	康菲石油	1,219	1,399
22,999,600	直播電視	1,057	1,154
68,115,484	IBM	11,680	13,048
28,415,250	穆迪公司	287	1,430
20,060,390	慕尼黑再保險公司	2,990	3,599
20,668,118	菲利浦 66	660	1,097
3,947,555	浦項鋼鐵	768	1,295
52,477,678	寶僑公司	336	3,563
25,848,838	賽諾菲	2,073	2,438
415,510,889	特易購	2,350	2,268
78,060,769	美國合眾銀行	2,401	2,493
54,823,433	沃爾瑪百貨公司	2,837	3,741
456,170,061	富國銀行	10,906	15,592
	其餘普通股	7,646	11,330
	總計	$49,796	$87,662

2013

股數	公司	總買進成本	總市值
151,610,700	美國運通公司	$1,287	$13,756
400,000,000	可口可樂公司	1,299	16,524
22,238,900	直播電視	1,017	1,536
41,129,643	埃克森美孚公司	3,737	4,162
13,062,594	高盛集團	750	2,315
68,121,984	國際商業機器公司	11,681	12,778
24,669,778	穆迪公司	248	1,936
20,060,390	慕尼黑再保險	2,990	4,415
20,668,118	飛利浦66	660	1,594
52,477,678	寶僑公司	336	4,272
22,169,930	賽諾菲	1,747	2,354
301,046,076	特易購	1,699	1,666
96,117,069	美國合眾銀行	3,002	3,883
56,805,984	沃爾瑪百貨公司	2,976	4,470
483,470,853	富國銀行	11,871	21,950
	其餘普通股	11,281	19,984
	總計	$56,581	$117,505

2014

股數	公司	總買進成本	總市值
151,610,700	美國運通公司	$1,287	$14,106
400,000,000	可口可樂公司	1,299	16,888
18,513,482	達維塔醫療保健合作夥伴公司	843	1,402
15,430,586	迪爾公司	1,253	1,365
24,617,939	直播電視	1,454	2,134
13,062,594	高盛集團	750	2,532
76,971,817	國際商業機器公司	13,157	12,349
24,669,778	穆迪公司	248	2,364
20,060,390	慕尼黑再保險	2,990	4,023
52,477,678	寶僑公司	336	4,683
22,169,930	賽諾菲	1,721	2,032
96,890,665	美國合眾銀行	3,033	4,335
43,387,980	USG 建材	836	1,214
67,707,544	沃爾瑪百貨公司	3,798	5,815
483,470,853	富國銀行	11,871	26,504
	其餘普通股	10,180	15,704
	總計	$55,056	$117,470

2015

股數	公司	總買進成本	總市值
151,610,700	美國運通公司	$1,287	$10,545
46,577,138	美國電話電報公司	1,283	1,603
7,463,157	特許通訊公司	1,202	1,367
400,000,000	可口可樂公司	1,299	17,184
18,513,482	達維塔醫療保健合作夥伴公司	843	1,291
22,164,450	迪爾公司	1,773	1,690
24,617,939	直播電視	1,454	2,134
11,390,582	高盛集團	654	2,053
81,033,450	國際商業機器公司	13,791	11,152
24,669,778	穆迪公司	248	2,475
55,384,926	飛利浦 66	4,357	4,530
52,477,678	寶僑公司	336	4,683
22,169,930	賽諾菲	1,701	1,896
101,859,335	美國合眾銀行	3,239	4,346
63,507,544	沃爾瑪百貨公司	3,593	3,893
500,000,000	富國銀行	12,730	27,180
	其餘普通股	10,276	16,450
	總計	$58,621	$112,338

2016

股數	公司	總買進成本	總市值
151,610,700	美國運通公司	$1,287	$11,231
61,242,652	蘋果公司	$6,747	7,093
6,789,054	特許通訊公司	1,210	1,955
400,000,000	可口可樂公司	1,299	16,584
54,934,718	達美航空	2,299	2,702
11,390,582	高盛集團	654	2,727
81,232,303	國際商業機器公司	13,815	13,484
24,669,778	穆迪公司	248	2,326
74,587,892	飛利浦 66	5,841	6,445
22,169,930	賽諾菲	1,692	1,791
43,203,775	西南航空公司	1,757	2,153
101,859,335	美國合眾銀行	3,239	5,233
26,620,184	聯合大陸控股公司	1,477	1,940
43,387,980	USG 建材	836	1,253
500,000,000	富國銀行	12,730	27,255
	其餘普通股	10,697	17,560
	總計	$65,828	$122,032

2017

股數	公司	總買進成本	總市值
151,610,700	美國運通公司	$1,287	$15,056
166,713,209	蘋果公司	20,961	28,213
700,000,000	美國銀行公司	5,007	20,664
53,307,534	紐約梅隆銀行公司	2,230	2,871
225,000,000	比亞迪股份有限公司	232	1,961
6,789,054	特許通訊公司	1,210	2,281
400,000,000	可口可樂公司	1,299	18,352
53,110,395	達美航空	2,219	2,974
44,527,147	通用汽車公司	1,343	1,825
11,390,582	高盛集團	654	2,902
24,669,778	穆迪公司	248	3,642
74,587,892	飛利浦 66	5,841	7,545
47,659,456	西南航空公司	1,997	5,565
103,855,045	美國合眾銀行	3,343	3,119
482,544,468	富國銀行	11,837	29,276
	其餘普通股	14,968	24,294
	總計	$74,676	$170,540

2018

股數	公司	總買進成本	總市值
151,610,700	美國運通公司	$1,287	$14,452
255,300,329	蘋果公司	36,044	40,271
918,919,000	美國銀行公司	11,650	22,642
84,488,751	紐約梅隆銀行公司	3,860	3,977
6,789,054	特許通訊公司	1,210	1,935
400,000,000	可口可樂公司	1,299	18,940
65,535,000	達美航空	2,860	3,270
18,784,698	高盛集團	2,380	3,138
50,661,394	摩根大通公司	5,605	4,946
24,669,778	穆迪公司	248	3,455
47,890,899	西南航空公司	2,005	2,226
21,938,642	聯合大陸控股公司	1,195	1,837
146,346,999	美國合眾銀行	5,548	6,688
43,387,980	USG 建材	836	1,851
449,349,102	富國銀行	10,639	20,706
	其餘普通股	16,201	22,423
	總計	102,867	$172,757

2019

股數	公司	總買進成本	總市值
151,610,700	美國運通公司	$1,287	$18,874
250,866,566	蘋果公司	35,287	73,667
947,760,000	美國銀行公司	12,560	33,380
81,488,751	紐約梅隆銀行公司	3,696	4,101
5,426,609	特許通訊公司	944	2,632
400,000,000	可口可樂公司	1,299	22,140
70,910,456	達美航空	3,125	4,147
12,435,814	高盛集團	890	2,859
60,059,932	摩根大通公司	6,556	8,372
24,669,778	穆迪公司	248	5,857
46,692,713	西南航空公司	1,940	2,520
21,938,642	聯合大陸控股公司	1,195	1,933
149,497,786	美國合眾銀行	5,706	8,864
10,239,160	維薩公司	349	1,924
345,688,918	富國銀行	7,040	18,598
	其餘普通股	28,215	38,159
	總計	$110,340	$248,027

2020

股數	公司	總買進成本	總市值
25,533,082	艾伯維公司	2,333	$2,736
151,610,700	美國運通公司	1,287	18,331
907,559,761	蘋果公司	31,089	120,424
1,032,852,006	美國銀行公司	14,631	31,306
66,835,615	紐約梅隆銀行公司	2,918	2,837
225,000,000	比亞迪股份有限公司	232	5,897
5,213,461	特許通訊公司	904	3,449
48,498,965	雪佛龍公司	4,024	4,096
400,000,000	可口可樂公司	1,299	21,936
52,975,000	通用汽車公司	1,616	2,206
81,304,200	伊藤忠商事株式會社	1,862	2,336
28,697,435	默克公司	2,390	2,347
24,669,778	穆迪公司	248	7,160
148,176,166	美國合眾銀行	5,638	6,904
146,716,496	威瑞森通訊公司	8,691	8,620
	其餘普通股	29,458	40,850
	總計	$108,620	$281,170

2021

股數	公司	總買進成本	總市值
151,610,700	美國運通公司	1,287	$24,804
907,559,761	蘋果公司	31,089	161,155
1,032,852,006	美國銀行	14,631	45,952
66,835,615	紐約銀行梅隆公司	2,918	3,882
225,000,000	比亞迪股份有限公司	232	7,693
3,828,941	特許通訊公司	643	2,496
38,245,036	雪佛龍公司	3,420	4,488
400,000,000	可口可樂公司	1,299	23,684
52,975,000	通用汽車公司	1,616	3,106
89,241,000	伊藤忠商事株式會社	2,099	2,728
81,714,800	三菱商事株式會社	2,102	2,593
93,776,200	三井物產株式會社	1,621	2,219
24,669,778	穆迪公司	248	9,636
143,456,055	美國合眾銀行	5,384	8,058
158,824,575	威訊通信公司	9,387	8,253
	其餘普通股	26,629	39,972
	總計	$104,605	$350,719

致謝

首先，也是最重要的是，我想向巴菲特表達深深的謝意，不僅是因為他的教導，也因為他允許我使用他在波克夏公司年報中有版權的資料。巴菲特寫的內容幾乎不可能再改進了，本書的讀者很幸運能夠閱讀到他原汁原味的話，而不是別人的詮釋。

我從未懷疑過，《巴菲特勝券在握》的銷售成功是對巴菲特的一個證明，既證明了他熱情的天性，這使他成為投資界中最受歡迎的典範人物，也證明了他無人能及的投資成就，這使他成為世界上最偉大的投資人。這是一個相當厲害的組合。我還要感謝黛比．波薩內克（Debbie Bosanek）[380]在過去三十年裡的善意和保持溝通的意願，我相信在我打擾她的日子裡，還有其他一百件事需要她去處理。

我還要感謝蒙格對廣泛投資研究的貢獻。他對「誤判心理學」和「思維模型框架」的見解極為重要，所有人都應該研讀。除了研究巴菲特之外，透過遵循蒙格取得世俗智慧的藝術來發現主要思維模型的旅程，是我職業生涯中最充實的一個成就。毫無疑問，由於能夠從多門學科的角度思考，我可以成為一個更好的投資人。查理的動力每天都在激勵著我。

《巴菲特勝券在握》出版後不久，我收到了費雪的一封信，當時他已經八十七歲了。接下來的好幾年，我們持續通信，討論著不同的投資話題。那些早期的信件鼓舞著我，我確實走在正確的道路上。我將永遠感恩我們之間的友誼，唯一遺憾的是，這段友誼太短暫了。

兩位傳奇投資人物，彼得・林區和霍華・馬克斯都為這本書寫了序文，我為此深感榮幸。我也非常感謝比爾・米勒也寫了一篇序文。在我發展投資技能時，從理論走向實務的路上，沒有人比他更重要。他是一位朋友與智力教練。他引我注意到了聖塔菲研究所（Santa Fe Institute），這是一座研究複雜適應系統以及哲學思想的深井。在過去的四十年裡，他在知識上的慷慨分享與啟發，對我來說意義重大，實在難以言喻。

多年來，我有無數機會和許多聰明的人討論巴菲特和投資。無論他們是否意識到，他們都帶給了我非常重要的見解，最後也融入了書中。我要感謝彼得・伯恩斯坦、傑克・博格（Jack Bogle）、大衛・布拉弗曼（David Braverman）、查爾斯・艾利斯（Charles Ellis）、肯・費雪、伯頓・格雷（Burton Gray）、艾德・霍德曼（Ed Haldeman）、阿吉特・詹恩、保羅・詹森（Paul Johnson）、麥可・莫布辛（Michael Mauboussin）、麗莎・拉普阿諾（Lisa Rapuano）、約翰・羅斯柴爾德（John Rothchild）、比爾・盧恩，以及盧・辛普森。

我很幸運能加入波克夏作家社群，從研究過巴菲特、蒙格和波克夏的人那裡，我著實獲益匪淺。我要特別感謝安迪・基爾派翠克，我認為他是波克夏的官方歷史學家。除此之外，還可以加上亞當・米德（Adam Mead）的《波克夏的完整財務史》（*The Complete Financial*

History of Berkshire Hathaway）一書。我要感謝賴瑞・康寧漢（Larry Cunningham）的精湛工作，他整理了巴菲特的著作以及其他具有洞察力的書籍，還要感謝史蒂芬妮・古巴（Stephanie Cuba）。我也要感謝鮑伯・邁爾斯（Bob Miles），不僅因為他的好書，也要感謝他繼續支援波克夏的所有研究。我要特別感謝露米斯，她留下無人能及的金融寫作資產。在巴菲特成立合夥公司的兩年前，露米斯就開始了她的職業生涯，先是在《財星》雜誌擔任研究助理，接著成為資深特約編輯，後來成為《紐約時報》的暢銷書作家，也是美國偉大的金融記者之一。正如許多人所知道的，自一九七七年以來，她一直在編輯巴菲特寫給股東的信函。露米斯最初對我的鼓勵，對我來說意義重大，實在無法用言語形容。

我還想感謝其他對我在巴菲特、蒙格與波克夏的思考上有所幫助的作家，包括彼得・貝夫林（Peter Bevlin）、羅納德・陳（Ronald Chan）、大衛・克拉克（David Clark）、陶德・芬克爾、特倫・格里芬（Tren Griffin）、史蒂夫・喬登（Steve Jordon）、珍娜・羅渥、羅傑・羅溫斯坦、傑瑞米・米勒、F・C・米納克、丹尼爾・皮卡特（Daniel Peacut）、勞拉・瑞登豪斯（Laura Rittenhouse）、艾莉斯・舒德、威廉・索恩戴克和柯利・瑞恩（Corey Wren）。

我特別感謝鮑伯・科爾曼（Bob Coleman），他是三十年前第一個與我連絡的波克夏信徒。鮑伯對投資有著永不滿足的好奇心，參與他的談話給我帶來很大的好處。重要的是，鮑伯把我介紹給了湯姆・魯索（Tom Russo），他幫我增加了我對全球投資的理解。謝謝你，湯姆。閘門從那裡打開。我還要感謝查克・阿克雷（Chuck Akre）、傑米・克拉克（Jamie

Clark）、克里斯・戴維斯（Chris Davis）、湯姆・蓋納（Tom Gayner）、梅森・霍金斯（Mason Hawkins）和沃利・魏茲（Wally Weitz）。

我感謝威立公司（John Wiley & Sons, Inc.）不僅出版了《巴菲特勝券在握》與三十週年紀念版，還要感謝他們堅定地支持和對這本書的持續奉獻。威立的每一個人都是真正的專業人士。首先，請讓我感謝策劃編輯凱文・赫雷德（Kevin Harreld）、總編輯蘇珊・塞拉（Susan Cerra）、內容編輯格斯・米克洛斯（Gus A Miklos）、文案編輯蘇珊・格拉蒂（Susan Geraghty）。

一九九三年，有人為我引介了威立當時的發行人兼主編邁爾斯・湯普森（Myles Thompson），並告訴他我想寫一本關於巴菲特的書的想法。當時這本書只寫了一半，邁爾斯一路捍衛了《巴菲特勝券在握》的出版。我非常幸運的是，他願意為一個沒有了不起資歷的菜鳥作家冒險一試。如果邁爾斯拒絕了我，我的人生將會完全不一樣，而且不太可能發展得更好。謝謝你所做的一切，邁爾斯。

我無法充分表達我對蘿莉・哈伯（Laurie Harper）的深切感激之情，她是一個完美的經紀人。蘿莉聰明、善良、忠誠。她以正直、誠實、幽默和優雅在出版界闖蕩。我不可能得到更好的幫助了。我也要感謝已故的麥克・柯恩（Michael Cohn），感謝他給了第一次寫作的人一個機會。

最後，但同樣相當重要的是，我要感謝我的編輯兼寫作夥伴瑪姬・史塔基（Maggie Stuckey），數十年來，她協助一個菜鳥作家變成一名合格的作家，我對她的感激難以言喻。

雖然我們被一個大陸隔開，但是瑪姬對寫作素材的緊密掌握，總是讓我大為讚嘆。一章又一章，她總是不厭其煩地尋找最好的方法來建構素材，並用簡單易懂的語言來闡明我轉發給她的作品。瑪姬·史塔基是這個行業中的佼佼者，我很幸運，她選擇與我，本書的作者，和你這個讀者分享她的才華。

關於本書的所有優點和正確之處，你可以感謝我所提到的那些人。若有任何的錯誤或遺漏，都是我個人的責任。

注釋

第三版序　打敗市場的華倫・巴菲特

1 編者注：此處呼應本書的書名原文「The Warren Buffett Way」。

第1章　全世界最偉大的投資人

2 作者注：引用自露米斯刊登於《財星》（*Fortune*）的〈巴菲特的內幕故事〉一文。根據納斯達克的數據，預計大約每三一五六〇天（即一百二十六年中約一個交易日）就會發生一次四個標準差事件。預計每三四八三〇四六天就會發生一次五個標準差事件，即每一三九三二年大約發生一天。

3 作者注：約翰・坦伯頓（John Templeton）從一九五四年開始管理坦伯頓成長基金（Templeton Growth Fund）長達三十八年。基金中央證券公司（Central Securities Corp）長達四十八年。菲利普・凱瑞特（Phil Carret）於一九二八年成立了先鋒基金（Pioneer Fund），並管理該投資組合長達五十五年。

4 George Johnson, *Fire in the Mind: Science, Faith and the Search for Order* (New York: Vintage Books, 1996), 104.

5 Stephen Jay Gould, “The Streak of Streaks,” *Triumph and Tragedy in Mudville: A Lifelong Passion for Baseball* (New York: W.W. Norton & Company, 2004), 173.

6 oger Lowenstein, Buffett: *The Making of an American Capitalist* (New York: Random House, 1995), 10.

7 Lowenstein, 20.

8 Alice Schroeder, *The Snowball: Warren Buffett and the Business of Life* (New York: Bantam Books, 2008), 63.

9 F. C. Minaker, *One Thousand Ways to Make $1,000: Practical Suggestions, Based on Actual Experience, for Starting a Business of Your Own and Making Money in Your Spare Time* (Chicago: Dartnell Corporation, 1936), 14.

10 Schroeder, 64.

11 Minaker, 15.

12 Ibid.

13 Ibid.

14 Ibid., 17.

15 Andrew Kilpatrick, *Of Permanent Value: The Story of Warren Buffett: 2015 Golden Anniversary Edition* (Birmingham, AL, AKPE Publishing, 2015), 39.

16 Ibid., 40.

17 Schroeder, 129.

18 John Train, *The Money Masters* (New York: Penguin Books, 1981), 11.

19 Schroeder, 129.

20 Lowenstein, 26.

21 Schroeder, 146. Note: Schroeder references this apt analogy to Plato's cave, which was originally made by Patrick Byrne.

22 Lowenstein, 120.

23 Train, 11.

24 John Brooks, The Go-Go Years (New York: Weybright & Talley), 1973.

25 Jeremy C. Miller, *Warren Buffett's Ground Rules* (New York: HarperCollins, 2016), xii.

26 Train, 12.

27 Ibid.

28 Miller, 250.

29 Lowenstein, 120.

30 2014 Berkshire Hathaway Annual Report, 25.

31 Ibid., 30.

32 作者注：在給合夥人的信中，巴菲特花了大量的時間幫助合夥人更了解投資。〈複利的樂趣〉來自傑瑞米．C．米勒（Jeremy C. Miller）寫的《巴菲特的投資原則》（*Warren Buffett's Ground Rules*）一書。

第2章　巴菲特的教育

33 John R. Minahan and Thusiith I. Mahanama, "Investment Philosophy and Manager Evaluation, Again," *The Journal of Investing* (Spring 2017), 26–32.

34 Alice Schroeder, *The Snowball: Warren Buffett and the Business of Life* (New York: Bantam Dell, 2008), 643.

35 David McCullough, *The Pioneers: The Heroic Story of the Settlers Who Brought the American Ideal West* (New York: Simon & Schuster, 2019), 12.

36 Greg Ip, "The Era of Fed Power Is Over: Prepare for a More Perilous Road Ahead," *Wall Street Journal* (January 15, 2020).

37 Roger Lowenstein, *Buffett: The Making of an American Capitalist* (New York: Random House, 1995), 11.

38 Steve Jordon, *The Oracle & Omaha* (Omaha: Omaha World Herald, 2013), 19.

39 Michael Dirda, *Bound to Please: An Extraordinary One-Volume Literary Education* (New York: W. W. Norton, 2004), 118.

40 Lowenstein, 26.

41 Jordon, 33.

42 Ralph Waldo Emerson, *Self-Reliance*, Vol I, Collected Essays, Richard Whelan, ed. (Harmony Publishing, First Edition, 1991).

43 作者注：史蒂夫・喬丹（Steve Jordon）在二〇一九年九月二十五日告訴我，他之前與巴菲特的對話。

44 Lowenstein, 26.

45 *Becoming Warren Buffett*, HBO Documentary, February 11, 2017.

46 Andy Kilpatrick, *Of Permanent Value: The Story of Warren Buffett*, rev. ed. (Birmingham, AL: AKPE, 2000), 81.

47 Jordon, September 25, 2019.

48 Irving Kahn and Robert Milne, *Benjamin Graham: The Father of Financial Analysis*, Occasional Paper Number 5 (Charlottesville, VA: The Financial Analysts Research Foundation, 1977).

49 作者注：葛拉漢在哥倫比亞大學的背景資訊引用自 Brian Thomas, ed., Columbia Business School: A Century of Ideas (New York:Columbia University Press, 2016).

50 Ibid., 32.

51 Ibid., 33.

52 Louis Rich, "Sagacity and Securities," *The New York Times* (December 2, 1934), 13.

53 Benjamin Graham and David Dodd, *Security Analysis*, 3rd ed. (New York: McGraw-Hill, 1951), 38.

54 Benjamin Graham, *The Intelligent Investor* 4th rev. ed. (New York: Harper & Row, 1973), 1–3.

55 1997 Berkshire Hathaway Annual Report, 13.

56 1989 Berkshire Hathaway Annual Report, 20.

57 Graham, 277.

58 1990 Berkshire Hathaway Annual Report, 14.

59 1987 Berkshire Hathaway Annual Report, 11–12.

60 1987 Berkshire Hathaway Annual Report, 12.

61 Lowenstein, 36.

62 Ibid., 44.

63 作者注：巴菲特一句流行的俏皮話。

64 Stuart Lavietes, "Philip A. Fisher, 96, Is Dead: Wrote Key Investment Book, *The New York Times* (April 19, 2004).

65 Warren Buffett, "What We Can Learn from Philip Fisher," Forbes (October 19, 1987), 40.

66 John Train, *The Money Masters* (New York: Penguin Books, 1981), 60.

67 作者注：費雪的十五點系統摘自其書《非常潛力股》。

68 Ibid., 11.

69 Ibid., 16.

70 Ibid., 33.

71 Philip Fisher, *Developing an Investment Philosophy*, Monograph Number 10 (Charlottesville, VA: Financial Analysts Research Foundation), 1.

72 Fisher, *Common Stocks and Uncommon Profits*, 13.

73 Train, 64

74 Fisher, *Developing an Investment Philosophy*, 9.
75 "The Money Men—How Omaha Beats Wall Street," *Forbes* (November 1, 1969), 82.
76 L. J. Davis, "Buffett Takes Stock," *The New York Magazine* (April 1, 1990), 61.
77 1983 Berkshire Hathaway Annual Report, 5.
78 Ibid.
79 Ibid.
80 James W. Michaels, "Are You Doing Things Your Rivals Haven't Yet Figured Out?", *Forbes* (September 23, 1996), 222.
81 2014 Berkshire Hathaway Annual Report, 26.
82 Kilpatrick, 89.
83 Warren Buffett, "The Superinvestors of Graham-and-Doddsville," *Hermes* (Fall 1984).
84 作者注：蒙格於一九九七年在波克夏年度股東大會上的評論。珍娜・羅渥（Janet Lowe）在蒙格的傳記《投資哲人查理蒙格傳》（*Damn Right!*）中引用了這句話。
85 2014 Berkshire Hathaway Annual Report, 27.
86 作者注：盧・辛普森在珍娜・羅渥的《投資哲人查理蒙格傳》中提到了這一點。
87 Robert Lenzner and Robert Dindiller, "The Not So Silent Partner," *Forbes* (January 22, 1996), 78.
88 See Peter Bevelin, *Seeking Wisdom from Darwin to Munger* (Malmo: Sweden: Post Scriptum AB, 2003); Tren Griffin, *Charlie Munger: The Complete Investor* (New York: Columbia Business School Publishing, 2015); Lowe, *Damn Right!*
89 Robert G. Hagstrom, Investing: *The Last Liberal Art* (New York: Columbia Business School Publishing, 2015).
90 Charles T. Munger, *Poor Charlie's Almanack: The Wit and Wisdom of Charles T. Munger* (Virginia Beach, VA: PCA Publications, 2005), 393–394.
91 Munger, 398.
92 Munger, 430–433.
93 Munger, 443, 444.

94 Lowenstein, xv.
95 2015 Berkshire Hathaway Annual Meeting.
96 A. C. Grayling, *History of Philosophy* (London: Viking, 2009), 256.
97 Robert Lenzner, "Warren's Idea of Heaven," *Forbes* (October 18, 1993).
98 Griffin, 40.
99 Jason Zweig and Nicole Friedman, "Charlie Munger Unplugged," *Wall Street Journal* (May 3, 2019).
100 Remarks at the *Daily Journal* Annual Conference, February 11, 2020; reported by Alex Griese in Whitney Tilson's blog.
101 Griffin, 40.
102 Whitney Tilson blog.

第3章　公司導向投資法

103 Benjamin Graham, *The Intelligent Investor,* 4th ed. (New York: Harper & Row, 1973), 286.
104 Robert G. Hagstrom, *The Warren Buffett Way* (New York: John Wiley & Sons, 1994), 97.
105 Graham, 286.
106 Ibid., 102.
107 1987 Berkshire Hathaway Annual Report, 14.
108 Ibid.
109 Robert Lenzner, "Warren Buffett's Idea of Heaven: 'I Don't Have to Work with People I Don't Like," *Forbes* (October 18, 1993).
110 Robert Lenzner, "Warren Buffett's Idea of Heaven: I Don't Have to Work with People I Don't Like," *Forbes* (October 18, 1993).
111 1987 Berkshire Hathaway Annual Report, 7.
112 1989 Berkshire Hathaway Annual Report, 22.
113 作者注：於一九九五年波克夏股東大會的發言，出自安德魯．基爾派翠克（Andrew Kilpatrick）編著的《永恆的價值：巴菲特傳》（*Of Permanent Value: The Story of Warren Buffett*）。

114 *St. Petersburg Times* (December, 15, 1999) as quoted in Kilpatrick, 1356.

115 *Fortune* (November 22, 1999) as quoted in Kilpatrick, 1356.

116 Lenzner.

117 Kilpatrick, 1344.

118 1989 Berkshire Hathaway Annual Report.

119 Carol Loomis, "The Inside Story of Warren Buffett," *Fortune* (April 11, 1988).

120 1988 Berkshire Hathaway Annual Report, 5.

121 1986 Berkshire Hathaway Annual Report, 5.

122 Kilpatrick, 89.

123 1989 Berkshire Hathaway Annual Report, 22.

124 Linda Grant, "The $4 Billion Regular Guy," *Los Angeles Times* (magazine section) (April 17, 1991), 36.

125 Lenzner.

126 1985 Berkshire Hathaway Annual Report, 9.

127 1979 Berkshire Hathaway Annual Report, 1.

128 Ibid., 2.

129 1987 Berkshire Hathaway Annual Report, 20.

130 1984 Berkshire Hathaway Annual Report, 15.

131 1986 Berkshire Hathaway Annual Report, 25.

132 Carol Loomis, *Tap Dancing to Work: Warren Buffett and Practically Everything, 1996–2012* (New York: Time, Inc., 2012).

133 1990 Berkshire Hathaway Annual Report, 16.

134 1992 Berkshire Hathaway Annual Report, 9.

135 譯者注：指投資具有成長潛力的股票。

136 Ibid.

137 Ibid.
138 Ibid.
139 Ibid.
140 Jim Rasmussen, "Buffett Talks Strategy with Students," *Omaha World-Herald* (January 2, 1994), 26.
141 Paul Sonkin and Paul Johnson, *Pitch the Perfect Investment: The Essential Guide to Winning on Wall Street* (Hoboken, NJ: John Wiley & Sons, 2017), 69.
142 John C. Bogle, "The (Non) Lessons of History—and the (Real) Lessons of Returns and Costs." Remarks before The American Philosophical Society, Philadelphia, PA, November 10, 2012.
143 Sonkin and Johnson, 63–64.
144 1994 Berkshire Hathaway Annual Report, 2.
145 Benjamin Graham and David Dodd, *Security Analysis* (1934), as quoted in Sonkin and Johnson, 130.
146 Seth A. Klarman, *Margin of Safety: Risk Averse Value Investing Strategies for the Thoughtful Investor* (New York: Harper Collins, 1991), as quoted in Sonkin and Johnson.
147 1999 Berkshire Hathaway Annual Report, 5.
148 Kilpatrick, 800.
149 作者注：巴菲特流行的一句俏皮話。凱因斯的原話是「粗略正確比精確錯誤更好」。
150 作者注：巴菲特流行的一句俏皮話。
151 作者注：巴菲特流行的一句俏皮話。

第4章　普通股的購買經驗——五個案例研究

152 1985 Berkshire Hathaway Annual Report, 8.
153 2014 Berkshire Hathaway Annual Report, 8–9.
154 作者注：有關華盛頓郵報公司的精彩回顧，請參閱凱瑟琳．葛蘭姆榮獲普立茲獎的著作《個人歷史》（*Personal History*）。
155 Mary Rowland, "Mastermind of a Media Empire," *Working Women* (November 11, 1989), 115.

156 1991 *Washington Post* Company Annual Report, 2.
157 1984 Berkshire Hathaway Annual Report, 9.
158 1985 Berkshire Hathaway Annual Report, 17.
159 譯者注：紳士等級C是指本來不該合格，但因為家庭地位等因素，而讓學生過關的打分。
160 Chalmers M. Roberts, *The Washington Post: The First 100 Years* (Boston: Houghton Mifflin, 1977), 499.
161 William Thorndike Jr., *The Outsiders: Eight Unconventional CEOs and Their Radically Rational Blueprint for Success* (Boston: Harvard Business Review Press, 2012), 110.
162 1991 Berkshire Hathaway Annual Report, 4.
163 Carol Loomis, "An Accident Report on GEICO," *Fortune* (June 1976), 120.
164 作者注：儘管一九七三到一九七四年的熊市是蓋可早期下跌的部分原因，但蓋可在一九七五年和一九七六年的下跌完全是自己的因素。一九七五年，標準普爾五百指數始於七〇．二三點，年底達到九〇．九點。隔年，股市同樣表現強勁。一九七六年，利率下降，股市上漲。蓋可在一九七五年和一九七六年的股價下跌與金融市場無關。
165 1980 Berkshire Hathaway Annual Report, 7.
166 Ibid.
167 Ibid.
168 譯者注：源自希臘神話，雕刻家畢馬龍愛上的自己雕刻的女性雕像，並希望它變成真人。在心理學上引申為「畢馬龍效應」，指因期望高而積極行動，最後產生更好的效果。
169 Ibid, 7–8.
170 Beth Brophy, "After the Fall and Rise," *Forbes* (February 2, 1981), 86.
171 Lynn Dodds, "Handling the Naysayers," *Financial World* (August 17, 1985), 42.
172 Solveig Jansson, "GEICO Sticks to Its Last," *Institutional Investor* (July 1986), 130.
173 1991 GEICO Annual Report, 5.
174 David Vise, "GEICO's Top Market Strategist Churning Out Profits," *Washington Post* (May 11, 1987).
175 1990 GEICO Annual Report, 5.

176 Berkshire Hathaway Compilation of Annual Reports 1977–1983, 58
177 1995 Berkshire Hathaway Annual Report, 6.
178 譯者注：一種統計指標，在金融領域，標準差用來反應資產報酬率的波動程度。
179 譯者注：保險業常用的財務指標，用來衡量保險公司的經營狀況。綜合比率是將公司營運的各種費用（如管理費、佣金等）和承保損失（賠付的保險金額）相加，再除以保費收入，最後以百分比表示。低於一〇〇%時，表示承保業務是獲利的；如果高於一〇〇%，則表示虧損。
180 Compilation of Berkshire Hathaway Annual Reports 1977–1983, 33.
181 2010 Berkshire Hathaway Annual Report, 9.
182 Ibid.
183 Andrew Kilpatrick, *Warren Buffett: The Good Guy of Wall Street* (New York: Donald Fine, 1992), 102.
184 Anthony Bianco, "Why Warren Buffett Is Breaking His Own Rules," *BusinessWeek* (April 15, 1985), 34.
185 1991 Berkshire Hathaway Annual Report, 8.
186 Bianco, 34.
187 Dennis Kneale, "Murphy & Burke," *Wall Street Journal* (February 2, 1990), 1.
188 1992 Capital Cities/ABC Inc. Annual Report.
189 "A Star Is Born," *BusinessWeek*, 77.
190 Anthony Baldo, "CEO of the Year Daniel B. Burke," *Financial World* (April 2, 1991), 38.
191 William N. Thorndike, *The Outsiders: Eight Unconventional CEOs and Their Radically Rational Blueprint for Success* (Boston: Harvard Business Review Press, 2012), 13–16.
192 "Tom Murphy's Pleasant Cash Problem," *Forbes* (October 1, 1976). Cited in Thorndike, 15.
193 1985 Berkshire Hathaway Annual Report, 20.
194 Kilpatrick, 123.
195 Ibid.
196 Mark Pendegrast, *For God, Country, and Coca-Cola* (New York: Charles Scribner & Sons, 1993).
197 Art Harris, "The Man Who Changed the Real Thing." *Washington Post* (July 22, 1985), B1.

198 "Strategy for the 1980s," The Coca-Cola Company.
199 Ibid.
200 Roger Lowenstein, *Buffett: The Making of an American Capitalist* (New York: Random House, 1995), 323.
201 Carlota Perez, *Technological Revolutions: The Dynamics of Bubbles and Golden Ages* (Cheltenham, UK: Edward Elgar, 2002).
202 Dominic Rushe, "Warren Buffett Buys $10b IBM Stake," *The Guardian* (November 14, 2011).
203 Akin, Oyedele, "Here's How Apple Shares Do Right After the New iPhone Launches." *Business Insider* (May 24, 2017).
204 Andrew Kilpatrick, *Of Permanent Value: The Story of Warren Buffett, 2020 Elephant Edition* (Birmingham, AL: AKPE Publishing, Inc., 2020), 14–15.
205 Paul Johnson, "Seminar in Value Investing," Columbia University Graduate School of Business, EMBA, Apple: Case Study: 3A (May 2020).
206 Andrew J. Mead, *The Complete Financial History of Berkshire Hathaway* (Petersfield, UK: Harriman House Ltd., 2021.), 679.
207 作者注：出自陶德・芬克爾教授的《巴菲特：投資人與企業家》（*Warren Buffett: Investor and Entrepreneur*）一書。
208 Ibid., 102–103.
209 Michael J. Mauboussin and Dan Callahan, "The Impact of Intangibles on Base Rates" (Consilient Observer), Morgan Stanley Investment Management, Counter Global Insights (June 23, 2021).
210 Ibid.
211 編者注：此句話中的「蘋果」，指的是實體的蘋果，即指有形資產。
212 Michael Mauboussin and Dan Callahan, "ROIC and Intangible Assets: A Look at How Adjustments for Intangibles Affect ROIC" (Consilient Observer), Morgan Stanley Investment Management, Counterpoint Global Insights (November 9, 2022).
213 Michael Mauboussin and Dan Callahan, "What Does an EV/EBITDA Multiple Mean?" Blue Mountain Capital

Management (September 13, 2018).

214 Michael Mauboussin and Dan Callahan, "What Does a Price-Earnings Multiple Mean? An Analytical Bridge Between P/Es and Solid Economics," Credit-Suisse (January 29, 2014).

215 Ibid.

216 "Apple CEO and Fuqua Alum Tim Cook Talks Leadership at Duke" (February 21, 2014). http://www.fuqua.duke.edu/news_events/feature_stories/tim-cook-talks-leadership/.

217 注者注：截至二〇二三年八月。

218 Mead, 680.

219 W. Brian Arthur, "Increasing Returns and the New World of Business," *Financial Management* (July–August 1996).

220 Patrick McGee, "Apple Profits Rise as Services Arm Surpasses 1b Users," *Financial Times* (August 3, 2023).

221 Malcom Owen, "Apple Extends Share Buybacks by Another $90 Billion"(May 4, 2023). https://appleinsider.com/articles/23/05/04apple-extends-share-buybacks-by-another-90b.

222 Kilpatrick, 953.

223 Ibid.

224 注者注：出自筆者二〇一九年於波克夏股東大會的筆記。

225 1980 Berkshire Hathaway Annual Report, 1–2.

226 Ibid.

227 Ibid.

228 Ibid.

229 As quoted in the 2019 Berkshire Hathaway Annual Report, 4.

230 Ibid.

231 Ibid.

232 2019 Berkshire Hathaway Annual Report, 10.

233 2020 Berkshire Hathaway Annual Report, 3.

234 Ibid.

第5章　管理多家公司的投資組合

235 注者注：出自筆者與巴菲特在一九九八年八月的談話。

236 S&P Dow Jones Indices, "SPIVA U.S. Scorecard" (Year-end 2022), 9.

237 1993 Berkshire Hathaway Annual Report, 15.

238 1991 Berkshire Hathaway Annual Report, 11.

239 2021 Berkshire Hathaway Annual Report, 3

240 1991 Berkshire Hathaway Annual Report, 11.

241 Ibid.

242 1993 Berkshire Hathaway Annual Report, 11.

243 Mark Hulbert, "Be a Tiger Not a Hen." *Forbes* (May 25, 1992), 298.

244 1991 Berkshire Hathaway Annual Report, 11.

245 注者注：出自一九九八年九月十五日對菲利普・費雪的訪談。

246 Philip Fisher, *Common Stocks and Uncommon Profits* (New York: John Wiley & Sons, Inc., 1996), 108.

247 注者注：出自一九九八年九月十五日對菲利普・費雪的訪談。

248 注者注：出自一九九八年九月十五日對肯尼斯・費雪（Kenneth Fisher）的訪談。

249 1978 Berkshire Hathaway Annual Report, 6.

250 注者注：出自筆者與巴菲特在一九九八年八月的談話。

251 1993 Berkshire Hathaway Annual Report, 9.

252 1990 Berkshire Hathaway Annual Report, 15.

253 作者注：「巴菲特維爾的超級投資人」（The Superinvestors of Buffettville）這個標題，是對巴菲特於一九八四年五月十七日在哥倫比亞大學商學院演講致意。這場演講是在紀念葛拉漢和陶德的《有價證券分析》出版五十週年的研討會上發表的。巴菲特的講題就是「葛拉漢和陶德維爾的超級投資人」（The Superinvestors of Graham-and-Doddsville）。

254 Jess H. Chua and Richard S. Woodward, "J. M. Keynes's Investment Performance: A Note." *The Journal of Finance* XXXVIII, no. 1 (March 1983).

255 Ibid.
256 Ibid.
257 Warren Buffett, "The Superinvestors of Graham-and-Doddsville," *Hermes* (Fall 1984).
258 Ibid.
259 Ibid.
260 1996 Sequoia Fund Annual Report.
261 1986 Berkshire Hathaway Annual Report, 15.
262 1995 Berkshire Hathaway Annual Report, 10.
263 譯者注：這是一個全面的財務資料庫，收錄公司的營運及財務狀況，資料涵蓋一百三十多個國家，超過九萬二千家上市／已下市公司，超過十一萬支股票，占全球市值九七%以上。
264 作者注：這裡談的研究是我與通用再保險公司副總裁拉姆—田納特（Joan Lamm-Tennant）合作的一個更大研究的一部分。
265 Joseph Nocera, "Who's Got the Answers?" *Fortune* (November 24, 1997), 329.
266 Ibid.
267 譯者注：來自籃球比賽的說法，指進球率高的球員擁有一雙熱手，並延伸為一種心理預期：認為進球率高的球員未來會有更高的進球機會。
268 Andrew Mauboussin and Samuel Arbesman, "Differentiating Skill and Luck in Financial Markets with Streaks" (February 3, 2011). http://ssrn.com/abstract=1664031.
269 Eugene Shahan, "Are Short-Term Performance and Value Investing Mutually Exclusive?" *Hermes* (Spring 1986). 請注意，沙漢的文章是巴菲特於一九八四年為《Hermes》（哥倫比亞大學商學院出版的雜誌）寫的〈葛拉漢與陶德維爾的超級投資人〉一文的後續文章。
270 March 21, 1996, Sequoia Fund Quarterly Report.
271 Mark Carhart, "On Persistence in Mutual Fund Performance, *The Journal of Finance* LII, no. 1 (March 1997); Burton G. Malkiel, "Returns from Investing in Equity Mutual Funds 1971 to 1991", *The Journal of Finance* L, no. 2 (June 1995)

272 Darryll Hendricks, Jayendu Patel, and Richard Zeckhauser, "Hot Hands in Mutual Fund: Short-Run Persistence of Relative Performance, 1974–1988, *The Journal of Finance* XLVIII, no. 1 (March 1993).

273 Amit Goyal and Sunil Wahal, "The Selection and Termination of Investment Management Firms by Plan Sponsors," *The Journal of Finance* 63, no. 4 (2008), 1805–1847.

274 Edward J. Russo and Paul J. H. Shoemaker, *Winning Decisions: Getting It Right the First Time* (New York: Double day, 2002).

275 Robert Rubin, Harvard Commencement Address (2001).

276 Widely referenced quote by Warren Buffett.

277 1987 Berkshire Hathaway Annual Report, 14.

278 Ibid.

279 Ibid.

280 1991 Berkshire Hathaway Annual Report, 2–3.

281 Ibid., 3.

282 *Outstanding Investor Digest* (August 10, 1995), 10.

283 Ibid.

284 1996 Berkshire Hathaway Annual Report, 11.

285 Ibid.

286 Carole Gould, "The Price of Turnover," *New York Times* (November 21, 1997).

287 Robert Jeffrey and Robert Arnott, "Is Your Alpha Big Enough to Cover Your Taxes?" *Journal of Portfolio Management* (Spring 1993).

288 Ibid.

289 Ibid.

290 Robert G. Hagstrom, T*he Warren Buffett Portfolio: Mastering the Power of the Focus Investment Strategy* (New York: John Wiley & Sons, 1999).

291 K. J. Martijn Cremers and Antii Petajisto, "How Active Is Your Fund Manager? A New Measure That Predicts

Performance," *Review of Financial Studies* 22, no. 9 (September 2009), 3329–3365.

292 K. J. Martijn Cremers and Ankur Pareek, "Patient Capital Outperformance: The Investment Skill of High Active Share Managers Who Trade Infrequently," *Journal of Financial Economics* 122 (August 24, 2016), 288–305.

293 *Outstanding Investor Digest* (May 5, 1995), 61.

294 *Outstanding Investor Digest* (May 5, 1998).

第6章　並非主動管理沒有效果

295 注者注：出自筆者一九九七年於波克夏股東大會的筆記。

296 Peter Bernstein, *Capital Ideas: The Improbable Origins of Wall Street* (New York: The Free Press, 1992), 44.

297 Ibid., 37.

298 Ibid., 46.

299 Ibid., 47.

300 John Burr Williams, *The Theory of Investment Value* (Boston: Harvard University Press, 1938), preface.

301 譯者注：一種邏輯謬誤，指不合理地使用因果關係，將「可能性」轉化成「必然性」，而達到某種想要的結論。

302 Harry Markowitz, "Portfolio Selection," *Journal of Finance* 7, no.1 (March 1952), 77–91.

303 Ibid., 77.

304 Ibid., 89.

305 1975 Berkshire Hathaway Annual Report, 3.

306 *Outstanding Investor Digest* (April 8, 1990), 18.

307 1993 Berkshire Hathaway Annual Report, 13.

308 Ibid., 10.

309 1993 Berkshire Hathaway Annual Report, 11.

310 2014 Berkshire Hathaway Annual Report, 9.

311 1996 Berkshire Hathaway Annual Report, 3.

312 2014 Berkshire Hathaway Annual Report, 18.
313 Markowitz, 89.
314 作者注：巴菲特流行的一句俏皮話。
315 *Outstanding Investor Digest* (August 8, 1996), 29.
316 Bernstein, 44.
317 Ibid., 14.
318 Peter Schjeldahl, *Let's See: Writing on Art from The New Yorker* (New York: Thames & Hudson, 2008), 11.
319 作者注：〈葛拉漢與陶德維爾的超級投資人〉一文出現在《Hermes》一九八四年的秋季號。
320 作者注：巴菲特在「葛拉漢和陶德維爾的超級投資人」演講中提到的個人與公司投資紀錄，包含了巴菲特本人、太平洋合夥公司（Pacific Partners）、史丹・佩爾米特（Stan Perlmeter）、紅杉基金、華特・史洛斯、特威迪和布朗，以及蒙格。
321 1988 Berkshire Hathaway Annual Report, 18.
322 Ibid., 17.
323 Jason Zweig, "From a Skeptic: A Lesson on Beating the Market," *Wall Street Journal* (December 22, 2018).
324 Ibid.
325 1998 Berkshire Hathaway Annual Report, 18.
326 Benjamin Graham, *The Intelligent Investor,* in the 1987 Berkshire Hathaway Annual Report, 12.
327 譯者注：指市場參與者對未來的看法。
328 John Maynard Keynes, *The General Theory of Employment, Interest, and Money* (New York: Harcourt Brace & Company, 1964), 156.
329 Ibid.
330 Ibid., 154.
331 *Outstanding Investor Digest* (August 8, 1997), 14.
332 2000 Berkshire Hathaway Annual Report, 14; 2013 Berkshire Hathaway Annual Report, 18.
333 1985 Berkshire Hathaway Annual Report, 2.

334 Ibid.

335 Keynes, 155.

336 Keynes, 157–158.

337 Graham, 95–96.

338 Ibid., 105, 106.

339 Ibid.

340 Robert Lenzner, "Warren Buffett's Idea of Heaven: I Don't Have to Work with People I Don't Like," *Forbes* (October 18, 1993), 43.

341 Carol Loomis, "Inside Story of Warren Buffett," *Fortune* (April 11, 1988), 34.

342 *Outstanding Investor Digest* (March 13, 1998), 63.

343 *Outstanding Investor Digest* (August 10, 1995), 21.

344 Ibid.

第7章　金錢頭腦

345 2017 Berkshire Hathaway shareholder meeting.

346 2017 Berkshire Hathaway Annual Meeting.

347 Andrew Kilpatrick, *Of Permanent Value: The Story of Warren Buffett, 2020 Elephant Edition* (Birmingham, AL: AKPE Publishing, 2020), 151.

348 Warren Buffett, Back to School: *Question and Answer Session with Business Students* (Hawthorne, CA: BN Publishing. 2008), 19.

349 Arnold LeUnes and Jack Nation, *Sports Psychology: An Introduction* (Wadsworth, CA: Pacific Grove, 2002) as quoted in *Pragmatism and the Philosophy of Sport*, eds. Richard Lally, Douglas Anderson, and John Kagg (Latham, MD: Lexington Books, 2013), 21.

350 作者注：美國哲學家、心理學家和教育改革家約翰．杜威，在其一九三八年出版的《經驗與教育》（*Experience and Education*）一書中引入了「共享經驗」的概念。

351 Daniel Pecaut and Corey Wren, *University of Berkshire: 30 Years of Lessons Learned from Warren Buffett & Charlie Munger at the Annual Shareholder Meetings* (Sioux City, IA: Daniel Pecaut & Corey Wren, 2017).

352 Robert Armstrom, Eric Platt, and Oliver Ralph, "Warren Buffett: I'm Having More Fun Than Any 88-Year-Old in the World," *Financial Times* (April 25, 2019).

353 Linda Simon, *Genuine Reality: A Life of William James* (New York: Harcourt Brace & Company, 1998), 264.

354 Simon, 267.

355 John Kaag, *Sick Souls, Healthy Minds: How William James Can Save Your Life* (Princeton, NJ: Princeton University Press, 2020), 153.

356 Ibid., 155.

357 Robert G. Hagstrom, *The Warren Buffett Way: Investment Strategies of the World's Greatest Investor* (New York: John Wiley & Sons, 1994), 256.

358 Carol Loomis, *Tap Dancing to Work: Warren Buffett on Practically Everything, 1996–2012* (New York: Penguin, 2012), xviii.

359 Kilpatrick, 3.

360 Peter Schjeldahl, *Hot Cold, Heavy, Light, 100 Art Writings, 1988–2016* (New York: Abrams Press, 2019), 32.

361 Lance Esplund, *The Art of Looking: How to Read and Modern Contemporary Art* (New York: Basic Books, 2018), 231.

362 Kaag, 169.

363 Steve Jordon, *The Oracle of Omaha: How Warren Buffett and His Hometown Shape Each Other* (Marceline, MO: Wadsworth, 2013), 211.

364 Michael Mauboussin and Dan Callahan, "Why Corporate Longevity Matters: What Index Turnover Tells Us About Corporate Results," *Credit-Suisse Global Financial Strategies* (April, 16, 2014).

365 Ibid.

366 Carla Perez, *Technological Revolutions: The Dynamics of Bubbles and Golden Ages* (Cheltenham, UK: Edward Elgar, 2002), 11.

367 2014 Berkshire Hathaway Annual Report, 29.
368 2022 Berkshire Hathaway Annual Report, 7.
369 2021 Berkshire Hathaway Annual Report, 5.
370 2023 Berkshire Hathaway Annual Meeting.
371 2014 Berkshire Hathaway Annual Report, 31.
372 2022 Berkshire Hathaway Annual Report, 7
373 2018 Berkshire Hathaway Annual Report, 13.
374 2016 Berkshire Hathaway Annual Report, 6.
375 Ibid.
376 2015 Berkshire Hathaway Annual Report, 8.
377 Kilpatrick, 1269.
378 作者注：德克爾和露米斯的引言來自二〇一八年的波克夏股東大會。
379 Nicole Friedman, "Buffett Says Exit Won't Halt Success," *Wall Street Journal* (May 5, 2018).

致謝

380 譯者注：黛比．波薩內克為巴菲特的祕書。

國家圖書館出版品預行編目 (CIP) 資料

巴菲特的長勝價值：洞悉最偉大投資人的金錢頭腦，以及勝券在握的7個哲學／羅伯特 . 海格斯壯 (Robert G. Hagstrom) 著；林麗雪譯 -- 初版 . -- 臺北市：遠流出版事業股份有限公司，2024.10
面；　公分
譯自：The Warren Buffett way, 30th Anniversary Edition.

ISBN 978-626-361-926-5（平裝）

1.CST：巴菲特 (Buffett, Warren)　2.CST：投資　3.CST：傳記

563.5　　113013569

巴菲特的長勝價值

洞悉最偉大投資人的金錢頭腦，以及勝券在握的 7 個哲學

The Warren Buffett Way 30th Anniversary Edition

作者／羅伯特 · 海格斯壯（Robert G. Hagstrom）
譯者／林麗雪

資深編輯／陳嬿守
主編／陳懿文
封面設計／陳文德
內頁排版／魯帆育
行銷企劃／舒意雯
出版一部總編輯暨總監／王明雪

發行人／王榮文
出版發行／遠流出版事業股份有限公司
104005 台北市中山北路一段 11 號 13 樓
電話／（02）2571-0297　傳真／（02）2571-0197　郵撥／ 0189456-1
著作權顧問／蕭雄淋律師
2024 年 10 月 1 日　初版一刷

定價／新台幣 520 元（缺頁或破損的書，請寄回更換）

ISBN 978-626-361-926-5

YL 遠流博識網 http://www.ylib.com　E-mail: ylib@ylib.com
遠流粉絲團 https://www.facebook.com/ylibfans

The Warren Buffett Way 30th Anniversary Edition
by Robert G. Hagstrom